筑梦乡村讲台 奠基民族未来

ZHUMENG XIANGCUN JIANGTAI
DIANJI MINZU WEILAI

教育部教师工作司 组编

上海交通大学出版社
SHANGHAI JIAO TONG UNIVERSITY PRESS

内容提要

本书辑录习近平总书记有关重要讲话、《乡村教师支持计划(2015—2020 年)》及各地实施办法，集中展示教育特别是教师工作战线的思想智慧，全面展现各省份推进乡村教师队伍建设的政策蓝图，有利于全社会更好地凝聚共识、关心支持乡村教师队伍建设，有利于各地更好地相互借鉴、切实将《乡村教师支持计划(2015—2020 年)》落到实处。

图书在版编目(CIP)数据

筑梦乡村讲台　奠基民族未来 / 教育部教师工作司组编. —上海：上海交通大学出版社，2016
ISBN 978-7-313-14973-2

Ⅰ. ①筑…　Ⅱ. ①教…　Ⅲ. ①农村学校—师资培养—研究—中国　Ⅳ. ①G451.2

中国版本图书馆 CIP 数据核字(2016)第 111167 号

筑梦乡村讲台　奠基民族未来

组　　编：教育部教师工作司
出版发行：上海交通大学出版社　　地　　址：上海市番禺路 951 号
邮政编码：200030　　电　　话：021-64071208
出 版 人：韩建民
印　　制：上海天地海设计印刷有限公司　　经　　销：全国新华书店
开　　本：710 mm×1000 mm　1/16　　印　　张：16.75
字　　数：224 千字
版　　次：2016 年 6 月第 1 版　　印　　次：2016 年 6 月第 1 次印刷
书　　号：ISBN 978-7-313-14973-2
定　　价：45.00 元

序 言

PREFACE

刘利民

在我国广阔的乡村地区，坚守着这样一个特殊的群体，像一盏盏永不熄灭的灯火，烛照乡村文明的传承，承载乡村孩子的希望，推进乡村发展的进程。他们就是最可爱、最美丽、最受人尊敬的乡村教师。

陶行知先生说，“学校是乡村的中心，教师是学校和乡村的灵魂，小而言之，全村的兴衰；大而言之，全民族的命运都掌握在小学教员的手里”。当前，我国32％的初中、62％的小学、34％的幼儿园以及所有教学点分布在乡村。长期以来，数百万乡村教师坚守在老少边穷岛等边远贫困地区，默默耕耘、无私奉献，支撑起我国乡村教育的一片蓝天，作出了历史性的贡献。

党和国家历来高度重视乡村教育，亲切关怀乡村教师。党的十八大以来，在党中央、国务院的正确领导下，在有关部门的支持配合下，教育部和地方各级教育行政部门协调联动、形成合力，锐意进取、攻坚克难，着力实施了一系列政策举措，乡村教师队伍面貌发生了巨大变化，乡村教育质量得到了显著提高。特别是一大批年轻的优秀高校毕业生进入乡村教师队伍，为乡村教育带来了新的青春朝气，乡村教育事业迸发出新的生机活力。但是受城乡发展不平衡、交通地理条件不便、乡村教育历史欠账多等因素影响，“下不去、留不住、教不好”的现象依然存在，这严重制约了乡村教育持续健康发展。

经习近平总书记主持召开中央全面深化改革领导小组第十一次会议审议通过，国务院办公厅 2015 年 6 月印发《乡村教师支持计划（2015—2020 年）》（以下简称《计划》）。《计划》聚焦乡村教师队伍建设最关键领域、最紧迫任务，打出组合拳，定向施策，精准发力，力争通过实施全面提高乡村教师思想政治素质和师德水平、提高乡村教师生活待遇等八方面政策举措，到 2020 年努力造就一支素质优良、甘于奉献、扎根乡村的教师队伍。这是党中央、国务院立足新时期经济社会发展全局作出的重大战略抉择，是让每个乡村孩子接受公平的有质量的教育、促进教育公平的根本大计，是全面发展乡村教育、基本实现教育现代化的重要保障，是推进减贫脱困、全面建成小康社会的切实行动，意义重大，影响深远。

一分部署，九分落实。教育部把落实《计划》作为一项重要的政治任务，摆在教师队伍建设的首要位置，通过研究制订实施方案、细化部门任务分工、加强政策宣传解读、率先推进中央项目、部署地方加快进度等多措并举，全面推进《计划》落实。31 个省（区、市）和新疆生产建设兵团制定出台了实施办法，因地制宜提出符合乡村教育实际的支持政策和有效措施，将《计划》的要求进一步明确化、具体化，打通了落实《计划》的“最先一公里”。

编写《筑梦乡村讲台　奠基民族未来》一书，辑录习近平总书记有关重要讲话、《计划》及各地实施办法，集中展示教育特别是教师工作战线的思想智慧，全面展现各省份推进乡村教师队伍建设的政策蓝图，有利于全社会更好地凝聚共识、关心支持乡村教师队伍建设，有利于各地更好地相互借鉴、切实将《计划》落到实处。

“潮平两岸阔，风正一帆悬。”我们相信，随着《计划》及实施办法的全面实施，必将培养造就一支党和人民满意的高素质专业化乡村教师队伍，为基本实现教育现代化、全面建成小康社会提供坚强有力的师资保障。

2016 年 4 月 16 日

（作者系教育部副部长、国家总督学）

目 录

CONTENTS

中央精神

习近平主持召开
中央全面深化改革领导小组第十一次会议
审议通过乡村教师支持计划(2015—2020年)

新华社北京4月1日电 中共中央总书记、国家主席、中央军委主席、中央全面深化改革领导小组组长习近平4月1日下午主持召开中央全面深化改革领导小组第十一次会议并发表重要讲话。他强调,必须从贯彻落实"四个全面"战略布局的高度,深刻把握全面深化改革的关键地位和重要作用,拿出勇气和魄力,自觉运用改革思维谋划和推动工作,不断提高领导、谋划、推动、落实改革的能力和水平,切实做到人民有所呼、改革有所应。

中共中央政治局常委、中央全面深化改革领导小组副组长李克强、刘云山、张高丽出席会议。

会议审议通过了《乡村教师支持计划(2015—2020年)》《关于城市公立医院综合改革试点的指导意见》《人民陪审员制度改革试点方案》《关于人民法院推行立案登记制改革的意见》《党的十八届四中全会重要举措实施规划(2015—2020年)》。

会议指出,到2020年全面建成小康社会、基本实现教育现代化,薄弱环节和短板在乡村,在中西部老少边穷岛等边远贫困地区。发展乡村教育,让每个乡村孩子都能接受公平、有质量的教育,阻止贫困现象代际传递,是功在当代、利在千秋的大事。要把乡村教师队伍建设摆在优先发展的战略位置,多措并举,定向施策,精准发力,通过全面提高乡村教师思想政治素质和师德水平、拓展乡村教师补充渠道、提高乡村教师生活待遇、统一城乡教职工编制标准、职称(职务)评聘向乡村学校倾斜、推动城市优秀教师向乡村学校流动、全面提升乡村教师能力素质、建立乡村教师荣誉制度等关键举措,努力造就一支素质优良、甘于奉献、扎根乡村的教师队伍。各级党委和政府要加强组织领导,因地制宜制订符合乡村学校实际的有效措施,把准支持重点,着力改革体制,鼓励和引导社会力量参与支持乡村教师队伍建设。

会议强调,推进全面深化改革、全面依法治国,任务很重,时间很紧。要发扬钉钉子精神,乘势而上、顺势而为,加大改革方案出台力度,试点工作要抓紧抓实。出台的方案一定要有可操作性,细化改革任务的责任主体、完成时限、考核问责等。改革方案通过后,能公开的要向社会原原本本发布,以利社会共同监督落实。要抓好改革方案的进度统筹、质量统筹、落地统筹,理清各项改革的“联络图”和“关系网”,增强改革的有序性。

中央全面深化改革领导小组成员出席,中央和国家有关部门负责同志列席会议。

(摘编自《人民日报》2015 年 4 月 2 日有关报道)

国家文件

国务院办公厅关于印发
乡村教师支持计划(2015—2020年)的通知

国办发〔2015〕43号

各省、自治区、直辖市人民政府,国务院各部委、各直属机构:

《乡村教师支持计划(2015—2020年)》已经国务院同意,现印发给你们,请结合实际认真贯彻执行。

国务院办公厅

2015年6月1日

乡村教师支持计划(2015—2020年)

为深入推进全面建成小康社会、全面深化改革、全面依法治国、全面从严治党"四个全面"的战略布局,认真贯彻党中央、国务院关于加强教师队伍建设的部署和要求,采取切实措施加强老少边穷岛等边远贫困地区乡村教师队伍建设,明显缩小城乡师资水平差距,让每个乡村孩子都能接受公平、有质量的教育,特制定乡村教师(包括全国乡中心区、村庄学校教师,下同)支持计划。

一、重要意义

到2020年全面建成小康社会、基本实现教育现代化,薄弱环节和短板在乡村,在中西部老少边穷岛等边远贫困地区。发展乡村教育,帮助乡村孩子学习成才，阻止贫困现象代际传递，是功在当代、利在千秋的大事。发展乡村教育，教师是关键，必须把乡村教师队伍建设摆在优先发展的战略地位。党和国家历来高度重视乡村教师队伍建设，在稳定和扩大规模、提高待遇水平、加强培养培训等方面采取了一系列政策举措，乡村教师队伍面貌发生了巨大变化，乡村教育质量得到了显著提高，广大乡村教师为中国乡村教育发展作出了历史性的贡献。但受城乡发展不平衡、交通地理条件不便、学校办学条件欠账多等因素影响，当前乡村教师队伍仍面临职业吸引力不强、补充渠道不畅、优质资源配置不足、结构不尽合理、整体素质不高等突出问题，制约了乡村教育持续健康发展。实施乡村教师支持计划，对于解决当前乡村教师队伍建设领域存在的突出问题，吸引优秀人才到乡村学校任教，稳定乡村教师队伍，带动和促进教师队伍整体水平提高，促进教育公平、推动城乡一体化建设、推进社会主义新农村建设、实现中华民族伟大复兴的中国梦具有十分重要的意义。

二、总体要求

(一) 基本原则。

——师德为先，以德化人。着力提升乡村教师思想政治素质和职业道德水平，引导乡村教师带头践行社会主义核心价值观，加强乡村教师对中国特色社会主义的思想认同、理论认同和情感认同。重视发挥乡村教师以德化人、言传身教的作用，教育学生热爱祖国、热爱人民、热爱中国共产党，形成正确的世界观、人生观、价值观，确保乡村教育正确导向。

——规模适当，结构合理。合理规划乡村教师队伍规模，集中人财物资源，制定实施优惠倾斜政策，加大工作支持力度，加强乡村地区优质教师资源配置，有效解决乡村教师短缺问题，优化乡村教师队伍结构。

——提升质量，提高待遇。立足国情，聚焦乡村教师队伍建设最关键领域、最紧迫任务，打出组合拳，多措并举，定向施策，精准发力，标本兼治，加强培养补充，提升专业素质，提高地位待遇，不断改善乡村教师的工作生活条件。

——改革机制，激发活力。坚持问题导向，深化体制机制改革，拓宽乡村教师来源，鼓励有志青年投身乡村教育事业，畅通高校毕业生、城镇教师到乡村学校任教的通道，逐步形成“越往基层、越是艰苦，地位待遇越高”的激励机制，以及充满活力的乡村教师使用机制。通过实施乡村教师支持计划，带动建立相关制度，形成可持续发展的长效机制。

（二）工作目标。

到2017年，力争使乡村学校优质教师来源得到多渠道扩充，乡村教师资源配置得到改善，教育教学能力水平稳步提升，各方面合理待遇依法得到较好保障，职业吸引力明显增强，逐步形成“下得去、留得住、教得好”的局面。到2020年，努力造就一支素质优良、甘于奉献、扎根乡村的教师队伍，为基本实现教育现代化提供坚强有力的师资保障。

三、主要举措

（一）全面提高乡村教师思想政治素质和师德水平。坚持不懈地用中国特色社会主义理论体系武装乡村教师头脑，进一步建立健全乡村教师政治理论学习制度，增强思想政治工作的针对性和实效性，不断提高教师的理论素养和思想政治素质。切实加强乡村教师队伍党建工作，基层党组织要充分发挥政治核心作用，进一步关心教育乡村教师，适度加大发展党员力度。开展多种形式的师德教育，把教师职业理想、职业道德、法治教育、心理健康教育等融入职前培养、准入、职后培训和管理的全过程。落实教育、宣传、考核、监督与奖惩相结合的师德建设长效机制。

（二）拓展乡村教师补充渠道。鼓励省级人民政府建立统筹规划、统一选拔的乡村教师补充机制，为乡村学校持续输送大批优秀高校毕业生。扩大农村教师特岗计划实施规模，重点支持中西部老少边穷岛等贫困地区补充乡村教师，适时提高特岗教师工资性补助标准。鼓励地方政府和师范院校根据当地乡村教育实际需求加强本土化培养，采取多种方式定向培养"一专多能"的乡村教师。高等学校毕业生取得教师资格并到乡村学校任教一定期限，按有关规定享受学费补偿和国家助学贷款代偿政策。各地要采取有效措施鼓励城镇退休的特级教师、高级教师到乡村学校支教讲学，中央财政比照边远贫困地区、边疆民族地区和革命老区人才支持计划教师专项计划给予适当支持。

（三）提高乡村教师生活待遇。全面落实集中连片特困地区乡村教师生活补助政策，依据学校艰苦边远程度实行差别化的补助标准，中央财政继续给予综合奖补。各地要依法依规落实乡村教师工资待遇政策，依法为教师缴纳住房公积金和各项社会保险费。在现行制度构架内，做好乡村教师重大疾病救助工作。加快实施边远艰苦地区乡村学校教师周转宿舍建设。各地要按规定将符合条件的乡村教师住房纳入当地住房保障范围，统筹予以解决。

（四）统一城乡教职工编制标准。乡村中小学教职工编制按照城市标准统一核定，其中村小学、教学点编制按照生师比和班师比相结合的方式核定。县级教育部门在核定的编制总额内，按照班额、生源等情况统筹分配各校教职工编制，并报同级机构编制部门和财政部门备案。通过调剂编制、加强人员配备等方式进一步向人口稀少的教学点、村小学倾斜，重点解决教师全覆盖问题，确保乡村学校开足开齐国家规定课程。严禁在有合格教师来源的情况下"有编不补"、长期使用临聘人员，严禁任何部门和单位以任何理由、任何形式占用或变相占用乡村中小学教职工编制。

（五）职称（职务）评聘向乡村学校倾斜。各地要研究完善乡村教师职称（职务）评聘条件和程序办法，实现县域内城乡学校教师岗位结构比例总体平衡，切实向乡村教师倾斜。乡村教师评聘职称（职务）时不作外语成绩（外语教师除外）、发表论文的刚性要求，坚持育人为本、德育为先，注重师德素养，注重教育教学工作业绩，注重教育教学方法，注重教育教学一线实践经历。城市中小学教师晋升高级教师职称（职务），应有在乡村学校或薄弱学校任教一年以上的经历。

（六）推动城镇优秀教师向乡村学校流动。全面推进义务教育教师队伍“县管校聘”管理体制改革，为组织城市教师到乡村学校任教提供制度保障。各地要采取定期交流、跨校竞聘、学区一体化管理、学校联盟、对口支援、乡镇中心学校教师走教等多种途径和方式，重点引导优秀校长和骨干教师向乡村学校流动。县域内重点推动县城学校教师到乡村学校交流轮岗，乡镇范围内重点推动中心学校教师到村小学、教学点交流轮岗。采取有效措施，保持乡村优秀教师的相对稳定。

（七）全面提升乡村教师能力素质。到2020年前，对全体乡村教师校长进行360学时的培训。要把乡村教师培训纳入基本公共服务体系，保障经费投入，确保乡村教师培训时间和质量。省级人民政府要统筹规划和支持全员培训，市、县人民政府切实履行实施主体责任。整合高等学校、县级教师发展中心和中小学校优质资源，建立乡村教师校长专业发展支持服务体系。将师德教育作为乡村教师培训的首要内容，推动师德教育进教材、进课堂、进头脑，贯穿培训全过程。全面提升乡村教师信息技术应用能力，积极利用远程教学、数字化课程等信息技术手段，破解乡村优质教学资源不足的难题，同时建立支持学校、教师使用相关设备的激励机制并提供必要的保障经费。加强乡村学校音体美等师资紧缺学科教师和民族地区双语教师培训。按照乡村教师的实际需求改进培训方式，采取顶岗置换、网络研修、送教下乡、专家指导、校本研修等多种形式，增强培训的针对性和实效性。从2015年起，“国培计划”集中支持中西部地区乡村教师校长培训。鼓励乡村教师在职学习深造，提高学历层次。

（八）建立乡村教师荣誉制度。国家对在乡村学校从教30年以上的教师按照有关规定颁发荣誉证书。省（区、市）、县（市、区、旗）要分别对在乡村学校从教20年、10年以上的教师给予鼓励。各省级人民政府可按照国家有关规定对在乡村学校长期从教的教师予以表彰。鼓励和引导社会力量建立专项基金，对长期在乡村学校任教的优秀教师给予物质奖励。在评选表彰教育系统先进集体和先进个人等方面要向乡村教师倾斜。广泛宣传乡村教师坚守岗位、默默奉献的崇高精神，在全社会大力营造关心支持乡村教师和乡村教育的浓厚氛围。

四、组织实施

（一）明确责任主体。地方各级人民政府是实施乡村教师支持计划的责任主体。要加强组织领导，把实施工作列入重要议事日程，实行一把手负责制，细化任务分工，分解责任，推进各部门密切配合、形成合力，切实将计划落到实处。要将实施乡村教师支持计划情况纳入地方政府工作考核指标体系，加强考核和监督。教育行政部门要加强对乡村教师队伍建设的统筹管理、规划和指导。发展改革、财政、编制、人力资源社会保障部门要按照职责分工主动履职，切实承担责任。要着力改革体制，鼓励和引导社会力量参与支持乡村教师队伍建设。对在乡村教师队伍建设工作方面改革创新、积极推进、成绩突出的基层教育部门，有关部门要加强总结、及时推广经验做法并按照国家有关规定予以表彰。

（二）加强经费保障。中央财政通过相关政策和资金渠道，重点支持中西部乡村教师队伍建设。地方各级人民政府要积极调整财政支出结构，加大投入力度，大力支持乡村教师队伍建设。要把资金和投入用在乡村教师队伍建设最薄弱、最迫切需要的领域，切实用好每一笔经费，提高资金使用效益，促进教育资源均衡配置。要制定严格的经费监管制度，规范经费使用，加强经费管理，强化监督检查，坚决杜绝截留、克扣、虚报、冒领等违法违规行为的发生。

（三）开展督导检查。地方各级人民政府教育督导机构要会同有关部门，每年对乡村教师支持计划实施情况进行专项督导，及时通报督导情况并适时公布。国家有关部门要组织开展对乡村教师支持计划实施情况的专项督导检查。对实施不到位、成效不明显的，要追究相关负责人的领导责任。

省、市、县、乡各级人民政府要制订实施办法，把准支持重点，因地制宜提出符合乡村教育实际的支持政策和有效措施，将本计划的要求进一步明确化、具体化。请各省(区、市)于 2015 年底前，将本省(区、市)的实施办法报教育部备案，同时向社会公布，接受社会监督。

地方办法

北京市人民政府办公厅关于印发北京市乡村教师支持计划(2015—2020年)实施办法的通知

京政办发〔2016〕8号

各区人民政府,市政府各委、办、局,各市属机构:

《北京市乡村教师支持计划(2015—2020年)实施办法》已经市政府同意,现印发给你们,请认真贯彻落实。

北京市人民政府办公厅

2016年1月25日

北京市乡村教师支持计划(2015—2020年)实施办法

为贯彻落实《国务院办公厅关于印发乡村教师支持计划(2015—2020年)的通知》(国办发〔2015〕43号)精神,采取切实有效措施加强本市中小学乡村教师队伍建设,进一步缩小城乡师资水平差距,让每名乡村孩子都能接受公平、有质量的教育,结合本市实际,制定如下实施办法。

一、总体要求

深入贯彻落实党的十八大和十八届三中、四中、五中全会精神,深入学习贯彻习近平总书记系列重要讲话和对北京工作的重要指示精神,围绕促进教育公平、提高教育质量,遵循教育规律和教师成长发展规律,全面提高乡村教师思想政治素质和师德水平，合理优化乡村教师队伍结构，努力提高乡村教师待遇，着力提升乡村教师社会地位，全面加强乡村教师队伍建设，努力造就一支素质优良、结构合理、甘于奉献的乡村教师队伍，为率先实现首都教育现代化提供坚强有力的师资保障。

二、全面提高乡村教师思想政治素质和师德水平

（一）提高乡村教师思想政治素质。积极培育和践行社会主义核心价值观，进一步建立健全乡村教师政治理论学习制度，创新学习方式和载体，增强思想政治工作的针对性和实效性，不断提高教师的理论素养和思想政治素质。切实加强乡村教师队伍党建工作，基层党组织要充分发挥政治核心作用，进一步关心教育乡村教师，加大发展党员力度。

（二）提高乡村教师师德水平。建立健全教育、宣传、考核、监督与奖惩相结合的师德建设长效机制。坚持立德树人，开展多种形式的师德教育，把教师职业理想、职业道德、法治教育、心理健康教育等融入职前培养、准入、职后培训和管理的全过程。加大师德先进典型宣传力度，促进形成重德养德的良好风气。完善乡村教师师德考评制度和方式，把师德建设作为对乡村学校工作考核和办学质量评估的重要指标，把师德表现作为教师资格定期注册、业绩考核、职称评审、岗位聘用、评优奖励的首要内容。完善学生、家长和社会参与的师德监督机制；对有严重失德行为、影响恶劣者，按有关规定予以严肃处理直至撤销教师资格。

三、合理优化乡村教师队伍结构

（一）创新乡村教师编制管理。乡村中小学教职工编制按照城市标准统一核定，其中村小学、教学点编制按照生师比和班师比相结合的方式核定。实行城乡中小学教职工编制区域统筹和动态管理，盘活师资存量，提高使用效益。有关区教育部门在核定的教职工编制总额和岗位总量基

础上，按照班额、生源等情况统筹分配乡村学校教职工编制和岗位数量；通过逐年核销工勤和教辅人员编制、分类推进经营类事业单位转企改制、事业编制跨行业调剂、加大政府购买服务力度等途径，腾出编制优先用于乡村教师的统筹调配使用，并报同级机构编制、人力社保、财政部门备案。通过调剂编制、加强人员配备等方式进一步向人口稀少的教学点、村小学倾斜，重点解决教师全覆盖问题，确保乡村学校开足开齐国家规定课程。寄宿制乡村学校要按寄宿学生规模配备生活指导教师，目前尚未配备的，应合理计算教师兼任生活指导教师的工作量并相应增加绩效工资总量。严禁在有合格教师来源的情况下“有编不补”、长期使用临时聘用人员，严禁任何部门和单位以任何理由、任何形式占用或变相占用乡村中小学教职工编制。

（二）拓展乡村教师补充渠道。建立乡村学校师资缺口与师范院校招生计划联动机制，在总体控制市属高校招生规模的基础上，统筹调整招生计划结构，引导市属师范院校及相关学校增加师范生培养数量。结合乡村学校的特点和需求，创新乡村教师培养模式，构建政府、师范院校、中小学校协作培养体系，并进一步完善课程体系，确保每名师范生毕业前至少有半年时间到优质中小学校进行教育教学实践。根据本市乡村教育实际需求加强本土化培养，探索通过师范院校招生指标定向到区，相关师范生享受免费师范教育和乡村师范生年度奖学金，就业 3 至 5 年后可定向免费直读教育硕士学位等多种措施，定向培养“一专多能”的乡村教师；同时，探索通过增设高等学校两年制教育硕士专业，定向培养乡村教师。对综合性院校毕业生和师范院校非师范生取得教师资格并到乡村学校任教的，满 5 年后给予 4 万元一次性补助。采取有效措施鼓励城镇退休教师到乡村学校支教讲学。

（三）推动城镇优秀教师向乡村学校流动。全面推进义务教育教师队伍“区管校聘”管理体制改革，完善激励机制，不断健全绩效工资、职称评定、职务晋升等方面的倾斜政策，为推动城镇优秀教师到乡村学校任教提供制度保障。采取挂职交流、跨校竞聘、学区化管理、学校联盟、城乡一体化管理、对口支援、乡镇中心学校教师走教等途径和方式，重点引导优秀校长和骨干教师向乡村学校合理流动，并逐步实现制度化和常态化。区范围内重点推动城区学校教师到乡村学校交流轮岗，乡镇范围内重点推动乡镇中心学校教师到村小学、教学点交流轮岗。探索建立优秀教师跨校兼职制度，鼓励教师多劳多得、优绩优酬。

四、大力提升乡村教师能力素质

实施“乡村教师素质提升计划”，在2020年前，对全市乡村教师校长进行360学时的培训。把乡村教师培训纳入基本公共服务体系，保障经费投入。完善分层、分类、分岗培训机制，整合高等学校、市级教师培训机构、区教师研修机构和中小学校优质资源，建立乡村教师校长专业发展支持服务体系，并搭建教师网络研修服务云平台。全面提升乡村教师信息技术应用能力，积极利用远程教学、数字化课程等信息技术手段，破解乡村优质教学资源不足的难题。按照乡村教师的实际需求改进培训方式，采取跟岗研修、网络研修、送教下乡、专家指导、校本研修等多种形式，增强培训的针对性和实效性。按照高于普通教师20%的标准上浮乡村教师培训经费保障水平，以满足其培训需求。鼓励乡村教师在职学习深造，提高学历层次。

五、积极完善乡村教师激励机制

（一）职称（职务）评聘和骨干教师评选向乡村学校倾斜。全面落实中小学教师职称制度改革，逐步提高乡村教师高级职称（职务）的比例，实现区内城乡中小学教师职称（职务）和岗位结构比例总体平衡。进一步完善乡村教师职称（职务）评聘办法，切实向乡村教师倾斜；乡村教师评聘职称（职务）对外语成绩（外语教师除外）、发表论文等不作刚性要求，坚持育人为本、德育为先，注重师德素养，注重教育教学工作业绩，注重教育教学方法，注重教育教学一线实践经历。本市特级教师、学科教学带头人和骨干教师评选向乡村教师倾斜，以鼓励优秀教师从事乡村教育工作，提高乡村基础教育水平。中小学校教师晋升高级教师职称(职务)，应有在乡村学校或一般学校任教一年以上的经历。

(二) 提高乡村教师生活待遇。进一步提高乡村教师待遇，建立市级财政对乡村教师岗位实施生活补助政策，各有关区依据不同乡村学校实际情况、教师不同岗位和任教年限实行差别化的补助标准，提高乡村教师岗位的吸引力，稳定乡村骨干教师队伍。市住房城乡建设委、市国土局、市规划委、市发展改革委等部门要统筹研究，积极支持在合适地点集中建设乡村教师周转宿舍。合理提高乡村教师伙食补贴，妥善解决山区乡村教师往返学校的交通问题，改善乡村教师生活，确保教师安全方便出行。各有关区要依法为乡村教师缴纳住房公积金和养老保险、医疗保险等各项社会保险费，并按照每人每年不低于800元的标准保障乡村教师享受一次免费常规体检，同时做好乡村教师重大疾病救助工作。

(三) 建立乡村教师荣誉制度。大力倡导尊师重教的社会风气，努力提高乡村教师的社会地位。市委、市政府对在乡村学校从教20年以上的教师颁发荣誉证书；各有关区对在乡村学校从教10年以上的教师建立相应的荣誉制度，并建立乡村教师子女享受本区优质教育的相关政策。在“北京市人民教师奖”和北京市优秀教师、先进工作者以及各有关区开展的相应评选表彰工作中，要向乡村教师倾斜。鼓励和引导社会力量建立专项基金，对长期在乡村学校任教的优秀教师给予物质奖励。广泛宣传乡村教师坚守岗位、默默奉献的崇高精神，在全社会大力营造关心支持乡村教师和乡村教育的浓厚氛围。

六、切实做好组织实施工作

(一) 加强组织领导。建立本市乡村教师队伍建设协调机制，由主管市领导牵头，市教委、市发展改革委、市财政局、市编办、市人力社保局、市国土局、市规划委、市住房城乡建设委、市农委等相关部门参加，定期研究乡村教师队伍建设的重大事项，及时协调解决工作中遇到的重点难点问题。各有关区政府要进一步加强组织领导，把本办法实施工作列入重要议事日程，实行一把手负责制，细化任务分工，明确责任，切实把各项工作落到实处。市有关部门、有关区政府要加强乡村教师遴选、表彰和待遇落实工作的信息公开，主动接受社会监督，提高教育公共政策的透明度。

（二）加强经费保障。市、区财政要积极调整支出结构，加大投入力度，大力支持乡村教师队伍建设。要把资金用在乡村教师队伍建设最薄弱、最迫切需要的领域，提高资金使用效益，促进教育资源均衡配置。要制定严格的经费监管制度，规范经费使用，加强经费管理，强化监督检查，坚决杜绝截留、克扣、虚报、冒领等违法违规行为的发生。

（三）加强监督检查。将实施乡村教师支持计划情况纳入市政府相关部门和区政府工作考核指标体系，加强考核和监督。市政府教育督导室要会同有关部门每年组织开展对乡村教师支持计划实施情况的专项督导检查，及时通报督导情况并适时公布。

各有关区政府要按照本实施办法并结合实际，进一步健全工作机制，制订乡村教师队伍建设实施细则，并于 2016 年 6 月底前报市教委备案，同时向社会公布，接受社会监督。

天津市人民政府办公厅关于贯彻落实乡村教师支持计划(2015—2020年)的实施意见

津政办发〔2015〕105号

各区、县人民政府，各委、局，各直属单位：

为贯彻落实《国务院办公厅关于印发乡村教师支持计划（2015—2020年）的通知》（国办发〔2015〕43号）精神，加强我市乡村教师（包括乡中心区、村庄学校教师，下同）队伍建设，着力解决当前乡村教师队伍建设领域存在的突出问题，稳定乡村教师队伍，吸引优秀人才到乡村学校长期从教，进一步缩小城乡师资水平差距，让每个乡村孩子都能接受公平、有质量的教育，经市人民政府同意，现提出如下实施意见：

一、总体目标

深入贯彻党的十八大，十八届三中、四中、五中全会和习近平总书记系列重要讲话精神，以“四个全面”战略布局为指导，将加强乡村教师队伍建设作为一项重要战略任务。到2017年，我市乡村学校优质教师补充渠道得到扩充，乡村教师资源配置得到改善，教育教学能力水平稳步提升，各方面待遇依法得到保障，职业吸引力明显增强，逐步形成“下得去、留得住、教得好”的局面。到2020年，努力造就一支师德高尚、素质优良、结构合理、扎根乡村的专业化乡村教师队伍，为我市率先实现教育现代化提供强有力的人才保障和智力支持。

二、基本原则

（一）师德为先，以德化人。着力提升乡村教师思想政治素质和职业道德水平，切实加强社会主义核心价值观教育，引导乡村教师确立热爱社会主义祖国、热爱中国共产党、热爱乡村教育的职业理想。重视发挥乡村教师以德化人、言传身教的作用，引导乡村教师以高尚师德熏陶感染学生，帮助乡村学生形成正确的世界观、人生观和价值观，确保乡村教育的正确导向。

（二）规模适当，结构合理。统筹考虑城镇化进程和常住人口变化情况，合理规划乡村教师队伍规模，满足教育教学需求，确保开足开齐国家规定课程。集中人财物资源，制定实施优惠倾斜政策，加大工作支持力度，合理配置乡村地区优质教师资源，努力破解乡村教师队伍结构性失调难题，使乡村教师队伍建设与教育改革发展的新常态相适应、与天津市城市功能的新定位相匹配。

（三）提升质量，提高待遇。抓住乡村教师队伍建设最关键环节、最紧迫任务，多措并举，定向施策，精准发力，标本兼治。加强培养培训，提高乡村教师实施新课程的水平和能力，为乡村教师职业生涯发展提供有效支持，提升教师专业素养和乡村教育质量。切实提高乡村教师的地位和待遇，不断改善乡村教师的工作生活条件，增强乡村教师职业吸引力。

（四）改革机制，激发活力。坚持问题导向，深化体制机制改革，以改革增强动力，以创新激发活力。深入探索乡村教师队伍建设各个要素的关联性、系统性和协调性，构建充满活力的乡村教师使用、补充和交流机制，逐步形成“越往基层、越是艰苦，地位待遇越高”的激励机制。通过实施乡村教师支持计划，带动建立相关制度，形成可持续发展的长效机制。

三、主要措施

（一）全面提高乡村教师思想政治素质和师德水平。坚持用中国特色社会主义理论体系武装乡村教师头脑，建立健全乡村教师政治理论学习制度，创新学习方式和载体，增强思想政治工作的针对性和实效性，引导乡村教师自觉做中国特色社会主义的坚定信仰者和社会主义核心价值观的忠诚实践者。加强乡村中小学校、幼儿园基层党组织建设，健全乡村学校党组织机构，注重在乡村教师中发展党员。严格执行《教育部中国教科文卫体工会全国委员会关于重新修订和印发〈中小学教师职业道德规范〉的通知》（教师〔2008〕2 号），贯彻落实我市关于进一步加强和改进师德建设的实施意见等文件精神，把规范教师的从教言行作为工作重点，多措并举推进师德师风建设。开展多种形式的师德教育，关注乡村教师心理健康，把教师职业理想、职业道德和心理健康教育融入岗前培养、职业准入、职后培训全过程。完善榜样引领、底线控制、社会监督、过失问责的长效管理机制。发现和培养师德先进典型，组织师德宣讲团。加大对教师从教行为的社会监督力度，建立师德不良记录，将师德考核作为教师聘用、评优、职称晋升的重要依据，落实师德失范“一票否决”制。

（二）拓展渠道，健全乡村教师补充机制。各区县教育部门要会同人力社保部门、编制部门统筹规划教师招聘工作，根据需求及时为乡村学校招聘补充教师。天津师范大学根据各区县乡村教育实际需求加强本土化培养，采取多种方式培养“一专多能”教师。高校毕业生取得教师资格到乡村学校任教经考核合格，按有关规定享受学费补偿和国家助学贷款代偿政策。组织城区退休特级教师、高级教师到乡村学校支教讲学，发挥传帮带作用，加快提升乡村教师教育教学水平。

（三）依法保障和提高乡村教师合理待遇。实施乡镇工作补贴制度。各区县人民政府要严格按照《市人力社保局市财政局关于乡镇机关事业单位工作人员实行乡镇工作补贴的通知》（津人社局发〔2015〕78 号）规定，为符合条件的乡村教师发放乡镇工作补贴。

各区县要依法依规落实乡村教师工资待遇政策，确保我市乡村义务教育教师平均工资水平不低于当地公务员平均工资水平。给予适当政策倾斜，对乡村教师可按照不超过现行绩效工资水平的 10%，增加绩效工资总量。依法为教师缴纳住房公积金和社会保险费。实施重大疾病救助制度，对因病致贫的乡村教师进行有效救助帮扶。切实推进乡村教师定期体检工作，乡村教师每年享受一次常规体检。不断改善乡村教师工作条件，到2017年底，每所乡村学校要设立食堂，边远乡村学校、山区学校要建设教师休息室。各区县要按规定将符合条件的乡村教师纳入当地住房保障范围，统筹予以解决。

（四）加强乡村教师编制管理。实行城乡统一的中小学教职工编制标准，不断完善各区县中小学教职工编制动态管理机制，在现有教职工编制总量范围内，对边远农村地区予以倾斜，其中乡村小学、教学点编制要采取生师比和班师比相结合的方式核定，确保乡村学校开足开齐国家规定课程。探索采取政府购买服务的方式解决幼儿园人员配备问题。严禁在有合格教师来源的情况下“有编不补”、长期使用临聘人员，严禁任何部门和单位以任何理由、任何形式占用或变相占用乡村中小学教职工编制。

（五）职称（职务）评聘向乡村教师倾斜。统一城乡同类型学校的岗位结构比例，城镇学校不得占用乡村学校的岗位职数。乡村教师在晋升职务时，不作发表论文的刚性要求，达到中级职务晋升的学历和资历要求，同等条件优先参评；在晋升高级职务时，对在乡村一线教学岗位上累计任教满25年的，不参加专业水平能力测试，着重考查师德素养、一线教育教学工作实绩。城镇中小学教师晋升高级职务，应有在农村学校或薄弱学校任教一年以上的工作经历。

（六）推动城镇优秀教师向乡村学校流动。按照《市教委市财政局市人力社保局关于推进区县域内义务教育学校教师、校长交流轮岗工作的意见》（津教委〔2014〕84号）精神，切实推进教师、校长交流轮岗工作，在区县范围内重点推动从城镇学校向乡村学校交流，在乡镇范围内重点推动从中心学校向乡村小学、教学点交流。到2017年，实现区县域内教师、校长交流轮岗制度化；到2019年，实现区县域内教师、校长交流轮岗常态化。加强区县域内义务教育教师的统筹管理，鼓励区县对新聘教师进行“县管校聘”管理改革，为义务教育师资均衡发展提供制度保障。

（七）全面提升乡村教师能力素质。以“国培计划”为引领，到2020年，对全体乡村教师、校长进行不少于480学时的培训。市人民政府统筹规划和支持全员培训，各区县人民政府要切实履行实施主体责任，完善分层、分类、分岗培训机制，把乡村教师培训纳入基本公共服务体系予以保障，确保培训的质量和效果。整合全市优质教育资源，构建市、区、校三级联动的乡村教师校长培训体系。探索以“互联网＋”为标志的教师网络研修社区、网络工作坊等新型培训方式，按照每人5 000元的标准为每位乡村教师配备电子学习设备，搭建学习培训资源云平台，开发乡村教师培训学习应用程序（APP）终端，使乡村教师可以随时随地进行自主学习，破解乡村优质培训资源不足和工学矛盾的难题。加大对乡村骨干教师的培养力度，在实施以培养基础教育学科带头人为目标的“领航教师培养计划”中，设立乡村教师专项培养指标，确保做到“两个覆盖”，即培养的骨干教师覆盖乡村的每一所学校、覆盖乡村学校的每一门课程。在乡村教师培养培训中，充分运用“未来教育家奠基工程”“265农村骨干教师培养工程”“优秀教学校长培养工程”实施的经验和成果，组建乡村教师导师团队，与乡村教师结成师徒对子，采取送教下乡、网络研讨等多种方式，为乡村教师的专业发展提供指导和帮助。

全面提升乡村学校校长的管理能力和办学水平，充分发挥校长在规划学校发展、营造师德氛围、领导课程教学、促进教师成长等方面的引领作用，实施“乡村校长领导力提升计划”，开展集中培训、跟岗研修、学校改进行动研究等多种形式的培训，助推乡村学校校长的成长与发展。

（八）建立乡村教师荣誉制度。积极鼓励乡村教师扎根乡村教育。按照国家和我市有关规定，市和区县人民政府分别对在乡村学校从教20年以上、10年以上的教师予以通报表扬。鼓励和引导社会力量建立专项基金，对长期在乡村学校任教的优秀教师给予物质奖励。在评选教育系统先进集体和先进个人等方面要向乡村教师倾斜。在特级教师评选时，单设专项指标，用于选拔和激励长期在乡村学校一线工作的优秀乡村教师。广泛宣传乡村教师坚守岗位、默默奉献的崇高精神，在全社会大力营造关心支持乡村教师和乡村教育的浓厚氛围。

四、组织实施

（一）加强组织领导。乡村教师支持计划由市和区县两级政府分级组织实施。建立由市教委、市编办、市发展改革委、市财政局、市人力社保局、市国土房管局、市农委、市卫生计生委等部门相互配合的长效工作机制，加大组织和协调力度，统筹推进乡村教师支持计划的落实，及时解决工作中的突出矛盾和重大问题。各区县人民政府要从战略高度充分认识乡村教师队伍建设的重大意义，落实好实施乡村教师支持计划的主体责任，把实施工作列入重要议事日程，落实工作措施，密切协调配合，形成有效合力。各区县要在深入调查研究、广泛听取乡村教师诉求的基础上，进一步完善各项支持政策，明确推进工作的时间表、路线图和具体责任单位及责任人，并送市教委备案。

（二）保证经费投入。我市各级人民政府要积极调整财政支出结构，改善乡村学校办学条件，加大对乡村教师队伍建设投入力度，把乡村教师队伍建设作为重点保障领域之一，将所需经费纳入公共财政保障范围，形成稳定的投入机制。将资金投入到乡村教师队伍建设最急需的领域，切实提高资金的使用效益。制定并严格执行经费监管制度，确保经费使用合理和规范。

（三）强化考核监督。市人民政府教育督导室要会同有关部门，每年对乡村教师支持计划实施情况进行专项督导。各区县人民政府要将乡村教师支持计划落实情况作为教育督导重点，定期进行考核评估，并面向社会公布考核评估结果，确保乡村教师支持计划落到实处。

（四）加大宣传力度。要加大乡村教师支持计划的宣传力度，积极引导全社会共同关注和支持乡村教师队伍建设。采取多种形式宣传交流各区县在乡村教师队伍建设上的好经验、好做法，树立先进典型，为乡村教师办实事、办好事，大力营造关心支持乡村教师、乡村教育的社会氛围。

各区县人民政府要制订具体实施细则，把握支持重点，因地制宜地提出符合乡村教育实际的支持政策和有效措施，并于2016年2月底前将本区县实施细则送市教委备案，同时向社会公布，接受社会监督。

天津市人民政府办公厅

2015年12月30日

河北省人民政府办公厅关于印发河北省乡村教师支持计划(2015—2020年)实施办法的通知

冀政办发〔2015〕30号

各设区市人民政府，各县(市、区)人民政府，省政府各部门：

《河北省乡村教师支持计划(2015—2020年)实施办法》已经2015年9月30日省委全面深化改革领导小组第七次会议讨论通过，现印发给你们，请结合本地本部门实际，认真贯彻执行。

河北省人民政府办公厅

2015年10月29日

河北省乡村教师支持计划(2015—2020年)实施办法

为贯彻落实国家和我省关于加强教师队伍建设的部署要求，解决当前我省乡村教师职业吸引力不强、补充渠道不畅、优质资源配置不足、结构不尽合理、整体素质不高等突出问题，根据《国务院办公厅关于印发乡村教师支持计划(2015—2020年)的通知》(国办发〔2015〕43号)精神，结合我省实际，制定本实施办法。

一、总体目标

以“四个全面”战略要求为指导，深入实施优化乡村教师队伍结构、提高乡村教师待遇、提升乡村教师素质能力工程，力争到2017年，使我省乡村学校优质教师补充渠道得到扩充，乡村教师资源配置得到改善，教育教学能力水平稳步提升，各方面合理待遇依法得到较好保障，职业吸引力明显增强，逐步形成“下得去、留得住、教得好”的局面。到2020年，努力打造一支师德高尚、数量充足、素质优良、结构合理的乡村教师队伍，为基本实现教育现代化提供坚强有力的师资保障。

二、基本原则

（一）师德为先，以德化人。着力提升乡村教师思想政治素质和职业道德水平，引导乡村教师带头践行社会主义核心价值观，加强乡村教师对中国特色社会主义的思想认同、理论认同和情感认同。重视发挥乡村教师以德化人、言传身教的作用，教育学生热爱祖国、热爱人民、热爱中国共产党，形成正确的世界观、人生观、价值观，确保乡村教育正确导向。

（二）规模适当，结构合理。按照满足教育教学需求、确保开足开齐国家规定课程原则，统筹考虑城镇化进程和常住人口变化情况，合理规划乡村教师队伍规模。集中人财物资源，实施优惠倾斜政策，以乡村教师培养补充和骨干教师校长交流为重点，加大工作支持力度，加强乡村优质教师资源配置，有效解决乡村教师短缺问题，优化乡村教师队伍结构。

（三）提升质量，提高待遇。立足省情，聚焦乡村教师队伍建设最关键领域、最紧迫任务，多措并举，定向施策，精准发力，标本兼治，切实提高乡村教师地位待遇，不断改善乡村教师的工作生活条件，增强乡村教师职业吸引力；加强培养培训，提升乡村教师教育教学能力和基本素质，提高乡村教育质量。

（四）改革机制，激发活力。坚持问题导向，深化教师校长管理体制改革，建立充满活力的乡村教师使用机制，构建适应乡村教育发展、促进乡村教师成长的培养培训、补充和交流机制，逐步形成“越往基层、越是艰苦，地位待遇越高”的激励机制。通过实施乡村教师支持计划，带动建立相关制度，形成可持续发展的长效机制。

三、主要措施

（一）建立乡村教师长效补充机制。建立省级监督指导，市、县（市、区）组织招聘的乡村教师公开招聘补充机制。严格规范招聘标准条件、笔试面试内容、招聘程序和聘后教师管理，确保为乡村学校持续输送大批优秀高等学校毕业生。各级政府根据实际需求，积极探索实施地方“特岗教师计划”，执行国家特岗教师工资性补助标准。建立健全高等学校毕业生学费和国家助学贷款代偿制度，对到贫困地区乡村学校任教的全日制高等学校毕业生，予以学费和国家助学贷款代偿。

创新教师培养体系。以“按需设岗、按岗培养、双向选择、定岗服务”为原则，改革师范院校教师培养模式，构建专业化的教师培养机构，推动高等学校教师教育学院的建设与发展，到2020年，省属高等师范院校全部建立教师教育学院，有条件的市属学院或师院也要建立教师教育学院。探索培养卓越中小学教师的途径，初步建成政府统筹培养需求、高等学校实施教育工作、中小学校参与实习的教师培养机制。实施小学全科教师免费培养计划。强化各地政府培养小学教师主体责任，到2020年，设区市全部启动小学全科教师免费培养试点工作。

实施优秀退休教师乡村支教讲学计划。每年选聘一定数量的退休特级教师、高级教师到乡村学校支教。中央财政和省级财政比照“三区”人才支持计划教师专项计划给予经费补助。

（二）统一城乡教职工编制标准。乡村中小学教职工编制按照城市标准统一核定，其中村小学、教学点编制按照生师比和班师比相结合的方式核定。确保乡村中小学教职工编制满足教育教学实际需求，以保证开足开齐国家规定课程。寄宿制学校应合理配置专职生活教师。

县级教育部门在核定的编制总额内，按照班额、生源等情况统筹分配各校教职工编制，并报同级机构编制部门和财政部门备案。进一步完善中小学校职工编制动态管理机制，根据学校布局结构调整、不同学段学生规模变化等情况及时进行调整。

县（市、区）机构编制、人力资源社会保障和教育部门要按照专任教师“退补相当”的原则，及时确定每年乡村学校教师补充计划，确保基础教育发展需要和素质教育全面实施。探索采用购买服务方式，解决农村教师队伍中的遗留问题。结合我省实际，积极探索创新乡村幼儿园用人机制。

深化中小学校后勤服务社会化改革，逐步压缩非教学人员编制。对适合社会力量提供的工勤和教学辅助等服务，探索采取政府购买服务方式，纳入当地政府购买服务指导目录，所需资金通过合理渠道和方式妥善解决。

严禁在有合格教师来源的情况下“有编不补”、长期使用临时聘用人员，严禁任何部门和单位以任何理由、任何形式占用或变相占用乡村中小学教职工编制。对违反编制管理规定的单位和责任人，依法依规严肃处理。

（三）推动城镇优秀教师向乡村学校流动。按照《河北省教育厅等五部门关于推进县域内义务教育学校教师校长交流工作的指导意见（试行）》要求，切实推进教师校长交流改革，到 2017 年全省全面推开实施。到 2020 年实现县域内教师校长交流的制度化、常态化。加强县域内义务教育教师的统筹管理，在试点基础上推进“县管校聘”管理改革，为教师交流轮岗提供制度保障。

（四）提高乡村教师生活待遇。实施乡镇工作补贴制度。各市、县（市、区）政府要严格按照《河北省人力资源和社会保障厅河北省财政厅关于印发〈河北省乡镇机关事业单位工作人员实行乡镇工作补贴实施办法〉的通知》（冀人社发〔2015〕34 号）规定，为符合条件的乡村教师发放乡镇工作补贴。

实施乡村教师生活补助制度。集中连片特困地区乡村教师生活补助政策仍按《河北省教育厅河北省财政厅关于落实连片特困地区乡村教师生活补助政策的实施意见》（冀教财〔2014〕37 号）执行，省定补助标准由省级财政负担。其他地区参照实施，补助标准可根据本地实际确定，所需资金由同级财政负担。省级财政对连片特困地区以外的贫困县给予适当奖补。各地依据学校艰苦边远程度实行差别化的补助标准，要制订具体补助发放实施方案，重点向村小学和教学点倾斜。部分地区已实行的补助政策要继续实施。

各地要依法依规落实乡村教师工资待遇政策，确保我省乡村教师平均工资水平不低于当地公务员平均工资水平，并逐步提高。依法为教师缴纳住房公积金和社会保险费，县域内统一缴费和补助标准。要积极实施乡村教师帮扶计划。对因遭遇突发事故或突患重大疾病，造成家庭生活特别困难的乡村教师进行救助帮扶。鼓励企业和社会力量积极为学校捐助资金，用于教师帮扶。切实推进乡村教师定期体检工作，每年组织一次体检。各地医疗机构要加强与教育部门合作，积极制订适合乡村教师需求的体检方案，并加强对体检教师的跟踪指导。

切实推进边远艰苦地区乡村学校教师周转宿舍建设。争取中央财政支持，力争到 2020 年，再帮助 1 万名乡村教师解决周转宿舍问题。各级政府要将乡村学校教师住房纳入保障性住房建设规划，由市、县（市、区）政府统筹规划，在乡（镇）政府所在地修建，并享受中央和省保障性住房优惠政策和资金补助。将符合条件的农村义务教育阶段学校教师纳入住房保障范畴，同等条件下优先轮候、优先分配。

（五）职称（职务）评聘向乡村学校倾斜。进一步完善我省中小学教师职称（职务）评聘条件和程序办法，坚持育人为本、德育为先，注重师德素养、教育教学工作业绩、教育教学方法和教育教学一线实践经历。降低乡村中学教师职称申报评审条件。提高乡村中小学校中高级职称岗位设置比例，在规定的比例上限内上浮 1—2 个百分点。试行向长期坚守乡村学校教师职称聘用倾斜政策，凡在乡村学校任教累计满 25 年且仍在乡村学校任教的，可不受岗位职数限制，直接聘用到与其现有专业资格相对应的岗位。城市中小学教师晋升高级教师职称（职务），应具有在乡村学校或薄弱学校任教一年以上的经历。

（六）建立乡村教师荣誉制度。加大对乡村教师的奖励力度，省政府对在乡村学校从教 15 年以上、为我省农村教育事业作出突出贡献的在职乡村教师和教育工作者给予奖励。每两年组织开展一次申报工作，每次奖励 300 人左右，每人奖励 10 000 元。依托河北省中小学幼儿教师奖励基金，进一步健全基金管理制度，逐步扩大政府支持力度，并积极鼓励引导企业、社会团体、非政府组织和有关国际组织捐资助学，对长期在乡村学校任教的优秀教师给予奖励，并适时提高奖励标准。

国家对在乡村学校从教 30 年以上的教师颁发荣誉证书，省、县（市、区）分别对在乡村学校从教 20 年以上、10 年以上的教师颁发荣誉证书予以鼓励。各地举办的各类评优评先，要切实向乡村教师倾斜。

（七）全面提高乡村教师思想政治素质和师德水平。加强乡村教师思想政治修养，培养其良好的思想政治素质。深入开展马克思列宁主义、毛泽东思想、邓小平理论、“三个代表”重要思想、科学发展观和习近平总书记系列重要讲话精神的学习教育活动。加强理想信念教育，特别是党的基本理论、基本路线、基本纲领、基本经验、基本要求，自觉践行社会主义核心价值观。坚持正确政治方向，围绕立德树人根本任务，明确和强化责任感，提升工作的科学性。健全乡村教师政治理论学习制度，坚持报告会、座谈会、研讨会、培训班、读书班等行之有效的学习方式，建设信息化学习平台，增强政治理论学习的吸引力和感染力。努力探索乡村教师思想政治工作的新方法、新途径、新载体，确保政治理论学习的经常性、规范性、针对性、创新性。

加强师德教育。以提高教师职业理想和职业道德水平为重点，把师德教育渗透到教师职前培养、资格准入、日常管理和职后培训的全过程。落实师德建设长效机制，大力加强乡村教师法治教育、心理健康教育，健全师德过程性考评和奖惩制度。实施 50 学时师德教育全员培训。

（八）全面提升乡村教师能力素质。将乡村教师培训纳入教育法制建设范围，并将其纳入基本公共服务体系。市、县(市、区)政府要切实履行实施主体责任，将教师校长培训经费纳入政府预算，严格按照农村中小学年度公用经费预算总额的5%安排教师培训经费。

建立以财政拨款为主的保障机制，确保中小学教师五年一周期360学时的全员免费培训。实施“河北省边远困难地区乡村学校校长素养提升工程”，对我省国家级和省级扶贫开发工作重点县乡村中小学校长进行不少于360学时的培训；其他乡村学校校长培训，由市、县(市、区)负责组织实施。依法实行教师培训归口管理，统一由教育部门负责。全面实施中小学教师资格定期注册制度，将教师参加培训情况作为重要内容。县(市、区)政府要重视教师发展中心建设，整合教师培训、教育科研、仪器装备等机构，形成促进教师专业发展的合力，发挥教师培训的整体效益，到2017年底，全省60%县(市、区)完成实质整合，到2020年全部完成。

提高乡村教师培训效益。大力提升乡村教师信息技术应用能力，积极利用远程教学、数字化课程等信息技术手段，实现教师培训全覆盖。积极实施教师培训推荐课程与自选课程相结合的学习模式，按照乡村教师的实际需求改进培训方式，采取顶岗置换、网络研修、送教下乡、专家指导、校本研修等多种形式，增强培训的针对性和实效性。加强乡村教师省级骨干教师和学科名师的培养，到2020年，选拔培养2 500名省级乡村骨干教师和学科名师。大力加强名师工作室建设，到2020年，每个设区市建立15—20个省级名师工作室，定州、辛集市分别建立1—3个省级名师工作室，重点发挥其对乡村教师示范带动作用。鼓励各地建立市、县级名师工作室。积极鼓励乡村教师在职学习深造，提高学历层次。自2016年起，统筹“国培计划”和“省培计划”财政经费集中支持乡村教师校长培训。

四、组织实施

(一) 加强组织领导。各级政府是实施乡村教师支持计划的责任主体。成立河北省乡村教师支持计划实施工作领导小组，负责全省乡村教师支持工作的组织实施。各地要把实施工作列入重要议事日程,实行一把手负责制。有关部门要密切配合,建立联动机制,形成工作合力。教育部门要加强对乡村教师队伍建设的统筹管理、规划和指导。发展改革、财政、机构编制、人力资源社会保障、住房城乡建设等部门要按照职责分工主动履职,切实承担责任。

(二)加强经费保障。省级财政将继续加大资金统筹力度,重点支持贫困地区乡村教师队伍建设。各市、县(市、区)政府要进一步调整财政支出结构,加大投入力度,形成稳定的投入机制,集中力量支持乡村教师队伍建设,确保各项乡村教师支持政策落实到位。要把资金和投入用在乡村教师队伍建设最薄弱、最迫切需要的领域,切实用好每一笔经费,提高资金使用效益,促进教育资源均衡配置。加强经费监管,规范经费使用,强化监督检查,坚决杜绝截留、克扣、虚报、冒领等违法违规行为的发生。鼓励和引导社会力量参与支持乡村教师队伍建设。

(三)加强宣传引导。各地要坚持正确的舆论导向,通过多种形式广泛宣传乡村教师支持计划的重大意义。要把支持政策讲透彻,把工作要求讲具体,增进广大乡村教师和社会各界对我省实施办法的理解、认同和支持。要大力宣传乡村教师坚守岗位、默默奉献的崇高精神,在全社会营造关心支持乡村教师和乡村教育的浓厚氛围。

(四)加强督导检查。省教育厅要定期会同相关部门,对实施情况进行专项督导,及时通报督导结果并适时公布。对在乡村教师队伍建设工作方面改革创新、积极推进、成绩突出的基层教育部门,及时推广经验做法并按照国家有关规定予以表扬。对实施不到位、成效不明显的,要追究相关负责人的领导责任。

市、县、乡级政府要制订实施办法和细则,把准支持重点,因地制宜提出乡村教师支持政策和有效措施。各设区市和省直管县(市)要于2015年底前将本地的实施办法报送省教育厅备案,同时向社会公布,接受社会监督。

山西省人民政府办公厅关于印发山西省乡村教师支持计划实施办法的通知

晋政办发〔2015〕120号

各市、县人民政府，省人民政府各委、办、厅、局：

《山西省乡村教师支持计划实施办法》已经省人民政府同意，现印发给你们，请认真贯彻执行。

山西省人民政府办公厅

2015年12月25日

山西省乡村教师支持计划实施办法

为贯彻落实《国务院办公厅关于印发乡村教师支持计划（2015—2020年）的通知》（国办发〔2015〕43号）精神，进一步加强全省乡村教师队伍建设，结合我省实际，制定本实施办法。

一、加强师德师风建设，提高乡村教师思想政治素质和师德水平。进一步加强乡村教师政治理论学习，不断提高乡村教师中国特色社会主义理论素质和思想政治素质。充分发挥乡村学校党组织在组织教师理论学习、师德建设、培养教师入党积极分子中的作用，加强教师社会主义核心价值观教育和教师职业文化建设，鼓励支持创作展现新时期优秀教师形象的文学影视作品。引导教师加强职业修养，模范践行教师职业道德规范，开展多种形式的师德教育，把教师职业理想、法治教育、心理健康教育等融入职前培养、准入、职后培训和管理的全过程。加强乡村教师绩效考核管理，落实教育、宣传、考核、监督与奖惩相结合的师德建设长效机制，建立教师诚信管理体系。

二、健全乡村教师补充机制，足额均衡配备乡村学校教师。市、县（市、区）要按照“总量平衡、退一补一”原则，于2018年底前建立年度教师补充机制，及时招聘、调整和补充乡村学校教师，满足乡村学校教育教学需要。严禁“有编不补”、长期使用临聘人员，对长期有编不补的县（市、区）要严肃问责。乡村中小学校不得使用代课教师。鼓励各地采取学费补偿、助学贷款代偿等办法，对招聘到乡村特别是偏远地区任教的高校毕业生按服务年限实行学费补偿和助学贷款代偿。继续实施农村义务教育阶段学校特设岗位计划，用于补充贫困县乡村教师，重点补充音体美和信息技术、外语学科教师。继续做好每年500名省级免费师范生培养工作，积极引导省级免费师范生面向生源地农村学校就业。建立新聘教师乡村学校任教制度，城镇学校新招聘教师到乡村学校任教一般不少于2年。各地要采取有效措施组织城镇退休的特级教师、高级教师到乡村学校支教讲学。引导和鼓励高等院校、科研机构和社会团体组织专家学者开展志愿者乡村支教活动。

三、提高乡村教师待遇，改善乡村教师工作生活条件，努力解决乡村教师“下不去、留不住”问题。各地要切实落实乡村教师工资待遇政策，为乡村教师缴纳住房公积金和各项社会保险费。教育部门在分配绩效工资时，要加大对艰苦边远贫困地区乡村学校的倾斜力度。集中连片特困县要全面落实乡村教师生活补助政策，依据学校艰苦边远程度实行差别化的补助标准；其他县（市、区）参照该政策制定本地乡村教师生活补助政策或继续落实好我省边远、贫困地区和山区村镇中小学教师岗位津贴制度。各地要按规定将符合条件的乡村教师住房纳入当地住房保障范围，统筹予以解决；要合理规划并加快建设乡村学校教师周转宿舍，确保2020年底前完成建设任务，切实改善乡村教师住房条件。各地要制订乡村教师工作生活条件基本标准，大力改善乡村教师工作生活条件，满足乡村教师基本需要。乡镇及以下农村学校在编在岗教师纳入乡镇工作补贴实施范围。

四、统筹县域内教师编制管理,保障乡村学校教育教学需要。根据《关于调整各市中小学教职工编制总额的通知》精神,在乡村中小学教职工编制已按照城市标准统一核定的总额内,各市可结合实际,按照生师比和班师比相结合的方式对村小学、教学点编制进行调整。县级教育行政部门在核定的编制总额内,按照班额、生源等情况动态调整各校教职工编制,并报同级机构编制部门和财政部门备案。通过调整编制、加强人员配备等方式进一步向人口稀少的教学点、村小学倾斜,重点解决乡村学校音体美和信息技术及外语教师不足、部分学校缺编或严重超编和教师全覆盖问题,确保乡村学校开全开足国家规定课程。2018 年底前,各地要基本解决乡村学校教师结构性短缺问题。严禁任何部门和单位以任何理由、任何形式占用或变相占用中小学教职工编制。

五、加强政策支持和引导,吸引优秀教师到乡村学校从教。县域内城乡学校教师岗位结构比例要保持总体平衡,专业技术中、高级岗位设置要向乡村学校倾斜,执行省定最高岗位结构比例。在乡村学校任教,研究生或具备硕士及以上学位、本科或具备学士学位见习期满后任教分别满 2 年、4 年可初定中级职称。在乡村学校连续从事专业技术工作满 15 年、具有大专及以上全日制学历的教师可优先申报高级教师任职资格评审。乡村教师专业技术职称(职务)评聘时不作职称外语、计算机模块、发表论文的刚性要求。在特级教师、名师名校长、学科带头人等推荐、评审工作中,乡村教师要单列比例,制订符合乡村教育实际的评选条件。城镇校长教师申报中、高级教师职称(职务)必须具有交流经历和农村学校任教(任职)一年及以上的工作经历。

六、实行县管校聘管理改革,推动城镇骨干教师向乡村学校流动。大力推动中小学教师县管校聘管理改革,全面推进县(区)域内义务教育学校校长教师交流轮岗,完善“省级统筹、以县为主”工作机制,落实县级党委、政府在推进校长教师交流轮岗工作中的责任,为组织城镇教师到乡村学校任教提供制度保障。各地要采取定期交流、提任交流、跨校竞聘、集团化办学、学区一体化管理、学校联盟、对口支援、乡镇中心学校教师走教等多种途径和方式，引导优秀校长和骨干教师向乡村学校流动。县域内重点推动县城学校教师到乡村学校交流轮岗，乡镇范围内重点推动中心学校教师到村小学、教学点交流轮岗。要将校长教师交流轮岗与绩效工资分配、职称评聘、职务晋升等挂钩，并给予倾斜。

七、创新教师培养培训模式，全面提高乡村教师能力素质。要把乡村教师培训纳入基本公共服务体系，保障经费投入，确保乡村教师培训时间和质量。省政府负责统筹规划和支持教师全员培训，市、县级政府要履行实施主体责任，保障乡村教师培训经费，确保全部乡村教师校长5年内完成360学时的培训。改革教师教育培养模式，建立、完善师范生在学期间实践实习制度。探索建立全科教师培养模式，在省级免费师范生中试点“一专多能”小学全科乡村教师培养。推动举办教师教育的高等院校与地方政府、中小学校共建教师专业发展中心，形成乡村教师专业发展支持服务体系。“国培计划”和省级培训要统筹、整合设置一批面向乡村教师的培训项目，为乡村学校培养一批优秀骨干教师。加强县级教师培训团队建设，为乡村教师区域内培训、校本研修提供培训队伍支持。各地要为全面提升乡村教师信息技术应用能力提供必要的设备和经费支持。

八、建立乡村教师荣誉制度，健全乡村教师帮扶机制。对坚守乡村学校满20年或10年以上并做出优异成绩的乡村教师，在全省教育系统模范、优秀表彰中指标单列，同时优先推荐参加全国教育系统先进表彰。鼓励企业、社会团体、社会基金对乡村教师提供奖励和资助，对患有大病或特别困难的乡村教师提供资助。鼓励和引导社会力量建立专项基金，对长期在乡村学校任教的优秀教师和作出突出贡献的乡村教师给予物质奖励。

九、强化各级政府责任，保障各项政策措施落实。各级政府是实施乡村教师支持计划的责任主体，要加强组织领导，实行一把手负责制，将乡村教师支持计划的实施情况纳入地方政府工作考核指标体系。政府有关部门要密切配合、形成合力，教育行政部门要加强对乡村教师队伍建设的统筹管理、规划和指导，制定相关政策和标准。发展改革、财政、机构编制、人力资源和社会保障、住房城乡建设等部门要在各自职责范围内主动履职，推进有关工作。各地新增财政预算要把乡村教师队伍建设作为投入重点之一，提高资金使用效益。各级政府教育督导机构要会同有关部门，对乡村教师支持计划实施情况进行专项督导并列入年度目标管理考核的重要内容，推动各项政策措施落实到位。

各市、县(市、区)要结合本地区实际，制订贯彻本办法的方案，提出符合乡村教育实际的支持政策和有效措施。在农村地区的乡镇、街道办事处参照执行本实施办法。请各市于 2016 年 2 月底前，将本市方案报省教育厅备案，同时向社会公布，接受社会监督。

内蒙古自治区人民政府办公厅关于印发乡村教师支持计划(2015—2020 年)实施办法的通知

内政办发〔2015〕144 号

各盟行政公署、市人民政府，自治区各委、办、厅、局，各大企业、事业单位：

经自治区人民政府同意，现将《内蒙古自治区乡村教师支持计划(2015—2020 年)实施办法》印发给你们，请结合实际，认真贯彻执行。

内蒙古自治区人民政府办公厅

2015 年 12 月 28 日

内蒙古自治区乡村教师支持计划(2015—2020 年)实施办法

根据《国务院办公厅关于印发乡村教师支持计划(2015—2020 年)的通知》(国办发〔2015〕43 号)精神，为进一步推进我区乡村教师队伍建设，明显缩小城乡师资水平差距，促进教育公平、推动城乡教育均衡发展和城乡一体化建设，让每个乡村孩子都能接受公平、有质量的教育，结合我区实际，制定本办法。

一、指导思想

全面贯彻党的十八大，十八届三中、四中、五中全会精神，坚持“四个全面”战略布局，把乡村教师队伍建设摆在优先发展的战略地位，加大自治区统筹力度，强化盟市、旗县（市、区）责任，坚持整体规划，创新机制，多措并举，稳步推进，提升乡村教师队伍整体素质特别是专业化水平，为实现乡村教育现代化、打造祖国北疆教育事业亮丽风景线提供有力支撑。

二、总体要求

（一）基本原则。

师德为先，以德化人。着力提升乡村教师思想政治素质和职业道德水平，引导乡村教师带头践行社会主义核心价值观，加强乡村教师对中国特色社会主义的思想认同、理论认同和情感认同。重视发挥乡村教师以德化人、言传身教的作用，教育学生热爱祖国、热爱人民、热爱中国共产党，形成正确的世界观、人生观、价值观，确保乡村教育正确导向。

规模适当，结构合理。合理规划乡村教师队伍规模，集中人财物资源，制定实施优惠倾斜政策，加大工作支持力度，加强乡村地区优质教师资源配置，有效解决乡村教师短缺问题，优化乡村教师队伍结构。

提升质量，提高待遇。立足区情，聚焦乡村教师队伍建设最关键领域、最紧迫任务，打出组合拳，多措并举，定向施策，精准发力，标本兼治，加强培养补充，提升专业素质，提高地位待遇，不断改善乡村教师的工作和生活条件。

创新机制，激发活力。坚持问题导向，进一步改革制约我区乡村教师队伍建设的体制机制，拓宽乡村教师来源，鼓励有志青年投身乡村教育事业，畅通高校毕业生、城镇教师到乡村学校任教的通道，逐步形成“越往基层、越是艰苦，地位待遇越高”的激励机制和充满活力的乡村教师使用机制。通过实施乡村教师支持计划，带动相关制度建立，形成可持续发展的长效机制。

（二）工作目标。

到 2017 年，力争使我区乡村教师队伍建设领域存在的突出问题得到有效解决，乡村学校优质教师来源得到多渠道扩充，乡村教育资源配置得到进一步优化，教育教学能力稳步提升，乡村教师工作和生活条件得到较好改善，乡村教师职业吸引力明显提升，“进得来、下得去、留得住、教得好”的乡村教师引进、激励、培养和流动机制进一步完善。到2020年，努力造就一支素质优良、结构合理、甘于奉献、扎根乡村的教师队伍，为基本实现乡村教育现代化提供有力的师资保障。

三、实施范围

包括自治区苏木乡中心区、嘎查村学校（包括教学点）在编在岗教师。

四、政策措施

（一）全面提高乡村教师思想政治素质和师德水平。

1. 建立健全政治理论学习制度。按照自治区有关规定，建立健全乡村教师政治理论学习制度，增强思想政治教育的针对性和实效性。进一步加强中国特色社会主义理论和社会主义核心价值体系教育，确保乡村教师坚持正确政治方向。把师德教育作为乡村教师培训和培养的首要内容，全面提高乡村教师的思想政治素质、理论水平和师德水平。切实加强乡村教师党建工作，基层党组织要充分发挥政治核心作用，进一步关心教育乡村教师，适度加大发展党员力度。

2. 建立健全师德建设长效机制。各地区要全面落实自治区中小学师德建设长效机制，科学制定本地区中小学教师师德建设的实施办法。通过组织举办形式多样、务实有效的活动，树立本地区优秀乡村教师先进典型；通过宣传先进事迹，弘扬高尚师德，弘扬主旋律，增强正能量。要针对师德建设中热点、难点等重大问题，建立应急处理预案，及时应对并加以引导。

3. 完善师德考核考评制度。根据国家和自治区相关规定，逐步建立健全科学民主的师德考核机制，建立和完善教师自评、家长和学生测评及考核工作小组综合评定相结合的考评制度。按照过程考核与年度考核相结合、定性考核与定量考核相结合的原则，定期对乡村教师师德进行考评。逐步推进社会参与的师德监督机制，主动接受社会监督。各地区、各部门和学校，必须把师德考核结果作为教师资格定期注册、年度考核、工资绩效考核、评优奖励、职称评审、岗位聘任、特级教师和学科带头人、教学能手等评审的主要依据，坚决执行师德一票否决制。

（二）多措并举拓宽乡村教师补充渠道。

1. 继续实施国家“农村牧区义务教育阶段学校特设岗位计划”（以下简称“特岗计划”）。按照国家政策，凡属国家规定的实施“特岗计划”范围的集中连片特困地区、国家扶贫开发工作重点旗县、原“两基”攻坚旗县、纳入国家西部开发计划的一些有特殊困难的边境旗县、少数民族自治旗、连片特困地区以外的自治区级扶贫开发工作重点旗县以下的农村牧区学校补充教师，要全部纳入“特岗计划”，加大紧缺学科乡村教师的招聘力度，进一步优化乡村教师队伍结构。各地区要切实落实服务期满，经考核合格的特岗教师的编制，落实特岗教师工资高出中央财政拨款部分和地方性补贴。

2. 加强乡村教师招聘工作的统筹。为了严把乡村教师入口关，从源头上保证新聘教师的质量，乡村学校补充教师（含特岗教师、免费师范生），要在盟市以上人力资源和社会保障部门的指导下进行，由盟市以上教育部门具体组织实施。新招聘的教师原则上在乡村学校服务期满 6 年后，统一纳入所在旗县（市、区）教师的交流轮岗范围，进行交流轮岗常态化管理。

3. 实施地方免费师范生定向培养计划。在实施国家部属师范院校师范生免费培养计划的基础上，从 2017 年至 2020 年实施自治区乡村学校“免费定向培养师资计划”，加强乡村教师本土化培养。各旗县（市、区）根据本地乡村教育发展实际，在本地区空编额内提出乡村学校紧缺学科师资的需求计划，通过普通高考，自治区招录热爱乡村教育、自愿到乡村学校从教的优秀本科学生，与旗县（市、区）签订合同后，委托内蒙古师范大学、内蒙古民族大学等师范院校定向培养"一专多能"的乡村教师。"免费定向培养师资计划"招录的学生，在校期间的学费、住宿费由各盟行政公署、市人民政府、各旗县(市、区)人民政府承担。毕业后，经试讲和考核合格的，按照上述合同直接分配到乡村学校任教，本地区教育部门负责落实编制，工资纳入财政统发。定向招生计划由自治区教育厅报请教育部同意后统一下达。

4. 推动城镇优秀教师向乡村学校流动。各地区要深入贯彻落实自治区关于开展旗县(市、区)范围内义务教育学校校长教师交流工作的相关政策，统筹规划、科学设计，合理制定本地区实施办法，2016 年全面推进旗县(市、区)域内义务教育阶段学校校长教师交流工作，实现义务教育阶段学校校长教师交流工作的常态化、制度化，有效提升乡村教师队伍整体素质。

5. 鼓励优秀教师到乡村学校支教。各级教育部门要根据本地区实际，定期组织开展特级教师、高级教师、学科带头人等优秀教师"送教下乡"活动。从 2016 年起，各盟市、旗县(市、区)城区优质学校每年要定点帮扶本区域内一所或多所乡村学校。各盟市要建立教学名师工作室，组成人员要有乡村教师代表。通过优质学校的帮扶和教学名师的言传身教，着力提高乡村教师教育教学水平。各地区要采取有效措施，充分发挥退休优秀教师和高级专业技术人员的余热，鼓励城镇退休的特级教师、高级教师和高级专业技术人员，在身体条件允许和本人自愿的基础上到乡村学校支教讲学，对支教讲学的教师要给予一定的工作补偿。

(三) 努力提高乡村教师待遇。

1. 落实乡村教师补贴政策。各地区要依法依规落实乡村教师工资待遇，依法为乡村教师缴纳住房公积金和各项社会保险费，保障义务教育学校乡村教师平均工资水平不低于当地公务员的平均工资水平。依据自治区党委组织部、人力资源社会保障厅、财政厅《关于全区苏木乡镇机关事业单位工作人员实行苏木乡镇工作补贴的通知》(内人社发〔2015〕61

号）规定，落实乡村教师工作补贴。各地区在核定绩效工资总量时，要向乡村教师进一步倾斜，逐步提高乡村教师工资待遇。自治区将制定乡村教师岗位补贴具体办法，并对乡村教师待遇落实情况进行专项督查，及时通报督查情况，适时向社会公布。

2. 加快实施乡村教师周转房建设。各地区要采取切实措施，通过利用闲置校舍改造、新建教师周转宿舍等方式，进一步加快乡村学校周转宿舍建设，彻底解决乡村教师周转宿舍问题，为交流到乡村学校的校长教师提供生活保障。同时，各地区要按有关规定，将符合条件的乡村教师住房纳入本地区住房保障范围，予以统筹解决。

3. 完善乡村学校岗位管理制度。各地区要落实乡村学校与城区同学段学校高、中级专业技术岗位结构比例相同的政策。按照“人力资源社会保障部门总量控制，教育部门动态调配”的原则，在人力资源社会保障部门核定的教师专业技术岗位总量内，旗县（市、区）教育部门根据学校教学需求、教师变化等情况，统筹分配调剂使用，并预留一定比例的高、中级专业技术岗位，专项用于校长教师交流工作，鼓励城镇优秀校长教师到乡村学校任职任教。对于在乡村学校教学一线连续从事教育教学工作满25年，取得高、中级专业技术资格，且当年年底距法定退休年龄不足3年的紧缺学科的优秀教师，可不受学校专业技术岗位数的限制聘用到相应岗位，以鼓励优秀乡村教师长期在乡村学校从教。

4. 实行乡村教师职称评审倾斜政策。乡村教师评审专业技术资格时不作外语成绩、发表论文的刚性要求，坚持育人为本，德育为先，要注重师德素养，注重教育教学工作业绩，注重教育教学方法，注重教育教学一线实践经历。城镇中小学校教师晋升副高级以上专业技术资格，应有在乡村学校或薄弱学校任教一年以上的经历。

5. 加大落实乡村教师荣誉制度的力度。各级人民政府应加大对乡村教师的表彰力度。自治区按照有关规定将对在乡村学校从教20年的教师颁发荣誉证书。各盟市要对在乡村学校从教10年以上的教师颁发荣誉证书予以鼓励。各级人民政府在组织开展评选表彰教育系统先进集体和先进个人时，乡村学校和乡村教师所占比例不得低于20%。鼓励和引导社会力量建立专项基金，对长期在乡村学校任教的优秀教师予以物质奖励。加大宣传力度，广泛宣传乡村教师坚守岗位、默默奉献的崇高精神，在全社会大力营造关心支持乡村教育的浓厚氛围。

6. 建立乡村教师重大疾病救助制度。在现行制度框架内，各地区要结合自身实际，将符合重特大疾病救助条件的乡村教师纳入救助范围。

（四）全面提升乡村教师能力素质。

1. 建立乡村教师专业发展支持服务体系和机制。各级人民政府要把乡村教师培训纳入基本公共服务体系，切实履行主体责任，按照有关规定，保障经费投入；整合高等学校、盟市、旗县（市、区）教师发展中心和中小学校优质资源，建立乡村校长教师专业发展支持服务体系，构建自治区、盟市、旗县（市、区）、学校四级联动的乡村教师培训体系，为完成乡村教师的系统培训提供保障。自治区教育厅要发挥好统筹规划和督查指导作用。

2. 加强乡村教师培训力度。自治区教育厅要研究制定2016年至2020年校长教师能力提升培训规划，加大向乡村校长教师培训政策倾斜力度，确保到2020年，完成全区乡村校长教师不少于360学时的培训；自治区政府统筹规划和支持全员培训，各盟市、旗县（市、区）要切实履行实施主体责任。深入实施“国培计划”，通过“乡村教师走出来、名优教师（校长）走下去、网络空间联起来”的培训研修方式，增强培训的针对性和实效性。重点选拔培训10 000名乡村骨干教师校长，进一步加强紧缺学科乡村教师培训。积极鼓励乡村教师在职学习深造，不断提高学历层次。

3. 全面提升乡村教师信息技术应用能力。进一步加强乡村学校教育信息化“三通工程”建设，促进信息技术与教育教学融合，破解乡村优质教学资源不足的难题。按照国家和自治区相关规定，到2017年底前，完成每位乡村教师不少于50学时的教师信息技术应用能力提升专项培训，推进每个乡村教师在课堂教学和日常工作中有效应用信息技术。

4. 加强师范生职前培养和新教师入职培训工作。高等师范类院校要加强师范教育类专业学生在校期间的实习，建立和完善师范教育类专业毕业生不少于一个学期集中实习的制度，科学设计实习环节和办法，加强实习过程监督，切实提高实习的有效性。各盟市要建立新招聘乡村教师岗前培训制度，合理设计培训方案、方式和内容，由盟市教育部门统一组织，进行为期一个月入职前实践培训，以规范教学行为，提高适应教学岗位的能力。

（五）加强乡村教师队伍管理。

1. 完善以旗县（市、区）为主的乡村教师队伍管理体制。进一步理顺乡村教师管理体制，各旗县（市、区）按照事权统一的原则，在事业单位人事综合管理部门的指导下，建立健全由旗县级以上教育部门统筹管理本行政区域内苏木乡中心区和嘎查村学校师资调派、职称评审、岗位聘任、考核奖惩及校长培养、选拔、任免的长效机制，全面推行“县管校聘”的管理制度，使教师由“学校人”变为“系统人”，为全面落实国家关于推进义务教育校长教师交流轮岗工作，进一步促进义务教育均衡发展提供体制机制保障。

2. 进一步加强乡村教师编制管理。根据国家相关规定，实行城乡统一的教职工编制标准，适当增加乡村寄宿制学校教职工附加编制。按照“总量控制、城乡统筹、按需配备、结构优化、动态管理”的原则，旗县（市、区）教育部门在核定的编制总额内，按照班额、生源等情况，采取互补余缺、有增有减的办法，统筹提出分配调整各校教职工编制的意见，报同级编制部门和财政部门备案同意后组织实施。通过调剂编制、加强教师配备等方式，进一步向人口稀少的教学点和村小学倾斜，重点解决教师全覆盖问题，确保乡村学校开齐开足国家规定课程。各地区要全面清理整顿其他事业单位占用的中小学教职工编制问题，严禁任何部门和单位以任何理由、任何形式占用或变相占用中小学教职工编制；严禁各地区在有合格教师来源的情况下“有编不补”，长期使用临聘人员；严禁任何部门和单位从学校长期借调教师和管理人员。各地区要依据相关法律法规和政策，妥善解决在岗的长期使用的临聘教师问题。各地区、各学校不得再以任何理由长期(不得超过一学期)使用临聘教师。

3. *改革完善乡村教师管理制度*。各地区要全面推行聘用制度，进一步规范和完善聘用程序，把聘用合同作为乡村教师人事管理的基本依据，通过聘用合同规范学校与教师的人事关系，建立和完善以合同管理为基础的用人机制。按照国家教师资格考试和定期注册制度改革工作的总体要求，推进我区改革试点工作，建立体系完善、标准统一、认定规范、管理科学的教师职业准入制度，强化申请认定人员的教育教学能力考查，提升教师职业准入门槛，为教育改革发展提供人才保障。按照中小学教师定期注册制度要求，加强对乡村教师入职后的工作考核和从教资格的定期核查，促进乡村教师整体素质和水平的提高。

4. *建立全区教师管理信息系统*。按照教育管理信息化的要求，建立全区教师管理信息系统，建立乡村教师唯一的电子档案数据库，及时了解掌握乡村教师队伍的相关情况，有针对性地开展相关工作，进一步加强乡村教师队伍管理。

五、保障措施

(一) 加强组织领导。各级人民政府是实施乡村教师支持计划的责任主体。要切实加强组织领导，把乡村教师队伍建设摆在优先发展战略地位，把乡村教师支持计划实施工作纳入政府重要议事日程，实行一把手负责制，细化任务分工，分解工作职责，推进各部门密切配合，形成合力，切实将计划落到实处。教育部门要加强对乡村教师队伍建设的统筹管理、规划和指导；编制部门要积极探索符合教育改革发展要求的编制管理制度；财政部门要充分发挥公共财政的保障职能；人力资源社会保障部门要根据教育改革发展要求，在人事管理、职称评聘等政策措施方面给予保障。各相关部门要加强沟通，形成责权明确、分工协作、齐抓共管的工作格局。

(二) 加强经费保障。各级人民政府要积极调整财政支出结构，加大投入力度，大力支持乡村教师队伍建设。要把资金和投入用在乡村教师队伍建设最薄弱、最迫切需要的领域，切实用好每一笔经费，提高资金使用效益，促进教育资源均衡配置。制定严格的经费监管制度，规范经费使用，加强经费管理，强化监督检查，坚决杜绝截留、克扣、虚报、冒领等违法违规行为的发生。

(三) 开展督导检查。各级人民政府要将实施乡村教师支持计划情况纳入地方政府工作考核指标体系，加强考核和监督。各级人民政府教育督导机构要会同有关部门，每年对乡村教师支持计划实施情况进行专项督导，及时通报督导情况并适时向社会公布。自治区将适时组织开展对乡村教师支持计划实施情况的专项督查。对实施不到位、成效不明显的，追究相关负责人的领导责任。

各盟市、旗县(市、区)要制订具体实施办法，把准支持重点，定向施策，精准发力，因地制宜提出符合本地区乡村教育实际的支持政策和有效措施，将本办法进一步明确化、具体化。各盟市于 2016 年 3 月底前，将本地区具体实施办法报自治区教育厅备案，同时向社会公布，接受社会监督。

辽宁省人民政府办公厅关于印发辽宁省乡村教师支持计划实施方案（2015—2020 年）的通知

辽政办发〔2015〕82 号

各市人民政府，省政府各厅委、各直属机构：

经省政府同意，现将《辽宁省乡村教师支持计划实施方案（2015—2020 年）》印发给你们，请结合实际认真贯彻执行。

辽宁省人民政府办公厅

2015 年 10 月 19 日

辽宁省乡村教师支持计划实施方案（2015—2020 年）

为贯彻落实《国务院办公厅关于印发乡村教师支持计划（2015—2020 年）的通知》（国办发〔2015〕43 号）精神，加强乡村教师队伍建设，缩小城乡师资水平差距，让每个乡村孩子都能接受公平、有质量的教育，结合我省实际，制定本实施方案。本方案所指乡村包括乡中心区、村庄，所指教师为乡村学校在编在岗教师。

一、指导思想

全面贯彻党的教育方针，从战略高度认识教师工作的重要性，改善教育工作的薄弱环节和短板，着重解决当前乡村教师队伍建设领域存在的突出问题。稳定乡村教师队伍，吸引优秀人才在我省乡村学校长期从教、终身从教，带动和促进乡村教师队伍整体水平提高，促进教育公平、推动城乡一体化建设、推进社会主义新农村建设，努力为辽宁老工业基地全面振兴作出新贡献。

二、工作目标

解决我省乡村教师职业吸引力不强、补充渠道不畅、优质资源配置不足、结构不尽合理、整体素质不高等突出问题。到 2017 年，力争使乡村学校优质教师来源得到多渠道扩充，乡村教师资源配置得到改善，教育教学能力水平稳步提升，各方面合理待遇依法得到较好保障，职业吸引力明显增强，逐步形成“下得去、留得住、教得好”的局面。到 2020 年，努力造就一支结构合理、素质优良、甘于奉献、扎根乡村的教师队伍，为基本实现教育现代化提供坚强有力的师资保障。

三、基本原则

——师德为先，以德化人。着力提升乡村教师思想政治素质和职业道德水平，引导乡村教师带头践行社会主义核心价值观，加强乡村教师对中国特色社会主义的思想认同、理论认同和情感认同。重视发挥乡村教师以德化人、言传身教的作用，教育学生热爱祖国、热爱人民、热爱中国共产党，形成正确的世界观、人生观、价值观，确保乡村教育正确导向。

——规模适当，结构合理。合理规划乡村教师队伍规模，集中人财物资源，制定实施优惠倾斜政策，加大工作支持力度，加强乡村地区优质教师资源配置，有效解决乡村教师短缺问题，优化乡村教师队伍结构。

——提升质量，提高待遇。立足省情，聚焦乡村教师队伍建设最关键领域、最紧迫任务，打出组合拳，多措并举，定向施策，精准发力，标本兼治，加强培养补充，提升专业素质，提高地位待遇，不断改善乡村教师的工作生活条件。

——改革机制，激发活力。坚持问题导向，勇于创新，打破制约我省乡村教师队伍建设体制机制障碍。拓宽乡村教师来源，鼓励有志青年投身乡村教育事业，畅通高校毕业生、城镇教师到乡村学校任教的通道，逐步形成“越往基层、越是艰苦，地位待遇越高”的激励机制和充满活力的乡村教师使用机制。通过实施乡村教师支持计划，带动建立相关制度，形成可持续发展的长效机制。

四、具体措施

(一) 以实施“农村义务教育阶段学校教师特设岗位计划”(以下简称“特岗计划”)为抓手，多措并举，拓展乡村教师补充渠道。

1. 继续大力实施“特岗计划”。省教育厅会同有关部门，逐步扩大“特岗计划”实施规模，提高村小学、教学点特岗教师招聘比例，加大音体美等学科“特岗计划”教师的招聘力度。按照有关规定做好特岗教师享受学费补偿和国家助学贷款代偿政策，特岗教师服务期满两年，其所申领的国家助学贷款本金和利息由政府代为偿还；服务期满四年，无国家助学贷款的特岗教师其学费由政府一次性返还。纳入“特岗计划”的毕业生取消见习期，提前定职定级。教师总体超编的地区可待编安置特岗教师。各市、县(市、区)要切实保障特岗教师的待遇及工作生活条件，鼓励和吸引高校毕业生到农村任教。(省教育厅、省人社厅、省财政厅、省编委办、各市人民政府，列第一位者为牵头部门，下同)

2. 加强乡村教师本土化培养。各县(市、区)政府要根据当地乡村教育发展实际需要，在省政府有关部门统筹指导下，加强乡村教师本土化培养，采取多种方式，由省内师范院校定向培养“一专多能”的乡村教师。鼓励有志青年投身乡村教育事业，畅通高校毕业生、城镇教师到乡村学校任教的渠道，力争使乡村教师资源配置得到改善，教学能力水平得到稳步提升。(各市人民政府、省教育厅、省人社厅、省财政厅、省编委办)

3. 推动城镇优秀教师向乡村学校流动。各市、县(市、区)要大力推进义务教育学校教师队伍“县管校聘”管理体制改革，不断创新方式方法，推动校长教师交流轮岗深入开展，重点引导优秀校长和骨干教师向乡村学校流动，县域内重点推动县城学校教师到乡村学校交流轮岗，乡镇范围内重点推动中心学校教师到村小学、教学点交流轮岗。县级教育行政部门在核定的岗位总量内，根据城镇教师到乡村学校任教的实际需要，及时调整乡村学校岗位设置方案，预留部分中、高级岗位专项用于聘任到农村学校、薄弱学校交流轮岗的教师，交流轮岗年限由各市、县(市、区)政府研究确定。在特级教师、县级及以上名师、学科带头人、骨干教师的评选工作中，要将在农村学校和薄弱学校工作经历作为重要的评选标准之一。(各市人民政府、省教育厅、省人社厅、省财政厅、省编委办)

4. 鼓励优秀教师到乡村支教。省教育厅要定期组织"送教下乡"活动，各市、县(市、区)优质学校要定点帮扶本区域内一所或多所乡村学校，省、市教学名师工作室组成成员要有乡村教师代表。通过优质学校的帮扶和教学名师的言传身教，提高乡村教师的教学能力水平。鼓励城镇退休的特级教师、高级教师到乡村学校支教讲学。(各市人民政府、省教育厅、省财政厅)

(二) 以保障和提高乡村教师合理待遇为核心，增强乡村教师职业吸引力，促进乡村优秀教师长期从教。

1. 依法保障和提高乡村教师合理待遇。各市、县(市、区)要依法依规落实乡村教师工资待遇，依法为教师缴纳住房公积金和各项社会保险费，保障乡村教师平均工资水平不低于当地公务员的平均工资水平，并逐步提高。实施乡村教师生活补助政策，依据学校艰苦边远程度实行差别化的补助政策，确定对乡村教师尤其是老少边穷岛地区教师的补助标准并组织发放。省财政将各地乡村教师生活补助政策落实情况纳入省对下教育综合奖补政策。加快实施边远艰苦地区乡村学校教师周转宿舍建设，按规定将符合条件的乡村教师住房纳入当地住房保障范围，统筹加以解决。在现行制度架构内，做好乡村教师重大疾病救助工作。(各市人民政府、省人社厅、省财政厅、省发改委、省教育厅)

2. 统一教职工编制标准。各市、县(市、区)要切实贯彻落实国家和省有关文件规定,实行统一的城乡教职工编制标准。对于村小学、教学点编制按照生师比和班师比相结合的方式核定。各级编制部门在编制核定和管理工作中要向乡村学校尤其是边远艰苦地区乡村学校倾斜。县级教育部门在中小学编制总量内,针对不同阶段学生规模变化、学校布局结构调整情况,按总量控制、结构调整、增减相抵的原则,统筹使用本地区教职工编制,并报同级机构编制部门备案。通过调剂编制、加强人员配备等方式进一步向人口稀少的教学点、村小学倾斜,重点解决教师全覆盖问题,保证开足开齐国家规定课程。严禁对教师缺员的学校"有编不补"、长期使用临时聘用人员,严禁以任何形式挤占、挪用和截留乡村中小学教职工编制。(省编委办、省教育厅、各市人民政府)

3. 职称(职务)评聘向乡村学校倾斜。研究完善乡村教师职称(职务)评聘条件和程序办法,在岗位结构比例设置上向乡村学校倾斜。乡村教师评聘专业技术职务不作外语成绩(外语教师除外)、发表论文的刚性要求,坚持育人为本、德育为先,注重师德素养,注重教育教学工作业绩,注重教育教学方法,注重教育教学一线实践经历。对在乡村教师一线教学岗位上从教 30 年以上、任中级专业技术职务满 10 年、能够完成教学工作任务,且目前仍在教学岗位工作,并取得副高级专业技术职务资格的教师可直聘副高级专业技术岗位,不受岗位职数限制。城市中小学教师晋升高级专业技术职务,应有在农村学校或薄弱学校任教一年以上的工作经历。(省人社厅、省教育厅、各市人民政府)

4. 加大对乡村教师的表彰宣传力度。建立乡村教师荣誉制度,国家对在乡村学校从教 30 年以上的教师、省政府对在乡村学校从教 20 年以上的教师、县(市、区)政府对在乡村学校从教 10 年以上的教师颁发荣誉证书予以鼓励。各级政府在评选表彰教育系统先进集体和先进个人等方面要向乡村学校和教师倾斜。鼓励和引导社会力量建立专项基金,对长期在乡村学校任教的优秀教师给予物质奖励。加大宣传力度,广泛宣传乡村教师坚守岗位、默默奉献的崇高精神,大力营造关心支持乡村教师和

乡村教育的浓厚氛围。(省人社厅、省教育厅、各市政府)

(三)以实施我省"乡村教师素质提升计划"为重点,加强管理,全面提升乡村教师能力素质。

1. 全面提升乡村教师能力素质。要统筹规划,研究制定《辽宁省乡村教师素质提升计划(2015—2020年)》,市、县(市、区)政府要切实履行实施主体责任。到2020年,通过"乡村教师走出来、名优教师走下去、网络空间联起来"等培训研修方式,构建省、市、县(市、区)、学区、学校五级联动的乡村教师培训体系,对我省乡村教师校长进行360学时的培训。要把乡村教师培训纳入基本公共服务体系,保障经费投入,确保乡村教师培训时间和质量。加强市、县(市、区)教师进修院校标准化建设,建立不少于100个乡村教师"影子"培训基地学校,组建1 000名乡村教师导师团队,重点选拔培训10 000名乡村骨干教师,打造乡村教师校长专业发展支持服务体系。要把师德教育作为乡村教师培训的首要内容,推动师德教育进教材、进课堂、进头脑,贯穿培训全过程。全面提升乡村教师信息技术应用能力,到2017年底前完成对每名乡村教师不少于50学时的信息技术应用能力专项培训,推动信息技术在教师课堂教学和日常工作中有效应用。促进信息技术与教育教学融合,破解乡村优质教学资源不足的难题,建立支持学校、教师使用相关设备的激励机制并提供必要的保障经费。加强乡村学校音体美等师资紧缺学科教师和民族地区双语教师培训。鼓励乡村教师在职学习深造,不断提高学历层次。(省教育厅、省财政厅、各市政府)

2. 改革完善教师管理制度。按照国家关于做好教师资格考试和定期注册制度改革工作的总体要求,加快推进我省中小学教师资格考试与认定改革工作。省教育厅要积极推动我省中小学教师资格考试与认定工作加入国家的改革试点范围,围绕促进教育公平、提高教育质量的要求,遵循教育规律和教师成长发展规律,建立体系完整、标准统一、认定规范、管理科学的教师职业准入制度,强化申请认定人员的教育教学能力考查,提升乡村教师职业准入门槛，为教育改革发展提供人才保障。实施中小学教师定期注册制度，加强对乡村教师入职后的工作考核和从教资格的定期核查，促进乡村教师整体素质和水平的提高。（省教育厅、各市政府）

3. *全面提高乡村教师思想政治素质和师德水平。*建立健全乡村教师政治理论学习制度，增强思想政治工作的针对性和实效性。切实加强乡村教师队伍党建工作，基层党组织要充分发挥政治核心作用，更加关心教育乡村教师，适度加大发展党员力度。各级教育行政部门要开展多种形式的师德教育，把教师职业理想、职业道德、法治教育、心理健康教育等融入乡村教师职前培养、准入、职后培训和管理的全过程。建立健全师德考核制度，将师德表现作为乡村教师年度考核、职务评审、岗位聘用、实施奖惩的重要依据，实行“一票否决制”。严格执行教育部中小学教师道德规范，各地各学校要结合实际研究制订具体实施方案，加强制度建设，不断提高乡村教师的思想政治素质和师德水平。（各市政府、省教育厅）

五、组织实施

（一）明确责任主体。各级政府是实施乡村教师支持计划的责任主体，要加强组织领导，把实施工作列入重要议事日程，实行一把手负责制，细化任务分工，分解责任，推进各部门密切配合、形成合力，切实将计划落到实处。省、市有关部门要将实施乡村教师支持计划情况纳入地方政府工作考核指标体系，加强考核和监督。教育行政部门要加强对乡村教师队伍建设的统筹管理、规划和指导。发展改革、财政、编制、人力资源社会保障部门要按照职责分工主动履职，切实承担责任。要着力改革体制，鼓励和引导社会力量参与支持乡村教师队伍建设。对在乡村教师队伍建设工作方面改革创新、积极推进、成绩突出的基层教育部门，有关部门要加强总结、及时推广经验做法并按照国家有关规定予以表彰。

（二）加强经费保障。各级政府要积极调整财政支出结构，加大投入力度，大力支持乡村教师队伍建设。要把资金和投入用在乡村教师队伍建设最薄弱、最迫切需要的领域，切实用好每一笔经费，提高资金使用效益，促进教育资源均衡配置。要制定严格的经费监管制度，规范经费使用，加强经费管理，强化监督检查，坚决杜绝截留、克扣、虚报、冒领等违法违规行为的发生。

（三）开展督导检查。各级政府教育督导机构要会同有关部门，每年对乡村教师支持计划实施情况进行专项督导，及时通报督导情况并适时公布。省政府有关部门适时组织开展对乡村教师支持计划实施情况的专项督导检查。对实施不到位、成效不明显的，要追究相关负责人的领导责任。

各市政府要制订实施细则，把准支持重点，因地制宜提出符合本地区乡村教育实际的支持政策和有效措施，将本办法的要求进一步明确化、具体化，于 2015 年底前，将本市的实施细则报省教育厅备案，同时向社会公布，接受社会监督。

吉林省人民政府办公厅关于印发吉林省乡村教师支持计划(2015—2020年)的通知

吉政办发〔2015〕71号

各市(州)人民政府,长白山管委会,各县(市)人民政府,省政府各厅委办、各直属机构:

《吉林省乡村教师支持计划(2015—2020年)》已经省政府同意,现印发给你们,请认真贯彻执行。

吉林省人民政府办公厅

2015年12月24日

吉林省乡村教师支持计划

(2015—2020年)

为贯彻落实《国务院办公厅关于印发乡村教师支持计划(2015—2020年)的通知》(国办发〔2015〕43号)精神,按照省委、省政府关于加强教师队伍建设的总体部署,进一步加强乡村教师队伍建设,提高乡村教师队伍整体素质,特制定本计划。本计划中乡村包括镇中心区、乡中心区(不含县城和县城所在地镇中心区)和村庄,教师为学校在编在岗教师(含服务期内特岗教师)。

一、工作目标

到2017年，力争使乡村学校优质教师来源渠道得到有效扩充，乡村教师资源配置得到显著改善，教育教学能力水平得到稳步提升，各方面合理待遇依法得到较好保障，职业吸引力得到明显增强，逐步形成“下得去、留得住、教得好”的局面。到2020年，努力造就一支素质优良、甘于奉献、扎根乡村的教师队伍，为基本实现教育现代化和社会主义新农村建设提供坚强有力的师资保障。

二、主要举措

（一）采取多种有效措施，积极拓展乡村教师补充渠道。

1. 继续推进实施“特岗计划”。坚持以“特岗计划”为主渠道，创新乡村学校教师队伍补充机制，优先满足村小学、教学点的教师需求，加强体音美、外语、信息技术等紧缺薄弱学科师资补充，“十三五”期间计划全省每年补充3 000名特岗教师。各设岗县（市、区）要切实保障特岗教师的工资待遇，确保服务期满考核合格且愿意留任的特岗教师落编安置，鼓励吸引高校毕业生到农村任教。省属以下普通高校中的特困家庭高校毕业生，到乡村学校服务3年以上的，可按照省内有关规定享受学费补偿和国家助学贷款代偿政策。

2. 加强全科乡村教师培养。继续依托省内师范院校开展省属免费师范生教育项目，扩大基础教育学段师范生培养规模。探索招生与培养模式创新，在招生与培养过程中增设音体美等科目考核，逐步加大全科免费师范生培养比例，为经济薄弱地区定向培养“一专多能”的乡村教师。落实教育部对农、林、师类学校符合相关规定时可适当降分录取的政策。研究制定鼓励毕业生到乡村学校任教的优惠政策，力争使乡村教师资源配置得到改善，形成充满活力的乡村教师培养机制。

3. 推动乡镇教师校际交流。贯彻落实《吉林省关于推进县域内义务教育学校校长教师交流工作的指导意见》(吉教联字〔2014〕42 号),采取设区城市重点进行“大学区”校际间交流、县(市)域内重点进行指导性交流和跨校竞聘交流、乡(镇)域内重点进行“走教”交流等多种交流形式,在全省县(市、区)域内义务教育公办学校中,逐步推广校长教师在优质学校和薄弱学校、城镇学校和农村学校之间进行交流,建立健全与校长教师交流工作配套的编制、人事管理机制和评优选先、待遇保障、职称评聘等激励机制,推进校长教师交流工作制度化、常态化。

(二)提高乡村教师地位和待遇,增强乡村教师职业吸引力。

1. 依法保障和提高乡村教师待遇。各地要依法依规落实乡村教师工资待遇政策,不断改善乡村教师的工作和生活条件,依法为乡村教师缴纳住房公积金和各项社会保险费。从 2015 年起,对全省在编在岗乡村教师实行乡镇工作补贴政策,根据累计工作年限分别给予 180—360 元的补贴。全面落实集中连片特困地区乡村教师生活补助政策,对连片特困地区的镇赉县、通榆县、大安市乡镇(不含县城和县城所在地镇)在编在岗乡村教师给予生活补助,补助标准为乡镇每人每月 300 元,村小学及教学点每人每月 500 元。争取中央资金支持边远艰苦地区乡村学校教师周转宿舍新建项目,省级专项资金支持改扩建项目。

2. 建立城乡统一的教职工编制标准。各地要切实贯彻落实国家和我省有关规定,实行统一的城乡教职工编制标准,村小学、教学点编制根据实际需要,按照生师比和班师比、教学量相结合的方式核定。县级编制部门对县域教师队伍编制实行总量控制,县级教育部门统筹分配、动态调整各校教职工编制,确保开足开齐国家规定课程。严禁挤占、挪用和截留中小学编制;严禁在有合格教师来源的情况下“有编不补”、长期使用临时聘用人员;严禁任何部门和单位以任何理由、任何形式占用或变相占用乡村中小学教职工编制。

3. 职称(职务)评聘向乡村学校倾斜。乡村教师评聘专业技术职务坚持育人为本、德育为先,注重师德素养,注重教育教学工作业绩,注重教育教学方法，注重教育教学一线实践经历。专业技术岗位结构比例设置取消城乡差别，实行义务教育学校城乡统一的岗位结构比例标准。在乡村中小学全面推行专业技术职务“评聘结合”改革政策，在规定的岗位设置结构比例和年度竞聘岗位数额内，由学校在县级人力资源社会保障、教育部门的指导和监督下，在符合国家规定基本评聘条件和标准的专业技术人员中择优竞聘，自主选人用人。对于在乡村中小学一线岗位任教并取得副高级专业技术职务任职资格的专业技术人员，任教累计满 30 年或距法定退休年龄不足 3 年的，可在学校年度职称评聘中予以适当倾斜。逐步实施城市中小学教师评聘高级教师职称（职务）应有在乡村学校或薄弱学校任教一年以上经历的政策。

4. 完善乡村教师奖励机制。各级教育部门在开展评优选先工作时，在政策层面要向乡村学校和教师倾斜。鼓励和引导社会力量建立专项基金，对长期在乡村学校任教的优秀教师给予奖励。以教师节、劳动节等节日庆祝活动为主线，组织开展向乡村教师学习活动，广泛宣传乡村教师扎根基层、默默奉献的崇高师德师风，在全社会大力营造关心支持乡村教师和乡村教育的浓厚氛围。

（三）重视教师教育工作，全面提升乡村教师能力素质。

1. 加强乡村教师思想政治素质和师德建设。切实加强乡村教师队伍党建工作，充分发挥基层党组织的政治核心作用，建立健全乡村教师政治理论学习制度，关心教育乡村教师，适度加大发展党员力度。开展多种形式的师德教育，将师德教育作为乡村教师培训的首要内容，推动师德教育进教材、进课堂、进头脑，把教师职业理想、职业道德、法治教育、心理健康教育等融入乡村教师职前培养、准入、职后培训和管理的全过程。落实吉林省教育厅《关于建立健全中小学师德建设长效机制的实施意见》（吉教师字〔2014〕37 号）有关要求，形成教育、宣传、考核、监督与奖惩相结合的师德建设长效机制，在教师资格定期注册、职务（职称）评审、岗位聘用、评优奖励等工作中实行师德问题一票否决制。

2. 全面提升乡村教师能力素质。到2020年前，采取顶岗置换、送教下乡、网络研修、短期集中、校本研修等多种方式，对全体乡村校长教师进行不低于360学时的培训。把乡村教师培训纳入基本公共服务体系，统筹规划和支持全员培训。各地要切实履行实施主体责任，保障培训经费投入，确保乡村教师培训时间和质量。加强培训基地建设，整合高等学校、县级教师进修学校和中小学校优质资源，建立乡村教师专业发展支持服务体系。组织实施好"中小学幼儿园教师国家级培训计划"和"吉林省中小学教师专业发展提升计划"，推进实施"吉林省中小学教师信息技术应用能力提升工程"，全面提升乡村教师信息技术应用能力。加强优质乡村教师培训课程资源建设，扩大乡村学校音乐、体育、美术等师资紧缺学科教师和民族地区双语教师培训规模。

3. 深化教师管理制度改革。按照国家关于教师资格制度改革工作的总体部署，全面实施"国标、省考、县聘"的教师职业准入和管理制度。依法实施教师资格制度，严格教师职业准入门槛，创新教师管理机制，强化对从教人员的教师职业道德素质、教师专业素质和教育教学能力的考察，促进教师终身学习，规范教师职业行为，提高教师教书育人本领和教育教学质量，为教育改革发展提供人才保障，促进乡村教师整体素质和水平的提高。按照国家要求，建立全省中小学教师管理信息系统，实现"一师一号"，推动教师管理工作的信息化和规范化。

三、工作要求

（一）明确责任主体。各级政府是实施乡村教师支持计划的责任主体。要加强组织领导，把工作列入重要议事日程，细化任务分工，分解责任，推进各部门密切配合、形成合力，切实将计划落到实处。要将实施乡村教师支持计划情况纳入地方政府工作考核指标体系。教育行政部门要加强对乡村教师队伍建设的统筹管理、规划和指导，发展改革、财政、编制、人力资源社会保障部门要按照职责分工主动履职，切实承担责任。

（二）保障经费投入。各级政府要积极调整财政支出结构，加大投入力度，大力支持乡村教师队伍建设。要把资金投入用在乡村教师队伍建设最薄弱、最迫切需要的领域，切实用好每一笔经费，提高资金使用效益，促进教育资源均衡配置。要制定严格的经费监管制度，规范经费使用，加强经费管理，强化监督检查，坚决杜绝截留、克扣、虚报、冒领等违法违规行为的发生。

（三）加强督导检查。各级政府教育督导机构要强化对乡村教师支持计划实施情况的督导检查。将乡村教师支持计划实施情况纳入年度教育重点工作目标管理责任制和县级政府教育工作督导评估的重要内容，对地方政府责任落实、管理体制、经费保障等方面进行督导检查。建立督导报告发布制度，及时向社会公布督导结果，推动乡村教师支持计划各项政策措施的有效落实。

市、县、乡各级政府要制订具体实施办法，提出符合本地区乡村教育实际的支持政策和有效措施，将本计划的要求进一步明确化、具体化。各市（州）政府要将本地区的实施办法尽快报省教育厅备案，同时向社会公布，接受社会监督。

黑龙江省人民政府办公厅关于印发黑龙江省乡村教师支持计划（2015—2020年）实施办法的通知

黑政办发〔2015〕81号

各市（地）、县（市）人民政府（行署），省政府各直属单位：

《黑龙江省乡村教师支持计划（2015—2020年）实施办法》已经省政府领导同意，现印发给你们，请认真贯彻落实。

黑龙江省人民政府办公厅

2015年12月16日

黑龙江省乡村教师支持计划（2015—2020年）实施办法

为加强乡村教师队伍建设，明显缩小城乡师资水平差距，推动城乡义务教育均衡发展，提高义务教育质量，根据《国务院办公厅关于印发乡村教师支持计划（2015—2020年）的通知》（国办发〔2015〕43号）要求，结合我省实际，制定本实施办法。

一、工作目标

到2017年，力争使全省乡村学校优质师资来源渠道得到扩充，乡村教师资源配置合理规范，教育教学能力水平稳步提升，合理待遇依法得到保障，职业吸引力明显增强，逐步形成“下得去、留得住、教得好”的局面。

到2020年，努力造就一支素质优良、甘于奉献、扎根乡村的教师队伍，为基本实现教育现代化提供坚强有力的师资保障。

二、政策措施

（一）加强乡村教师师德师风建设。用中国特色社会主义理论体系武装乡村教师头脑，健全乡村教师政治理论学习制度，增强思想政治工作的针对性和实效性，不断提高乡村教师的理论素养和思想政治素质。加强乡村学校党建工作，健全基层党组织，积极在乡村教师中发展党员。把践行社会主义核心价值观和教师职业理想、职业道德、法治教育和心理健康教育融入乡村教师职前培养、准入、职后培训和管理的全过程。建立健全师德建设长效机制，运用先进文化引领乡村教师师德建设，建立并不断完善师德宣传教育机制、考核机制、专项治理机制、奖励惩罚机制和违反师德行为查处报告机制，在评优晋级等工作中实行师德“一票否决”。

（二）完善乡村教师补充和培养机制。建立省级统筹的乡村教师补充机制，从2016年开始，各县（市、区）不得以“特岗计划”以外的方式招聘补充农村义务教育阶段学校教师。从2016年至2020年，全省每年安排不少于1 000名编制用于“特岗计划”，补充县域内农村义务教育阶段学校教师。创新乡村教师培养模式，鼓励和支持师范院校根据我省乡村教育实际需求加强本土化培养，采取多种方式培养“小学全科”、初中“一专多能”教师。高校毕业生取得教师资格并到乡村学校任教一定期限，按有关规定享受学费补偿和国家助学贷款代偿政策。县域内城镇学校招聘的新教师5年内必须到乡村学校任教2年。实施退休优秀教师乡村支教讲学计划，每年选聘一定数量的城镇退休特级教师、高级教师到乡村学校支教讲学，中央和省级财政比照边远贫困地区、边疆民族地区和革命老区人才支持计划教师专项计划给予适当支持。

（三）依法保障和提高乡村教师合理待遇。各市（地）、县（市、区）要依法依规落实乡村教师工资福利待遇政策，依法为乡村教师缴纳住房公积金和各项社会保险费。加快乡村学校教师周转宿舍建设，为特岗教师、支教交流校长和教师提供临时住房保障。要按照有关规定将符合条件的乡村教师住房纳入当地住房保障范围，统筹予以解决。在现行制度框架内，做好乡村教师重大疾病救助工作。全面落实集中连片特困地区乡村教师生活补助政策。

(四) 统一城乡中小学教职工编制标准。各市(地)、县(市、区)要认真贯彻落实国家和我省有关规定，实行统一的城乡中小学教职工编制标准。村小学和教学点按照生师比和班师比相结合的办法核定教师编制。县(市、区)机构编制部门要会同同级教育部门在下达的中小学教职工编制总额内，根据班额、生源等情况统筹研究提出各校教职工编制核定意见，按程序报同级机构编制委员会审批。重点解决乡村教师全覆盖问题，确保乡村学校开足开齐国家规定课程。县(市、区)机构编制部门应根据当地中小学教职工编制及自然减员等情况核准每年进人用编使用计划，同级教育部门应严格按照编制使用计划补充新教师。严禁在有合格教师来源情况下"有编不补"、使用临聘人员。严禁挤占、挪用、截留乡村教师编制或随意抽调借调乡村教师等行为。探索将炊事员、校医、保安等一般性教学教辅和工勤岗位不再纳入编制管理范围，并在核定的编制总量内确定相应用于购买服务的编制数额，将其作为财政经费支付的依据，不得再重复招录补充人员。结合城镇化进程和学龄人口变化实际，科学合理调整乡村学校结构布局，提高乡村学校教育教学质量。

(五) 职称(职务)评聘向乡村教师倾斜。进一步完善乡村教师职称(职务)评聘条件和程序办法，坚持育人为本、德育为先，注重师德素养、教育教学工作实绩、教育教学方法和教育教学一线实践经历，乡村教师评聘职称(职务)时不将外语成绩、发表论文作为刚性要求。统一县域内城乡中小学高、中、初级岗位结构控制比例，其中高级岗位结构比例原则上按岗位总量的20%执行。从2018年开始，城市中小学教师晋升高级教师职称(职务)，应有在乡村学校或薄弱学校任教1年以上的经历，县域内教师评定中级以上职称必须有在乡村学校任教2年以上的经历。

（六）推进县域内义务教育学校校长教师交流轮岗工作。在全省范围内全面推行义务教育学校教师“县管校聘”管理制度，打破教师交流轮岗的管理体制障碍，为校长教师轮岗交流提供制度保障。各市（地）、县（市、区）要按照我省推进县（区）域内义务教育学校校长教师交流轮岗的有关规定，结合本地实际需要，不断创新方式方法，推动校长教师交流轮岗工作深入开展，重点引导优秀校长和骨干教师向乡村学校流动。县域内重点推动县城学校教师到乡村学校交流轮岗，乡镇范围内重点推动中心学校教师到村小学、教学点交流轮岗。采取有效措施保持乡村优秀教师队伍相对稳定。县（市）教育行政部门在核定的岗位总量内，预留部分高、中级岗位专项用于交流轮岗到农村学校、薄弱学校任教的校长和教师。

（七）提升乡村教师能力素质。进一步加强乡村教师培训工作。“国培”和“省培”计划实施重点向乡村教师倾斜。到2020年，通过顶岗置换、网络研修、送教下乡、专家指导、校本研修等培训研修方式，构建省、市（地）、县（市、区）和学校联动的乡村教师培训体系，完成新一轮全省乡村教师校长360学时的培训。进一步加强乡村学校薄弱学科教师队伍建设，加大艺术、体育、外语等学科和民族地区双语教师的培养、培训力度，增强培训工作的针对性和实效性。将乡村教师培训工作纳入基本公共服务体系，每年适当安排乡村教师培训经费，确保乡村教师培训时间和质量。实施乡村教师信息技术能力提升培训，提高乡村教师现代教育技术应用能力。鼓励乡村教师在职学习深造，提高学历层次。

（八）建立乡村教师荣誉制度。国家对在乡村学校从教30年以上、省政府对在乡村学校从教20年以上、市（地）、县（市、区）政府（行署）对在乡村学校从教10年以上的教师颁发荣誉证书予以鼓励。加大特级教师、全省教育系统先进集体和先进工作者评选向乡村教师倾斜力度，各地在推荐人选时，要保证乡村以下学校教师比例高于当地平均水平。鼓励和引导社会力量建立专项基金，对优秀乡村教师给予资助或奖励。

三、工作要求

（一）加强组织领导。各地要充分认识乡村教师队伍建设工作的极端重要性，实行“一把手”负责制，切实把加强乡村教师队伍建设工作纳入本地教育事业发展“十三五”规划，统筹安排部署。各级机构编制、发展改革、教育、财政、人力资源和社会保障、住房和城乡建设、民政等部门要加强衔接沟通，密切协调配合，形成有效合力，及时解决工作中存在的突出矛盾和重大问题，共同推进工作落实。

（二）加强经费保障。各地政府要将乡村教师队伍建设作为重点保障领域之一，积极调整财政支出结构，加大投入力度，大力支持乡村教师队伍建设。要把资金和投入用在乡村教师队伍建设最薄弱、最迫切需要的领域，切实提高资金使用效益，促进教育资源均衡配置。制定严格的经费监管制度，规范经费使用，加强经费管理，强化监督检查，坚决杜绝截留、克扣、虚报、冒领等违法违规行为。

（三）开展督导检查。将乡村教师支持计划实施情况纳入对县级人民政府教育工作督导评估和学校督导评估中，定期开展乡村教师编制使用、工资待遇、聘用管理、师德建设和经费保障等情况的专项督导检查，确保各项政策措施落实到位。

（四）加大宣传力度。各地、各有关部门要通过多种方式和渠道加强宣传，交流乡村教师队伍建设的好经验、好做法，以及乡村教师坚守岗位、默默奉献的崇高精神，发挥典型示范作用，在全社会营造关心支持乡村教师和乡村教育的浓厚氛围。

市、县、乡各级人民政府要按照国家和我省要求，结合本地实际制订具体的实施方案。各市（地）政府（行署）应于 2016 年 2 月底前，将本市（地）实施方案报省教育厅备案，同时向社会公布，接受社会监督。

上海市人民政府办公厅关于印发上海市乡村教师支持计划(2015—2020年)实施办法的通知

沪府办〔2015〕120号

有关区、县人民政府,市政府有关委、办、局:

经市政府同意,现将《上海市乡村教师支持计划(2015—2020年)实施办法》印发给你们,请认真按照执行。

上海市人民政府办公厅

2015年12月17日

上海市乡村教师支持计划(2015—2020年)实施办法

为贯彻落实《国务院办公厅关于印发乡村教师支持计划(2015—2020年)的通知》(国办发〔2015〕43号)、《中共上海市委上海市人民政府关于推进新型城镇化建设促进本市城乡发展一体化的若干意见》(沪委发〔2015〕2号)等文件精神,加强本市乡村中小学教师队伍建设,缩小城乡差异,促进教育公平,推进基础教育优质均衡发展,进一步推动本市城乡一体化发展,制定本实施办法。

一、充分认识加强本市乡村中小学教师队伍建设的重要意义

党中央、国务院高度重视基础教育均衡发展,市委、市政府将促进基

础教育优质均衡发展、推动城乡基础教育一体化发展作为本市教育综合改革的重点任务，并把保障每一个孩子充分享受教育公平的权利作为各级政府的重要职责。促进教育均衡，推动城乡教育一体化发展，薄弱环节在乡村，发展乡村教育，教师是关键。因此，必须把乡村教师队伍建设摆在优先发展的战略地位。近年来，本市乡村教育质量明显提高，但由于区域经济、社会、文化发展的不均衡，各区域乡村教育仍存在差异，制约了乡村教育的进一步发展。实施乡村教师支持计划，对解决当前阻碍乡村教育持续发展的矛盾，补齐乡村教师队伍短板，吸引优秀人才赴乡村学校任教，鼓励乡村教师长期扎根乡村学校，提升乡村教师专业化水平，促进教育公平，推动城乡一体化建设，实现上海基础教育优质均衡持续发展，具有十分重要的意义。

二、采取有力措施，促进乡村中小学教师队伍建设

（一）着力提升乡村教师思想政治素质和师德水平。加强乡村教师对中国特色社会主义的思想认同、理论认同和情感认同。加强乡村基层学校党建工作，充分发挥基层党组织在师德建设中的重要作用。重视发挥乡村教师以德化人、言传身教的作用，强化教育学生热爱祖国、热爱人民、热爱中国共产党的意识和能力，帮助学生树立正确的世界观、人生观、价值观，确保乡村教育正确导向。以全面提升教师的育德意识和育德能力为重点，开展多渠道、多方位、多层次、多形式的师德师能教育和培训活动。宣传、教育、考核、监督、奖惩多管齐下，切实提升乡村教师思想政治素质、专业境界和师德水平。

（二）加大乡村教师培训力度，提升乡村教师专业能力。加强教师专业发展学校建设，区域中每 10 所学校中有 1 所市或区县级教师专业发展学校，充分发挥教师专业发展学校在校本研修中的示范引领作用，提高乡村学校校本研修实效，构建基于一线课堂实际的研训一体的教师专业发展机制。充分发挥全市优质资源和对口帮扶的作用，加强乡村教师培

训项目的统筹安排、培训指导、政策倾斜。对补充到乡村学校的新教师，在一年见习期内安排到市、区县两级教师专业发展学校进行规范化培训。提升乡村教师课程实施能力和信息技术应用能力，开展分层分类专项培训，夯实乡村教师队伍基础，提高乡村教师自我发展能力。

(三) 加强区域教师资源统筹，拓展补充渠道，配齐配足乡村教师。根据区域教育事业的发展和实际情况，统一城乡教职工编制标准。在核定的编制总额内，按照班额、生源等情况，统筹分配各校教职工编制。严禁任何部门和单位以任何理由、任何形式占用或变相占用乡村学校教职工编制。按照“政府主导、区域统筹，分类实施、稳步推进，有序流动、优化结构”的原则，积极探索义务教育教师队伍“县管校聘”管理体制改革的进程，推动优秀教师的交流、引领、示范。促进集团化办学和学区化办学。积极推进到达退休年龄的高级教师和特级教师在延长退休期间赴乡村学校任教，鼓励优秀骨干教师到乡村学校支教。新评特级教师、特级校长中，须有20%左右的人员到乡村学校支教3年。对应聘乡村学校的外省市优秀高校应届毕业生，在落户上实施政策倾斜，通过多种办法，加强乡村学校优秀教师的配置，确保乡村学校开足开齐规定课程。

(四) 完善乡村教师职务评聘机制，促进教师专业发展。各区县教育部门加大优质教师的统筹力度，缩小学校之间的师资队伍水平差距，通过骨干教师流动、培养等多种方式，确保每所小学都有高级职务教师、每所初中高级职务教师的比例不低于5%。乡村学校教师在评聘教师职务时，坚持育人为本、德育为先，注重师德素养，注重教育教学工作业绩，注重教育教学方法，注重教育教学一线实践经历，进一步强化实绩能力评价。在乡村学校任教5年以上且现仍在乡村学校任教或从城镇学校交流、支教到乡村学校任教3年以上的教师，在教师职务评聘中，外语计算机成绩、论文发表可不作为刚性条件。在乡村学校任教10年以上且现仍在乡村学校任教的教师，担任中小学教师中级职务满4年且考核特别优秀的，可申报评聘高级教师。城区中小学教师晋升高级教师职称(职务)，有在乡村学校或薄弱学校任教1年以上经历的可优先考虑。

(五) 进一步改善乡村教师生活条件。积极鼓励乡村教师扎根农村课堂,全面优化绩效工资分配方案,区县政府依据学校艰苦边远程度实施激励。严格根据市人力资源社会保障局等五部门印发的《关于适应本市城乡发展一体化进一步做好人力资源和社会保障工作的实施意见》,对农村公益性事业单位绩效工资,各区县先在核定的总量内进行调节,如本区县核定的总量内已无调控空间,在锁定单位和人员的情况下,按照人均增量不超过本区县其他事业单位绩效工资10%的水平,另行增加一定额度的总量,落实乡村教师激励措施。按照《上海市人力资源和社会保障局、上海市财政局关于本市乡镇机关事业单位工作人员实行乡镇工作补贴的通知》,落实乡村工作津贴。在现行制度架构内,做好乡村教师重大疾病救助工作和相关医疗服务工作,坚持保障每一位乡村教师每年体检一次。各区县在保障性住房建设和供应管理中,要按照规定将符合条件的乡村教师纳入住房保障供应范围。要鼓励高校毕业生到乡村学校任教,健全大学生学费补偿和助学贷款代偿制度,保障学费补偿和助学贷款代偿经费落实。

(六) 建立乡村教师荣誉制度。积极引导中小学教师扎根乡村,长期从教,终身从教。在乡村学校任教30年以上的教师,由国家按照有关规定颁发荣誉证书,在乡村学校任教20年以上、10年以上的教师,分别由市政府、区县政府按照有关规定颁发荣誉证书。积极鼓励和引导社会力量建立专项基金,对长期和终身从事乡村教育的中小学教师给予物质奖励。各区县教育部门在评选表彰教育系统先进集体和先进个人等方面要向乡村学校教师、支教教师倾斜。要深入挖掘乡村学校优秀教师典型,广泛宣传乡村教师坚守岗位、默默奉献的崇高精神以及支教教师的先进事迹,充分发挥先进典型的引领示范作用,形成关心支持乡村教师和乡村教育的浓厚氛围。

三、切实加强组织领导,确保乡村教师队伍建设落实到位

(一) 明确区县政府责任。区县政府是本区县乡村教师队伍建设的

责任主体，要按照市委、市政府关于推动新型城镇化建设促进本市城乡发展一体化的要求，细化任务分工，着重体现向偏远、薄弱乡村学校倾斜，要将实施乡村教师队伍建设落实情况纳入政府绩效工作考核指标体系，加强考核和监督。区县教育行政部门要加强乡村教师队伍建设的统筹管理、规划和指导。区县发展改革、住房建设、财政、编制、人力资源社会保障部门要按照职责分工，主动履职，切实承担责任。

（二）加大经费投入力度。市、区县两级财政部门要积极调整支出结构，加大支持乡村教师队伍建设的投入力度，确保资金到位，提高资金使用效益，促进优秀教师均衡配置。要制定严格的经费监管制度，规范经费使用，加强经费管理，强化监督检查，坚决杜绝截留、克扣、虚报、冒领等违法违规行为的发生。

（三）定期开展监督检查。将乡村教师支持计划实施情况纳入本市新一轮综合督政（2016—2020 年）工作中，及时通报督导情况并适时公布。对在乡村教师队伍建设工作方面改革创新、积极推进、成绩突出的部门，要加强总结，及时推广经验、做法。对实施不到位、成效不明显的，追究相关负责人的领导责任。

江苏省政府办公厅关于印发江苏省乡村教师支持计划实施办法(2015—2020年)的通知

苏政办发〔2015〕134号

各市、县(市、区)人民政府,省各委办厅局,省各直属单位:

《江苏省乡村教师支持计划实施办法(2015—2020年)》已经省人民政府同意,现印发给你们,请认真组织实施。

江苏省政府办公厅

2015年12月18日

江苏省乡村教师支持计划实施办法(2015—2020年)

为认真贯彻党的十八大、十八届三中四中五中全会和习近平总书记视察江苏重要讲话精神,全面落实《国务院办公厅关于印发乡村教师支持计划(2015—2020年)的通知》(国办发〔2015〕43号)要求,着力加强乡村教师队伍建设,扎实推进教育现代化,努力办好人民满意的教育,制定本实施办法。本实施办法所指乡村教师,包括县级人民政府驻地以外的乡镇、涉农街道和村庄学校(含幼儿园、中小学、特殊教育学校、中等职业学校,下同)的教师。

一、重要意义

实施乡村教师支持计划,是党中央、国务院着眼全面建成小康社会、推动教育现代化取得重要进展作出的重大决策部署。省委、省政府历来高度重视乡村教师队伍建设，始终把教师作为立教之本、兴教之源，在稳定扩大规模、提高待遇水平、加强培养培训等方面采取了一系列措施，乡村教师队伍面貌发生了显著变化，有力提升了乡村教育质量，促进了城乡教育公平。但从总体上看，乡村教育仍然是教育现代化建设的短板，乡村教师队伍仍然是教师队伍建设的薄弱环节，面临着补充渠道不畅、优质资源不足、结构不尽合理、整体素质不高等问题。实施乡村教师支持计划，对于解决当前乡村教师队伍建设存在的突出问题，缩小教育差距，促进教育公平，提升教育现代化水平，建设经济强、百姓富、环境美、社会文明程度高的新江苏，具有十分重要的意义。各地、各部门要把乡村教师队伍建设摆上优先发展的战略位置，坚持问题导向，深化体制机制改革，制定实施优惠倾斜政策，定向施策、精准发力，多措并举、标本兼治，加快提升乡村教师队伍整体素质，不断提高乡村教育质量，真正让每一个乡村孩子都能共享发展成果，努力办好人民满意的教育。

二、主要目标

按照“师德为先、以德化人，规模适当、结构合理，提升质量、提高待遇，改革机制、激发活力”的原则，全面加强乡村教师队伍建设，力争到2020年，全省乡村教师资源配置进一步优化，教育教学能力水平稳步提高，各方面合理待遇依法得到保障，职业吸引力明显增强，“下得去、留得住、教得好”的局面逐步形成，可持续发展的长效机制基本建立，努力造就一支数量充足、结构合理、素质优良、甘于奉献的乡村教师队伍。

三、重点任务

（一）不断提升乡村教师思想政治素质和师德水平。坚持用中国特色社会主义理论体系武装乡村教师头脑，提高乡村教师的理论素养和思想政治素质。针对乡村学校留守儿童多、条件艰苦、学习资源不足等现状，开展多种形式的师德教育，将乡村教师职业理想、职业道德、法治教育、心理健康教育等融入职前培养和准入、职后培训和管理的全过程，将师德表现作为考核、聘任（聘用）和评价的首要内容。加强乡村学校党建工作，发挥基层党组织政治核心作用，适度加大乡村教师党员发展力度。

（二）优先补足配齐乡村学校教师。逐步建立统筹规划、统一选拔的乡村教师补充机制，由省或省辖市教育、人力资源社会保障部门根据各地上报的乡村学校教师补充需求，每年至少组织1次统一笔试，依据相关教师专业标准确定笔试内容，严格把好新教师入口关，具体办法由省教育、人力资源社会保障等部门制定。重点补充幼儿园教师和中小学音乐、体育、美术等紧缺学科教师，力争到2020年，全省幼儿园基本实现每班“两教一保”，音乐、体育、美术专职教师比例小学和初中分别不低于60%和80%。中等职业学校按照核定编制数的20%增加人员经费拨款，用于聘请急需专业的兼职教师。省级层面统筹开展乡村教师定向培养，各地依据编制和岗位的空缺情况确定乡村教师定向培养需求计划，并确保定向师范生毕业后安排到有空编空岗的乡村学校，定向师范毕业生在乡村学校连续任教不得少于5年。继续按规定实行大学毕业生到苏北地区乡村学校任教补偿学费的政策。

（三）全面推进义务教育学校教师“县管校聘”管理体制改革。统一城乡中小学教职工编制标准，将外来务工人员随迁子女纳入核编生源基数。县级教育部门在核定的编制总额内，按照班额、生源等情况统筹分配各校教职工编制，并报同级机构编制和财政部门备案。编制调配要向小规模、寄宿制等学校倾斜，对村小学、教学点按照生师比和班师比相结合的方式调配编制。严禁任何部门和单位以任何理由、任何形式占用或变相占用乡村中小学教职工编制，严禁在有合格教师来源的情况下“有编不补”、使用临聘人员。县级教育部门在核定的各级各类教师岗位总额内，统筹分配各校各级岗位数，统一人员聘用管理、培养培训、考核奖惩、绩效分配、交流轮岗、档案管理等，并报同级人力资源社会保障和财政部门备案。在调配各级岗位时，城乡义务教育学校岗位结构比例要总体平衡，并充分考虑乡村学校对高等级岗位的需求。

(四) 切实提高乡村教师生活待遇。依法依规落实乡村教师工资待遇和补助政策，按照国家统一规定，正常调整基本工资标准，进一步完善绩效工资制度，将绩效工资分配向地处偏远、条件艰苦的乡村教师倾斜。对乡村公办幼儿园和学生数增长较快、教师结构性缺员矛盾突出地区的义务教育学校，各地可探索通过按岗位购买服务的办法招录聘用教师，实行合同管理，建立相应的工资保障制度，其工资收入原则上不低于当地职工平均工资水平，并按时足额缴纳各项社会保险费。民办中小学和幼儿园应按时足额为教职工缴纳各项社会保险费。采取建、租等方式，满足乡村学校教师周转宿舍需求。按规定将符合条件的乡村教师优先纳入当地住房保障范围，统筹予以解决。

(五) 加快建立符合乡村教师特点的职称评审办法。完善乡村教师专业技术职务评聘条件和程序办法，加大师德素养、教育教学实绩和乡村任教年限权重。淡化校级以上公开教学、县级以上获奖、论文发表、课题研究等指标；对兼任多门学科的小学教师，所学专业与申报学科、教师资格任教学科交叉认可，所有兼任学科同等互认、业绩同等考量；对评聘高级专业技术职务的乡村教师，取消本科后 5 年方可申报的要求。

(六) 大力促进优秀教师向乡村学校流动。深入推进义务教育学校教师校长交流轮岗常态化，建立健全交流轮岗公示制度。县域内城区学校距法定退休年龄 5 年以上的教师，在评聘高级专业技术职务、申报特级教师和县级以上骨干教师时，应有 2 年以上乡村学校或薄弱学校任教经历。积极组织城区退休特级教师、行业专家、高技能人才到乡村学校支教讲学。鼓励各地与师范院校合作，选派优秀师范生分批分时到乡村学校顶岗实习支教。

(七) 积极开展乡村教师培训。推进新一轮教师全员培训计划，注重城乡一体、上下联动，形成国家、省、市、县、校五级教师培训体系，并按规定落实好教师培训经费。实施乡村教师和校(园)长助力工程,各级教师培训经费优先用于保障乡村教师培训。根据乡村教师的实际需求改进培训方式,明确各级教研人员深入农村学校开展研训活动的要求,发挥现代信息技术在教师培训中的作用,增强培训的针对性和实效性。加强乡村学校骨干教师和校长培训,形成一支稳定的乡村骨干教师和校长队伍;加大乡村幼儿园教师培训力度,力争到2020年所有幼儿园教师都持有相应的教师资格证;组织乡村学校音乐、体育、美术等紧缺学科兼职教师培训,满足课程实施对师资的需求;强化中等职业学校教师培训,提高"双师型"教师比例。规范乡村学校新入职教师上岗培训,将培训考核结果作为转正定级、评聘初级职务的必备条件。整合现有资源推进县级教师发展中心建设,确保到2020年所有县(市、区)均建有教师发展中心并达到省级示范标准,为区域内乡村教师专业发展提供支撑。

(八) 进一步完善乡村教师荣誉制度。参照国家对在乡村学校从教30年以上教师颁发荣誉证书的做法,省、县(市、区)分别对在乡村学校从教20年以上、10年以上的教师颁发荣誉证书。各级人民政府按国家有关规定对在乡村学校长期从教的教师予以奖励。鼓励和引导社会力量建立专项基金,对在乡村学校长期从教的优秀教师给予物质奖励。在评选表彰教育系统先进集体和先进个人、申报特级教师、实施教育人才工程等方面,向乡村教师倾斜。广泛宣传乡村教师坚守岗位、默默奉献的精神,在全社会营造关心支持乡村教师和乡村教育的浓厚氛围。

四、工作要求

(一) 加强组织领导。各级人民政府是实施乡村教师支持计划的责任主体,要把相关工作摆上重要议事日程,实行一把手负责制,细化任务分工,强化工作责任,并将实施情况纳入政府工作考核指标体系,形成一级抓一级、层层抓落实的局面。教育部门要加强对乡村教师队伍建设的统筹规划、管理和指导,机构编制、发展改革、财政、人力资源社会保障等部门要认真履职，密切配合，努力形成乡村教师支持计划实施的联动机制和工作合力。

（二）强化经费保障。各级财政部门要优化财政支出结构，加大投入力度，支持乡村教师队伍建设。省财政通过相关政策和资金渠道，对乡村教师支持计划实施给予支持，并依据各地工作推进落实情况适当奖补。各地要建立严格的经费监管机制，规范经费使用，提高资金使用效益。

（三）开展督导检查。各级人民政府教育督导机构要将乡村教师支持计划实施情况纳入教育工作督导评估和考核体系，开展专项督导，及时通报和公布督导结果。省适时组织对乡村教师支持计划实施情况进行督查，对实施不到位、成效不明显的，将追究相关负责人的领导责任。

各地要深入开展调查研究，根据国家和省文件精神，有针对性地提出符合本地实际的支持政策和有效举措，2016 年 6 月底前须出台本行政区域内乡村教师支持计划实施方案，并报上一级教育体制改革领导小组备案。

浙江省人民政府办公厅关于印发浙江省乡村教师支持计划(2015—2020年)实施办法的通知

浙政办发〔2016〕2号

各市、县(市、区)人民政府,省政府直属各单位:

《浙江省乡村教师支持计划(2015—2020年)实施办法》已经省政府同意,现印发给你们,请认真贯彻执行。

浙江省人民政府办公厅

2016年1月7日

浙江省乡村教师支持计划(2015—2020年)实施办法

为认真贯彻《国务院办公厅关于印发乡村教师支持计划(2015—2020年)的通知》(国办发〔2015〕43号)精神,切实加强我省乡村教师(包括全省乡中心区、村庄学校教师,以及享受当地农村特岗教师津贴的镇中心区学校教师,下同)队伍建设,制定本实施办法。

一、工作目标

到2020年,乡村学校优质教师来源得到多渠道扩充,资源配置得到明显优化和改善,教育教学能力水平显著提升,职业吸引力明显增强,建立健全"越往基层、越在偏远、越是艰苦,地位待遇越高"的激励机制,努力造就一支数量充足、素质优良、结构合理、甘于奉献、扎根乡村的教师队伍，为全面实现教育现代化提供坚强有力的师资保障。

二、主要举措

（一）加强师德建设。全面落实师德教育、宣传、考核、激励、监督、惩处、检查和保障相结合的长效机制。建立健全乡村教师政治理论学习制度，增强思想政治工作的针对性和实效性，提高乡村教师的理论素养和思想政治素质。切实加强乡村学校党建工作，充分发挥基层党组织政治核心作用。切实加强教师家访工作，尤其要突出对留守儿童家庭的家访，通过家访，了解学生，增强教育和教师的责任。开展多种形式的师德教育，把教师职业理想、职业道德、法治教育、心理健康教育等融入职前培养、准入、职后培训和管理的全过程，促进广大乡村教师争做有理想信念、有道德情操、有扎实学识、有仁爱之心的"四有"好教师。严格师德考核，把师德建设情况纳入乡村学校发展性评价、学校工作考核的重要指标，并作为学校评特色、上等级的重要内容。建立完善师德建设年度检查制度，及时发现和查处违反师德规范行为。完善教师考核和退出机制。师德考核不合格者年度考核应评定为不合格，在教师资格定期注册、职务（职称）评审、岗位聘用、评优奖励和特级教师评选等环节实行一票否决。

（二）拓宽乡村教师补充渠道。制订切实有力的政策措施，吸引优秀人才从事乡村教育，鼓励有志青年到乡村学校从教。各地可组织实施乡村学校教师定向招聘专项计划，及时有效补充乡村教师，不断优化乡村教师结构。组织实施乡村学校教师定向培养专项计划，畅通毕业生定向到乡村学校任教的通道。鼓励有需要且有条件的地方，对到乡村学校从教的高校毕业生，实行上岗退费政策。

鼓励支持特级教师、高级职称教师到乡村学校支教讲学。对到乡村学校支教1学年及以上的退休或已完成交流任务的特级教师、高级职称教师，各地可给予每人每年2万元的工作经费，主要用于交通差旅费用补助及购买意外保险等。

(三) 提高乡村教师生活待遇。依法依规落实乡村教师工资待遇政策。认真落实农村教师任教津贴和农村特岗教师津贴制度，对地理位置偏远、条件艰苦的乡村学校教师应有所倾斜。研究制订提高乡村教师教龄津贴标准政策。通过生均经费补助等方式，提高乡村幼儿园非在编教师工资待遇，到2016年乡村幼儿园非在编教师人均年收入应达到当地社会单位在岗职工平均工资以上。逐步建立乡村特困教师救助制度。关心乡村教师身心发展，保障乡村教师与当地公务员享受同等医疗待遇，定期组织乡村教师身体健康检查，并因地制宜安排乡村教师休养。加快实施边远艰苦地区乡村学校教师周转宿舍建设。各地要按规定将符合条件的乡村教师住房纳入当地住房保障范围，统筹予以解决。

(四) 统一城乡教职工编制标准。在机构编制总量控制的前提下，乡村中小学教职工编制按照城市标准统一核定，其中村小学、教学点等小规模学校的编制，按照生师比和班师比相结合的方式核定。县级教育部门在核定的编制总额内，按照班额、生源等情况统筹分配各校教职工编制，并报同级机构编制部门和财政部门备案。要在合理规划学校布局的基础上，通过调剂编制、加强人员配备等方式，解决乡村学校教师结构性短缺问题，确保乡村学校开足开齐国家规定课程。严禁在有合格教师来源的情况下“有编不补”，严禁聘用一年以上代课教师，严禁任何部门和单位以任何理由、任何形式占用或变相占用乡村中小学教职工编制。

(五) 职称(职务)评聘向乡村学校倾斜。县域内城乡学校教师岗位结构比例应保持总体平衡，并适当向乡村学校倾斜。对中小学校副高级专业技术岗位结构比例控制标准，各地可按高中、中职40%，初中30%，小学10%，幼儿园5%的控制标准，在属地区域内进行调控。中、初级专业技术岗位结构比例由各设区市根据实际情况确定。原则上乡村学校教师职称评审的通过率应不低于城镇学校。对在乡村学校任教时间较长的教师，在评聘高一级职称（职务）时应适当倾斜照顾。乡村学校教师评聘职称（职务）时，坚持育人为本、德育为先，注重师德素养、教育教学工作业绩和教育教学一线实践经历，充分体现乡村教师的特点，对课题和发表论文原则上不作刚性要求。为鼓励乡村教师一专多能，对承担2门及以上学科教学任务的乡村教师，允许按全科学科申报晋升职称。

（六）积极推动城镇优秀教师向乡村学校流动。全面落实义务教育教师、校长交流制度，在同一公办义务教育学校校长连续任职达到10年、教师连续任教达到12年的，均要实行交流，并随迁人事关系。重点推动城镇学校骨干教师到农村学校交流任教。符合交流条件的校长原则上均要进行交流，符合交流条件的骨干教师每年参与交流的比例应不低于15%。根据交流工作需要，县级教育行政主管部门应在本地区中小学教职工岗位结构比例内，预留一定的中高级岗位，专项用于评聘交流的校长和骨干教师。

大力推进义务教育教师队伍“县管校聘”管理体制改革，加强县（市、区）域内义务教育教师的统筹管理，打破教师交流轮岗的管理体制障碍，为城镇教师到乡村学校任教提供制度保障。

积极试行校长职级制，促进校长交流和校长专业化建设。逐步取消中小学校行政级别，由教育行政主管部门统一管理和任命校长。合理划分校长职级，探索建立科学的校长职级评价体系。

（七）加强乡村教师培养培训工作。改革师范生招生制度，鼓励师范类高校通过提前批次、“三位一体”和自主招生等方式开展招生。改革乡村教师培养模式，按“一专多能”要求培养乡村教师。完善乡村教师专业发展培训制度，切实把培训内容、培训时间、培训地点的选择权交给乡村教师。改革乡村学校新任教师培训模式，全面实行乡村学校新任教师先在优质学校挂职锻炼1年再正式上岗的培训模式。加强乡村教师全员培训和骨干培训，精心设计培训内容和方法，并采取网络研修、送教下乡、专家指导、校本研修等多种形式，增强乡村教师培训的针对性和有效性。加强乡村教师信息技术能力培训，全面提升乡村教师信息技术应用能力。教师培训经费优先保障乡村教师培训需要。鼓励乡村教师在职学习深造，提高学历层次。

（八）完善乡村教师荣誉制度。认真组织开展省级优秀教师评选表彰，对有突出贡献的农村教师等予以表彰鼓励；各级政府对在乡村学校长期从教的教师要予以鼓励。鼓励和引导社会力量建立专项基金，对长期在乡村学校任教的优秀教师给予物质奖励。在开展各类涉及教师的评选表彰活动中，向乡村教师倾斜。新闻媒体要大力宣传乡村教师坚守岗位、默默奉献的崇高精神，在全社会营造关心支持乡村教师和乡村教育的浓厚氛围。

（九）注重人文关怀和心理疏导。既要关心乡村教师的工作和个人事业发展，也要关心乡村教师的生活，切实帮助解决工作、生活中遇到的实际困难。充分关注乡村教师专业发展需求，引导乡村教师制订个人专业发展规划，促进乡村教师才智充分发挥、潜能充分挖掘。

三、组织实施

各级政府是实施乡村教师支持计划的责任主体，要将实施乡村教师支持计划情况纳入政府工作考核指标体系，把乡村教师队伍建设作为新增财政预算的投入重点之一，尤其要确保乡村教师工资待遇各项政策措施落实到位。按规定提取当地教职工工资总额的3%、中小学校日常公用经费总额的10%，用于教师培训，做到专款专用。要动员各方面的力量推进乡村教师队伍建设。教育行政主管部门要加强对乡村教师队伍建设的统筹管理、规划和指导。发展改革、财政、机构编制、人力社保部门要按照职责分工主动履职，切实承担责任。各级政府教育督导机构要会同有关部门，加强对乡村教师支持计划实施情况的专项督导，及时通报督导情况并适时公布，推动各项政策措施的落实。

各级政府要制订具体实施办法，并请各市于2016年3月底前将本市的实施办法报省教育厅备案。

安徽省人民政府办公厅关于印发乡村教师支持计划(2015—2020年)实施办法的通知

皖政办〔2015〕62号

各市、县人民政府,省政府各部门、各直属机构:

《安徽省乡村教师支持计划(2015—2020年)实施办法》已经省政府同意,现印发给你们,请结合实际认真贯彻执行。

安徽省人民政府办公厅

2015年11月18日

安徽省乡村教师支持计划(2015—2020年)实施办法

为深入推进"四个全面"战略布局,认真贯彻党中央、国务院关于加强教师队伍建设的部署要求,采取切实措施加强乡村教师(包括乡中心区、村庄学校教师,下同)队伍建设,明显缩小城乡师资水平差距,让乡村孩子能够接受公平、有质量的教育,国务院办公厅印发了《乡村教师支持计划(2015—2020年)》(国办发〔2015〕43号)。现就实施《乡村教师支持计划(2015—2020年)》制定本办法。

一、把加强乡村教师队伍建设摆在优先发展的战略地位

全面建成小康社会、基本实现教育现代化,薄弱环节在乡村。发展乡

村教育，关键在教师。省委、省政府历来高度重视乡村教师队伍建设，采取了一系列政策举措，乡村教师队伍面貌发生了巨大变化，乡村教育质量得到了显著提高。但随着城镇化进程加速，以及城乡发展不平衡、交通地理条件不便等因素的影响，我省乡村教师队伍仍面临职业吸引力不强、补充渠道不畅、优质资源不足、结构不尽合理、整体素质不高等突出问题，制约了乡村教育持续健康发展。

加强乡村教师队伍建设，要认真贯彻党的十八届五中全会精神，树立共享发展新理念，把加强乡村教师队伍建设作为提高乡村教育质量、促进教育公平的重要抓手，作为教育扶贫、精准扶贫的重要内容。坚持整体设计，统筹规划，多措并举，提升乡村教师专业素质，优化队伍结构。坚持问题导向，聚焦乡村教师队伍建设最突出问题，定向施策，精准发力，不断增强乡村教师职业吸引力。坚持改革创新，着力破除制约乡村教师队伍建设的体制机制障碍，激发乡村教师队伍的活力。到 2017 年，力争使乡村学校优质教师来源得到多渠道扩充，乡村教师资源配置得到改善，教育教学能力水平稳步提升，各方面合理待遇依法得到切实保障，职业吸引力明显增强，初步形成“下得去、留得住、教得好”的局面。到 2020 年，建立起准入规范、交流顺畅、管理有序、保障有力的乡村教师队伍建设长效机制，努力造就一支素质优良、结构合理、乐于奉献、服务乡村的教师队伍，为基本实现教育现代化提供坚强有力的师资保障。

二、统一城乡教职工编制标准

乡村中小学教职工编制按照城市标准统一核定，其中村小学、教学点编制按照生师比和班师比相结合的方式核定，确保乡村学校开足开齐国家规定课程。县级教育部门在核定的编制总额内，按照班额和生源等情况统筹分配各校教职工编制，并报同级机构编制部门和财政部门备案。通过编制调剂、加强人员配备等方式，进一步向生源稀少的教学点、村小学倾斜，重点解决乡村教师学科全覆盖问题，满足开足开齐国家规定课程的需要。积极运用在线课堂等信息化手段解决教学点、村小学结构性缺编问题，统筹规划在线课堂开设和师资配置，在中心校适当增加音体美等紧缺学科教师，在本地教师编制总量内适当调剂增加县镇教师。严禁在有合格教师来源的情况下“有编不补”、长期使用临聘人员，严禁任何部门和单位以任何理由、任何形式挤占或变相占用乡村教师编制。

三、多渠道拓宽乡村教师来源

完善中小学教师“省考、县管、校聘”办法，优先补充乡村学校特别是村小学、教学点教师，加大乡村学校紧缺学科教师的招聘力度。城镇学校新任教师 1 年试用期满原则上先到乡村学校任教 2 年以上。高校毕业生取得教师资格并到乡村学校任教 3 年以上的，享受学费补偿和国家助学贷款代偿政策。据各县（含市、区，下同）编制缺额和实际需求情况，每年分别单列专科和本科层次的定向招生计划，用于定向招收初、高中毕业生进入师范类院校学习。初中起点的毕业生，通过中考单独提前批次录取，本土化培养五年制专科层次的“一专多能的全科型”乡村教师；高中起点的毕业生通过高考录取到本科类师范院校。通过定向培养的专科和本科毕业生，毕业后由生源地县级教育等部门按照定向培养协议占编分配到指定的乡村学校任教，任教服务期不少于 6 年。继续实施国家边远贫困地区、边疆民族地区和革命老区（以下简称“三区”）人才计划教师专项支教计划，组织县级以上骨干教师到乡村学校驻点支教。启动实施“夕阳红”支教计划，每年招募一批城镇退休的特级教师、高级教师和其他行业专家到乡村学校支教，各级财政按照中央财政要求给予支持。现职省特级教师要联系 1—2 所乡村学校，定期开展送培送教活动。

四、着力提高乡村教师待遇

依法依规落实乡村教师工资待遇政策。全面实施乡镇工作补贴制度，继续落实国家集中连片特困地区乡村教师生活补助政策。各地要依法依规落实乡村教师工资待遇政策，依法为乡村教师缴纳住房公积金和各项社会保险费。在现行制度框架内，做好乡村教师重大疾病救助工作。

鼓励有条件的地方通过社会捐赠等渠道建立县级教师重大疾病救助资金。各地要编制“十三五”农村教师周转宿舍建设规划和年度实施计划，按规定将符合条件的乡村教师住房纳入当地住房保障范围，纳入“十三五”公共租赁住房建设规划，因地制宜，合理布点，分年实施，通过3—5年努力，逐步解决乡村教师居住困难问题。

五、加大职称评聘向乡村学校倾斜力度

实行城乡统一的中小学教师专业技术岗位结构比例，核定乡村学校中、高级岗位结构比例按上限执行，实现教学点中级岗位全覆盖。评选特级教师，对乡村教师实行切块单独评审。乡村教师评聘职称（职务）时不作外语成绩（外语教师除外）、发表论文的刚性要求，注重师德素养，注重教育教学业绩，注重教育教学方法，注重教育教学一线实践经历。对超岗位职数的乡村学校，可采用“退二聘一”的办法实施评聘。城镇中小学教师晋升高级教师职称（职务），须具有在乡村学校或薄弱学校任教2年以上的经历。教师交流到新的学校后，按原有的教师职务及岗位细分等级聘用。在县域中小学教师相应岗位总量内，凡在乡村任教累计25年且仍在乡村学校任教的乡村教师，符合晋升一级教师、高级教师职称（职务）申报条件的，或者教龄满30年、有高级教师职称资格而未聘任的城镇教师，本人自愿到乡村学校支教3年以上的，可不受学校岗位职数限制。

六、全面推进县域内教师校长的交流

全面推行中小学教师“无校籍管理”和“县管校聘”制度，在县义务教育学校编制总量、职称岗位总量内，按照“控制总量、盘活存量、优化结构、增减平衡”的要求，采取互补余缺、有增有减的办法，及时调整义务教育学校编制配备和岗位设置，促进教师编制、职称随教师交流而流动，实现县域内城乡学校教师岗位结构比例总体平衡，切实向乡村教师倾斜。每年暑期，县级教育部门将县域内教师校长交流轮岗涉及的编制、岗位变动情况事先报同级编制、人力资源社会保障部门备案批准，接受监管。按照梯

度推进、双向互动的原则，采取定期交流、跨校竞聘、学校联盟、结对帮扶等多种方式，重点引导优秀校长和骨干教师向乡村学校特别是村小学、教学点流动。城镇学校、优质学校每学年教师交流轮岗的比例不低于符合交流条件教师总数的10%，其中骨干教师交流轮岗应不低于交流总数的20%。建立县域内中心校教师校长向村小学、教学点交流轮岗长效机制，实施学区内中心校教师和村小学、教学点教师的双向流动。加强城乡教育统筹，推进乡村教师校长到城镇学校挂职锻炼。新任城镇学校校长须有2年以上乡村学校或城镇薄弱学校任(挂)职经历。

七、全面提升乡村教师能力素质

到2020年前，对全体乡村教师校长进行360学时的全员培训。把乡村教师培训纳入基本公共服务体系，加强统筹规划，保障经费投入。整合县级教师培训资源，建好县级教师发展中心。协同高等学校、远程培训机构、县级教师发展中心和中小学校优质资源，建立乡村教师校长专业发展支持服务体系。将师德教育作为乡村教师培训的首要内容，贯穿培训全过程。全面提升乡村教师信息技术应用能力，积极利用远程教学、数字化课程等信息技术手段，破解乡村优质教学资源不足的难题，同时建立支持学校、教师使用相关设备的激励机制并提供必要的保障经费。加强乡村学校音体美等师资紧缺学科教师培训。中小学教师“国培计划”“省培计划”集中支持乡村教师校长培训。实施乡村教师访名校计划，将全省乡村教师轮训一遍，其中省级培训乡村骨干教师1.8万人，通过培养选拔建立省、市、县三级乡村骨干教师梯队。实施乡中心校校长省级培训计划，通过专题学习、名校挂职、网络研修等不断提升办学理校能力。

八、建立乡村教师荣誉制度

对在乡村学校从教30年以上的教师，由国家按照有关规定颁发荣誉证书。省、县分别对在乡村学校从教20年、10年以上的教师给予鼓励。省政府按照国家有关规定对在乡村学校长期从教的教师予以表彰。鼓励和引导社会力量建立专项基金，对获得荣誉证书的乡村教师给予物质奖励。在表彰奖励、评优评先、职称评审等方面向乡村教师倾斜。广泛宣传乡村教师坚守岗位、默默奉献的崇高精神，在全社会大力营造关心支持乡村教师和乡村教育的浓厚氛围。

九、全面提高乡村教师思想政治素质和师德水平

坚持不懈地用中国特色社会主义理论体系武装乡村教师头脑，规范乡村教师政治理论学习制度，运用各种有效载体和平台，拓宽乡村教师学习渠道和视野，丰富教师的文化生活，激发教师的进取心、事业心和创造力。坚持把教师职业道德、法制教育、心理健康教育等融入到乡村教师的职前培养、准入、职后培训和管理的全过程。引导教师树立正确的职业观、价值观和教育观，提升政治素质、理论素养和立德树人的责任感。加强教师职业道德规章制度和信用体系建设，完善教育、宣传、考核、监督与奖惩相结合的师德师风建设长效机制，开展经常性的乡村师德主题教育和专项治理活动。完善师德考评制度，将师德建设作为学校工作考核、办学质量评估的重要指标，把师德表现作为教师资格定期注册、业绩考核、职称评审、岗位聘用、评优奖励的重要内容。健全乡村教师管理制度，加强乡村教师日常考核，实行师德问题“一票否决”，建立与考核评价相配套的教师退出机制。

十、强化乡村教师支持计划的组织实施

各市、县人民政府是实施乡村教师支持计划的责任主体。要把实施乡村教师支持计划纳入政府工作重要议事日程，加强统筹协调，细化任务分工，分解落实责任，形成部门合力。教育部门要加强对乡村教师队伍建设的统筹管理、规划和指导。发展改革、财政、编制、人力资源社会保障、住房城乡建设等部门要按照职责分工主动履职，切实承担责任。对在乡村教师队伍建设方面改革创新、积极推进、成绩突出的地区，省教育厅要会同有关部门加强总结、及时推广经验做法并按照国家有关规定予以表

彰。省级财政通过相关政策支持和合理资金渠道,重点支持皖北地区、贫困地区乡村教师队伍建设。各市、县人民政府要积极调整财政支出结构,加大投入力度,切实把资金和投入用在乡村教师队伍建设最需要的领域。乡(镇)人民政府要在住房、交通、生活等方面对乡村教师给予支持。省教育督导机构要会同有关部门,把乡村教师支持计划实施情况作为对县级党政领导干部教育工作督导考核、义务教育发展基本均衡县评估认定、教育强县评选的重要内容,加强督导检查,及时通报情况。对实施不到位、成效不明显的,要追究相关负责人的领导责任。各市、县教育督导部门要对乡村教师支持计划实施情况组织开展经常性督导检查。

市、县、乡各级人民政府要制订明确化、具体化的实施办法。请各市于 2016 年 5 月底前,将本市的实施办法报省教育厅备案,并向社会公布,接受社会监督。

福建省人民政府办公厅关于印发福建省乡村教师支持计划(2015—2020年)实施办法的通知

闽政办〔2015〕155号

各市、县(区)人民政府,平潭综合实验区管委会,省人民政府各部门、各直属机构,各大企业,各高等院校:

经省政府领导同意,现将《福建省乡村教师支持计划(2015—2020年)实施办法》印发给你们,请结合实际认真贯彻执行。

福建省人民政府办公厅

2015年12月20日

福建省乡村教师支持计划(2015—2020年)实施办法

为加强乡村教师队伍建设,增强职业吸引力,造就一支素质优良、甘于奉献、扎根乡村的教师队伍,促进乡村教育现代化,推进精准扶贫,根据《国务院办公厅关于印发乡村教师支持计划(2015—2020年)的通知》(国办发〔2015〕43号),结合我省实际,制定乡村教师(包括全省乡中心区、村庄学校教师,下同)支持计划实施办法。

一、加强师德师风建设。加强乡村学校党建工作,充分发挥基层党组织的政治核心作用,坚持政治理论学习,适度加大发展党员力度,提高乡村教师的理论素养和思想政治素质。强化乡村教师师德教育,把教师职业理想、职业道德、法治教育、心理健康教育等融入职前培养、职业准入、职后培训和管理的全过程，建立师德师风建设问责制和教师诚信管理体系，落实教育、宣传、考核、监督与奖惩相结合的师德建设长效机制。

二、拓展乡村教师补充渠道。依据乡村学校布局科学规划乡村教师培养规模。完善师范生免费教育政策，逐步扩大试点规模，鼓励地方政府和师范院校根据实际加强本土化乡村教师培养，定向培养能承担多门学科教学任务的小学教师和“一专多能”的初中教师。支持县(市)结合乡村教师岗位特点，放宽招聘条件，改进考试方式，吸引更多人才特别是当地人才到乡村任教。实施农村紧缺师资代偿学费计划，高校毕业生取得相应教师资格并到省级扶贫开发工作重点县任教的，试用期满后逐年退还最高2万元学费；实施省级扶贫开发工作重点县补充教师资助计划，按每人每年1.5万元的标准，连续3年补助新补充教师工资性支出，省级扶贫开发工作重点县紧缺师资代偿学费和补充教师资助经费由省财政承担。鼓励有条件的地方对到本地乡村学校任教的高校毕业生代偿学费。加强紧缺学科师资补充，确保乡村学校开齐开足国家规定课程。实施优秀退休教师乡村支教计划，公开招募城镇退休特级教师、高级教师到乡村学校支教。

三、提高乡村教师生活待遇。建立乡村教师生活补助制度，乡村教师除享受乡镇工作补贴外，将原享受的农村教师补贴调整为乡村教师生活补助，按平均每人每月不低于300元的标准予以生活补助，具体由各地依据学校艰苦边远程度实行差别化的补助标准，补助额度不纳入绩效工资总量，23个省级扶贫开发工作重点县所需经费由省级财政予以综合奖补。各地要依法依规落实乡村教师工资待遇政策，依法为教师缴纳住房公积金和各项社会保险费。实施乡村园丁关爱工程，每年度预算安排体检专项资金，组织乡村教师在县级以上医院体检，做好乡村教师重大疾病救助工作。对符合住房保障条件的乡村教师，优先安排保障性住房。充分利用乡村学校闲置校舍，改建2万套乡村教师周转宿舍，建设一批符合安全卫生标准的学校食堂，所需经费从全面改善义务教育薄弱学校基本办学条件的省级补助资金和市、县配套资金中统筹解决。

四、优化乡村学校教师编制配置。统一城市、县镇、农村中小学校教职工编制标准，即：高中教职工与学生比为 1∶12.5，初中为 1∶13.5，小学为 1∶19。农村小规模义务教育学校编制按照生师比和班师比相结合的方式核定，小学 31—200 人的按班师比 1∶1.7 配备教师、10—30 人的至少配备 2 名教师、10 人以下的配备 1 名教师。县域内校际间教职工编制可以互补余缺，县级教育行政部门在核定的编制总额内，按照班额、生源等情况统筹分配各校教职工编制，并报同级机构编制部门和财政部门备案。建立适应乡村教育发展的编制动态调整机制，在各地现有事业编制总量内，统筹调剂编制用于补充紧缺学科教师。对适合社会力量提供的工勤和教学辅助等岗位，鼓励探索采取政府购买服务方式，纳入当地政府购买服务指导目录。

五、职称评聘向乡村学校倾斜。实行城乡学校统一的岗位结构比例，其中小学、初中的高、中、初级岗位结构比例分别为 1∶5.5∶3.5，2∶4.5∶3.5。深化中小学教师职称制度改革，统一中小学教师职称系列，完善乡村教师职称（职务）评聘条件和程序办法。乡村教师评聘高级职称不作课题研究、发表论文的刚性要求，强化对师德素养、教育教学工作业绩和教学一线实践经历的考核。在乡村学校任教累计满 25 年且仍在乡村学校任教的教师，已取得中、高级专业技术职务任职资格，可直接聘任，不占核准岗位数，鼓励教师长期在乡村任教。

六、推动城镇优秀教师向乡村学校流动。完善城镇教师乡村学校任（支）教服务期制度，城镇中小学教师晋升高级职称应有在乡村学校任（支）教一年以上或薄弱学校任（支）教三年以上的经历，2018 年起县镇小学新任教师应有在乡村学校任教 3 年以上的经历。深化义务教育学校教师“以县为主”管理体制改革，落实义务教育学校校长教师校际交流制度，各地要采取定期交流、跨校竞聘、小片区管理、委托管理、学校联盟、对口支援、乡镇中心学校教师走教等多种方式，重点引导优秀校长、骨干教师向乡村学校和村小学、教学点流动。城区学校校长教师交流到乡村学校，保留其在原学校所聘教师职务等级，在乡村学校任教满3年且考核合格的，可在同一专业技术岗位等级内高聘一级。

七、全面提升乡村教师能力素质。以县域为单位建立新任教师见习培训制度，乡村学校新任教师应在优质学校跟岗学习一年以上。实施乡村校长助力工程和乡村教师素质提升工程，5年内将全省乡村校长、教师轮训一遍，进一步提高教育教学能力。其中，省级重点培训乡村学校正职校长、教学点教师，并为每所学校培养1—2名骨干教师，其他由设区市统筹完成。加强乡村学校音体美、英语、计算机、科学等紧缺学科教师培训。实施乡村教师信息技术应用能力提升计划，全面提升乡村教师信息技术应用能力，运用远程教学、数字化课程等信息技术手段，破解乡村优质教学资源不足的难题。加强教师培训基地建设，推进县级教师进修学校标准化建设，支持各地建设区域性教师发展中心，完善乡村教师专业发展支持服务体系。适应乡村教师的实际需求改进培训方式，采取顶岗置换、网络研修、送教下乡、专家指导、校本研修等多种形式，增强培训的针对性和实效性。支持乡村教师提高学历层次。

八、建立乡村教师荣誉制度。鼓励和引导社会力量建立乡村教师奖励基金。国家、省、县三级分别对在乡村学校从教30年以上、20年以上、10年以上的教师颁发荣誉证书。评选推荐“福建省杰出人民教师”、特级教师和优秀教师等各级教育系统先进个人，应向乡村教师倾斜并明确比例。广泛宣传长期扎根乡村、爱岗敬业、关爱学生、教书育人、为人师表、业务精湛的先进乡村教师典型，在全社会大力营造关心支持乡村教师和乡村教育的浓厚氛围。

九、加强乡村教师队伍管理。各级教育行政部门要坚持依法治校、从严治教，不断完善教师管理考核奖惩制度，落实绩效考核、聘后管理等政策，充分调动乡村教师工作积极性。校长是学校管理的第一责任人，要全面承担起教师队伍建设管理职责，加强日常管理，规范从教行为，培育良好校风、师风、教风。不能胜任教育教学工作的教师应及时调整出教学岗位，转岗从事生管、后勤等工作。要依法依规及时撤销违纪违法者的教师资格，坚决将其清除出教师队伍。

十、强化各级政府责任。地方各级人民政府是实施乡村教师支持计划实施办法的责任主体，实施情况纳入地方政府工作考核指标体系。各级人民政府要调整财政支出结构，加大经费投入力度，支持乡村教师队伍建设。教育行政部门要加强对乡村教师队伍建设的统筹管理和规划，发展改革、财政、编制、人力资源社会保障部门要按照职责分工主动履职，切实承担责任。要把乡村教师队伍建设情况纳入"两项督导""教育强县"等督政的指标体系，建立督导公报制，推动各项政策措施落实到位。

江西省人民政府办公厅关于印发江西省乡村教师支持计划(2015—2020年)实施办法的通知

赣府厅发〔2015〕76号

各市、县(区)人民政府,省政府各部门:

《江西省乡村教师支持计划(2015—2020年)实施办法》已经省政府同意,现印发给你们,请认真贯彻执行。

江西省人民政府办公厅

2015年12月21日

江西省乡村教师支持计划(2015—2020年)实施办法

为贯彻落实《国务院办公厅关于印发乡村教师支持计划(2015—2020年)的通知》(国办发〔2015〕43号)精神,切实加强乡村学校教师(指乡镇及以下公办中小学、幼儿园的教师,不含县区中心城区学校教师,下同)队伍建设,缩小城乡师资水平差距,结合我省实际,制定本实施办法。

一、加强乡村教师师德建设

1. 建立健全乡村教师政治理论学习制度。增强思想政治工作的针对性和实效性,不断提高教师的理论素养和思想政治素质。

2. 加强乡村教师职业道德教育。将教师职业理想、职业道德、法治教育、心理健康教育等融入职前培养、准入、职后培训和管理的全过程。落实教育、宣传、考核、监督与奖惩相结合的师德建设长效机制。

3. 大力宣传乡村教师坚守岗位、默默奉献的崇高精神。支持媒体开展寻找“最美乡村教师”等活动，树立师德典型，弘扬高尚师德，在全社会大力营造关心支持乡村教师和乡村教育的浓厚氛围。

4. 加强乡村学校基层党组织建设。在乡镇中心学校完善党组织机构，配备专职党务干部，加大在乡村教师中发展党员的力度。

二、拓宽乡村教师补充渠道

5. 实施“定向培养乡村教师计划”。根据各地实际需求加强“本土化”乡村教师培养，单列男性乡村教师招生计划，逐步优化乡村教师性别结构。不断深化教育教学改革，完善课程方案，着力培养“厚基础、宽口径、高素质、强能力”的“一专多能”乡村教师。

6. 加大免费师范生培养力度。完善本科师范生免费教育试点有关政策，持续为乡村学校输送具有本科学历的高素质师资。鼓励地方政府与师范院校合作，免费培养专科层次乡村教师。

7. 继续面向社会统一招聘全省中小学教师，加大公开选拔乡村教师的力度，持续为乡村学校输送“下得去、留得住”的师资。

8. 扩大农村教师“特岗计划”实施规模。根据国家统一部署，支持国贫县、连片贫困县等贫困地区补充乡村教师，适时提高特岗教师工资性补助标准。

9. 采取有效措施鼓励城镇退休的特级教师、高级教师到乡村学校支教讲学，争取中央财政对“三区”人才支持计划教师专项计划给予适当支持。

10. 完善师范生支教和顶岗实习制度。鼓励高校与地方政府和乡村学校合作建立支教实习基地或协作区，扩大乡村教师到高校脱产培训和高校师范生到乡村学校顶岗实习的规模。

三、提高乡村教师待遇

11. 切实提高乡村教师收入水平。落实好我省艰苦边远地区农村中小学教师特殊津贴、连片特困地区乡村教师生活补助、乡镇工作补贴等三项津贴补助政策。符合规定条件的乡村教师，可重复享受上述津贴补贴。

12. 依法依规落实乡村教师工资待遇政策。依法为教师缴纳住房公积金和各项社会保险费。在现行制度架构内，做好乡村教师重大疾病救助工作。

13. 加快乡村学校教师周转宿舍建设，省级财政将根据各地情况给予奖补。各市、县(区)政府要按规定将符合条件的乡村教师住房纳入当地城镇住房保障范围，统筹予以解决。鼓励地方政府为符合条件的乡村教师建设公租房。

四、保障乡村教师编制

14. 乡村学校教职工编制按照城市标准统一核定。村小学、教学点编制按照生师比和班师比相结合的方式核定，成班率较低的村小学、教学点编制按照班师比不低于1∶1.5予以保障。对工勤岗位、部分管理岗位实行政府购买服务，不占用教职工编制。

15. 完善乡村学校教职工编制动态调整机制。县级教育部门在核定的编制总额内，按照班额、生源等情况统筹分配乡村学校教职工编制，并报同级机构编制部门和财政部门备案。根据乡村学校布局结构调整、不同学段学生规模变化等情况进行动态调整，提高编制使用效率。通过调剂编制、加强人员配备等方式进一步向人口稀少的教学点、村小学倾斜。

16. 切实加强编制管理。严禁在有合格教师来源的情况下“有编不补”、长期使用临时聘用人员；严禁任何部门和单位以任何理由、任何形式占用或变相占用乡村教职工编制。落实教育部《幼儿园教职工配备标准(暂行)》规定，逐步补足配齐乡村公办幼儿园教师。

五、职称(职务)评聘向乡村教师倾斜

17. 完善乡村教师职称(职务)评聘条件和程序办法。坚持“重师德、重奉献、重坚守”的原则,制订符合我省乡村教师特点的职称评价标准。

18. 增加乡村学校中、高级岗位数量,切实向乡村教师倾斜,实现县域内城乡学校教师岗位结构比例总体平衡。乡村教师评聘职称(职务)时,不作外语成绩(外语教师除外)要求,不把发表论文作为必备条件。

19. 城区义务教育学校教师晋升中、高级教师职称(职务)和参加省特级教师、学科带头人和骨干教师评选时,须有在乡村学校或薄弱学校任教一年以上的经历。

六、推动城乡教师交流

20. 积极推进义务教育教师队伍“县管校聘”管理体制改革。采取定期交流轮岗、跨校竞聘、学区一体化管理、组建学校联盟、对口支援、乡镇中心学校教师走教等多种途径和方式,重点引导优秀校长和骨干教师向乡村学校流动。县域内重点推动县城学校教师到乡村学校交流,乡镇范围内重点推动中心学校教师到村小学、教学点交流。

21. 支持乡村教师回原籍任教。对在原籍以外县任教满5年的在编在岗公办学校教师因解决夫妻两地分居等问题,申请调回原籍乡村学校任教的,各地政府有关部门在有编有岗的情况下,要开辟“绿色通道”予以办理,保持乡村教师队伍稳定。

七、提升乡村教师能力素质

22. 完善教师继续教育体系。整合高等学校、县级教师进修学校和中小学校优质资源,建立乡村教师、校长专业发展支持服务体系。鼓励乡村教师在职学习深造,提高学历层次。

23. 把乡村教师培训纳入基本公共服务体系。市、县政府要切实履行实施教师校长全员培训的主体责任,按不低于生均公用经费5%的标

准,保障教师培训经费投入。2020 年前,对全体乡村教师和校(园)长进行建立在自主选学基础上的 360 学时全员培训。

24. 加强县级乡村教师培训基地建设。各市、县(区)要积极推动县级教师进修学校与县级教科研、电教等相关教育培训资源的整合,使县级教师培训机构建成"多功能,大服务"的乡村教师培训基地,提高县级教师培训能力。

25. 全面提升乡村教师信息技术应用能力。加快乡村学校教育信息化设施建设,积极利用远程教学、数字化课程等信息技术手段,破解乡村优质教学资源不足的难题。建立支持学校、教师使用相关设备的激励机制,并提供必要的保障经费。

26. 加大"省培计划"经费投入。组织实施"万名乡村音体美教师培训计划",为每所村小学至少培训合格的音体美教师各 1 名。"国培计划""省培计划"项目主要向乡村教师倾斜。

27. 改进乡村教师培训模式。采取骨干培训团队置换脱产研修、网络研修和校本研修、送教下乡、乡村教师访名校、校园长培训等多种形式,增强培训的针对性和实效性。

八、建立乡村教师荣誉制度

28. 省级每年对在乡村学校任教满 20 年及以上的在岗一线教师颁发荣誉证书,按国家有关规定对在乡村学校长期从教的教师予以表彰。在教育系统各类评比表彰活动中,单列乡村教师指标并予以倾斜,评优比例为城区教师评优比例的 2 倍。县级要对在乡村学校任教满 10 年及以上的在岗一线教师给予鼓励。鼓励和引导社会力量建立专项基金,对长期在乡村学校任教的优秀教师给予物质奖励。

29. 建立教师休养制度。省级教育行政部门每年邀请一批优秀乡村教师代表到省内职工疗养点休假疗养。鼓励支持各地每年安排作出突出贡献的乡村教师休假疗养。

九、强化保障措施

30. 加强组织领导。各级政府是实施乡村教师支持计划的责任主体，要实行一把手负责制，把实施工作列入重要议事日程，细化任务分工，分解责任，推进各部门密切配合、形成合力，切实将计划落到实处。教育行政部门要加强对乡村教师队伍建设的统筹管理、规划和指导，发展改革、财政、编制、人力资源社会保障等部门要按照职责分工主动履职，切实承担责任。

31. 强化经费保障。各级政府要积极调整财政支出结构，加大投入力度，大力支持乡村教师队伍建设。要把资金和投入用在乡村教师队伍建设最薄弱、最迫切需要的领域，切实用好每一笔经费，提高资金使用效益，促进教育资源均衡配置。要制定严格的经费监管制度，规范经费使用，加强经费管理，强化监督检查，坚决杜绝截留、克扣、虚报、冒领等违法违规行为的发生。

32. 建立督导检查制度。要将实施乡村教师支持计划情况纳入省政府对市县科学发展综合考核以及对县(市、区)党政领导干部履行教育职责督导评价。各级政府教育督导机构要会同有关部门定期对乡村教师支持计划实施情况进行专项督导，及时通报督导情况并适时公布。对实施不到位、成效不明显的，要追究相关负责人的领导责任。

市、县、乡政府要根据本实施办法，把准支持重点，因地制宜提出符合乡村教育实际的支持政策和有效措施，将本实施办法的有关要求进一步明确化、具体化。各设区市、省直管县(市)要在2016年3月底前，将本地乡村教师支持计划实施办法和有关实施细则报省教育厅备案，同时向社会公布，接受社会监督。

山东省人民政府办公厅关于印发山东省乡村教师支持计划(2015—2020年)实施办法的通知

鲁政办发〔2015〕60号

各市人民政府,各县(市、区)人民政府,省政府各部门、各直属机构,各大企业,各高等院校:

《山东省乡村教师支持计划(2015—2020年)实施办法》已经省政府同意,现印发给你们,请结合实际认真贯彻执行。

山东省人民政府办公厅

2015年12月18日

山东省乡村教师支持计划(2015—2020年)实施办法

根据《国务院办公厅关于印发乡村教师支持计划(2015—2020年)的通知》(国办发〔2015〕43号)和《省委办公厅省政府办公厅关于推进基础教育综合改革的意见》(鲁办发〔2014〕55号)要求,为加强乡村教师队伍建设,办好人民满意的教育,制定本实施办法。

一、总体要求

(一) 工作目标。

把发展乡村教育和乡村教师队伍建设摆在优先发展的战略地位,努力造就一支下得去、留得住、教得好，数量适当、结构合理、素质优良、甘于奉献的乡村教师队伍，为实现教育现代化提供坚强有力的师资保障。

（二）基本原则。

——师德为先，立德树人。着力提升乡村教师思想政治素质和职业道德水平，引导乡村教师带头践行社会主义核心价值观，充分发挥教师以德化人、言传身教的作用。

——创新机制，强化补充。拓宽乡村教师来源，畅通大学生、城镇教师到乡村任教的通道，鼓励和吸引优秀人才积极投身乡村教育事业。

——提升质量，提高待遇。加强培养培训，改善乡村教师工作生活条件，提高地位待遇，增强乡村教师职业吸引力。

——县域统筹，重点突破。积极实施“县管校聘”管理改革，强化县域统筹，形成城乡校长教师交流轮岗、均衡配置师资的良性机制。

二、主要措施

（一）着力提升乡村教师思想政治素质和师德水平。

1. 切实加强乡村学校党建工作。坚持不懈地用中国特色社会主义理论体系武装乡村教师头脑，健全政治理论学习制度，深入学习党和国家的大政方针，认真学习贯彻创新、协调、绿色、开放、共享的发展理念，不断提高理论素养和思想政治素质。强化乡村学校基层党组织建设，充分发挥基层党组织政治核心作用，进一步关心教育乡村教师，适度加大发展党员力度。

2. 高度重视师德校风建设。按照“有理想信念、有道德情操、有扎实学识、有仁爱之心”的“四有”好教师要求，把教师职业理想、职业道德、法治教育、心理健康教育等融入职前培养、准入、职后培训和管理全过程。落实教育、宣传、考核、监督与奖惩相结合的师德建设长效机制。实行全员育人、全科育人，提高教师立德树人的积极性和主动性。大力宣传乡村优秀教师的业绩，充分激发乡村教师的工作热情。坚持依法治教，引导乡村教师严格遵守廉洁从教有关规定，做到依法依规执教。加强师德考核，在教师职务评审、岗位聘用、评优奖励时，实行师德一票否决。

（二）健全完善乡村教师补充机制。

1. 加强和规范教职工编制管理。全面落实中小学教师“县管校聘”管理改革，强化县级教育行政部门对教师资源的统筹配置和管理功能，加强县域内教师调配力度，适当向乡村学校倾斜。县（市、区）机构编制部门会同教育、财政部门根据生源变化和教育教学改革需要，定期核定教职工编制。达不到标准班额的村小学、教学点，按生师比与班师比相结合的方式核定编制。落实农村学校机动编制政策，机动编制全部用于补充乡村学校急需的学科教师。中小学有空编的县（市、区），原则上按照中小学申报情况足额安排用编进人计划，及时招聘教师，严禁“有编不补”、使用临聘人员。中小学现有编制总量达不到规定标准总量的县（市、区），可在县域事业编制总量内调剂部分事业编制用于补充中小学教师，县域内难以调剂的，可在设区的市事业编制总量内调剂解决。中小学满编超编的县（市、区），由机构编制部门根据乡村学校实际需要，在事业单位编制总量内，利用中小学教师临时周转编制专户，对确需补充专任教师的满编超编乡村学校予以补充。乡村学校使用临时周转编制的管理方式与城镇学校相同。妥善解决公办幼儿园、成人教育中心等机构占用乡村学校教职工编制以及提前离岗、长期借调人员等问题，严禁任何部门、单位以任何理由和形式占用或变相占用乡村学校教职工编制。鼓励通过政府购买服务方式解决教学辅助和后勤服务问题。

2. 完善教师招聘方式。从 2016 年起，按照事业单位公开招聘的有关规定，可以县（市、区）为单位，不分城区、农村学校岗位，统一招聘、统一分配，并向乡村学校倾斜，也可按学校组织招聘。按照教师专业标准和任教学科设置考试科目，重点考查教师专业素养和职业能力。合理确定招聘时间，一般每年 3 月底前启动报名工作，6 月底前完成招聘工作。鼓励具备条件的市、县（市、区）探索采取先面试后笔试的方式招聘教师。

3. 实施短缺学科教师补充计划。按照国家课程改革和开齐开足课程的需要，各市以农村义务教育学区为单位，2016 年 2 月底前，全面测算乡村学校短缺学科教师现状，2016 年起统一启动乡村学校短缺学科教师补充计划，用 2 年时间补齐乡村学校短缺学科教师。

4. 开展大学生乡村学校支教。从 2016 年春季开学起，每学期安排 1 万名师范生到乡村学校进行实习支教，其中，安排在财政困难县 7 000 名，由省财政按照每人每月 400 元的标准发放生活补贴。其他县(市、区)接收实习支教人员所需费用按照每人每月不低于 400 元的标准纳入市县财政预算。继续做好“三支一扶”支教工作。

(三) 完善城乡校长教师交流机制。

1. 大力推进城镇学校校长到乡村学校任职。各市、县(市、区)按照义务教育学校校长交流轮岗要求，加大城镇学校校长到乡村学校任职力度。乡村学校校长岗位空出后，一律在县(市、区)范围内实行竞争上岗，鼓励城镇学校校长、副校长到乡村学校任职。用 5 年左右时间，完成乡村学校校长轮换。

2. 加大城乡学校教师交流力度。各市、县(市、区)按照义务教育学校教师交流轮岗要求，完善政策机制，分年度按规定比例完成城镇教师到乡村学校交流轮岗任务。其中，城镇到乡村学校交流轮岗的教师中，特级教师、教学能手和县级以上名师、优秀教师等要占一定比例。将农村学校、薄弱学校任教一年以上工作经历作为评聘高级教师、正高级教师和评选特级教师的必备条件。

3. 优化乡村学校教师资源配置。按照国家有关规定，以义务教育学区为单位配齐学科教师，实行学区教师资源统一调配，实现优质师资共享。在学区内推行音乐、体育、美术、信息技术等乡村学校短缺学科教师走教，由学区统筹协调相关学校给予一定补助，所需费用纳入财政预算。

4. 鼓励名师名校长到乡村学校任教。各地要采取有效措施，支持特级教师和省、市名师名校长到乡村学校任教。支持鼓励身体健康、近期退休的特级教师、高级教师以及符合条件的社会人士到乡村学校支教讲学。继续做好“三区”人才支持计划教师专项计划工作。对义务教育学段跨市、跨县(市、区)支教教师和到乡村学校支教的特级教师、名师、名校长及退休教师等,省财政安排资金予以补助。

(四) 改革完善乡村教师培养模式。

1. 完善师范生定向培养。鼓励市、县(市、区)政府与省内师范类高校开展校地合作,联合培养培训乡村教师。支持有条件的市开展定向招生、定向培养、定向就业。继续实施师范类专业初中起点“3+4”贯通培养,进一步提高生源质量,完善培养模式,强化教育实践,增强师范生从教能力。

2. 启动免费师范生全科教师培养计划。按照国家实施师范生免费教育的政策,选择部分省属师范类本科高校招收免费师范生,面向乡村学校培养本科层次“一专多能”的全科教师,学生毕业取得教师资格并经用人学校考查合格后,直接安排到乡村学校任教。2016 年至 2018 年,按 3 000人、3 000 人、4 000 人分年度安排招生计划,共培养 10 000 人,所需经费由省财政分年度拨付。

(五) 大力促进乡村教师专业发展。

1. 创新教师培训模式。省加大中小学师资培训对乡村教师倾斜力度,各市、县统筹安排资金,积极支持乡村教师培训。加强乡村学校音体美等紧缺学科教师培训。鼓励乡村教师在职学习深造,提高学历层次。

2. 实施送教下乡培训计划。由省、市组织名师、名校长、特级教师等参加的送教下乡培训团,以志愿服务方式,采取送教下乡、送培上门形式,对乡村小学校长和教师进行培训。

3. 提升教师信息技术应用能力。适应“互联网+”新形势,加大乡村教师教育信息技术应用能力培训力度。加快中小学教育资源建设,推进城乡教师优质教育资源共享。2017 年,各市建成乡村教师网络课程资源平台;2018 年,建成全省互联互通的乡村教师网络支持平台。

4. 建立城乡一体化教研制度。完善省、市教研员定点联系乡村学校教研制度，全面实施县（市、区）教研员包扶乡村学校制度。以学区为单位完善乡村学校集中教研制度，努力提高教研质量。引导城区学校与乡村学校组建教研共同体，支持乡村教师参与城区学校教研活动。

5. 建立城乡学校发展共同体。城镇学校和乡村学校采取1对1或1对多方式，形成城镇学校与乡村学校手拉手共同发展机制，城乡学校同学科教师建立教研、备课、上课、作业布置与批改、课外活动等协同教学与资源共享机制，切实提高乡村学校办学水平和教育教学质量。

（六）完善乡村教师职称评聘办法。

1. 调整提高乡村中小学中、高级岗位结构比例。根据乡村教师人才队伍结构变化情况，调整优化乡村中小学岗位设置比例标准。从2015年起，乡村学校中、高级岗位设置比例可在规定比例上限基础上上浮1—2个百分点。

2. 完善乡村教师职称（职务）评聘办法。乡村教师评聘职称（职务）要坚持育人为本、德育为先，注重师德素养，注重教育教学一线实践经历，不作发表论文的刚性要求。乡村学校教师和城镇学校教师分开评审，对长期在乡村学校任教的教师予以倾斜。在乡村学校任教（支教）3年以上、经考核表现突出并符合具体评价条件的教师，同等条件下优先评聘。

（七）提高乡村教师待遇和生活保障水平。

1. 依法保障教师工资待遇。及时足额发放乡村教师工资，全面落实乡镇工作人员津贴补贴政策。到乡村学校交流轮岗的校长教师，符合乡镇工作补贴政策范围的，发放乡镇工作补贴。研究落实绩效工资总量向乡村教师倾斜政策。可根据教师居住地与执教的农村学校距离，由学校适当发给交通补助，纳入绩效工资总量，具体办法和标准由各县（市、区）制定。依法为教师缴纳各项社会保险费，将公办乡村学校缴纳的教师住房公积金纳入财政保障范围。实施乡村教师年度健康体检制度，所需费用从学校公用经费中列支，有条件的可由同级财政单列资金予以保障。

落实到乡村学校任教的高校毕业生学费补偿和国家助学贷款代偿政策。加大财政转移支付力度，确保乡村义务教育学校绩效工资足额发放。

2. 妥善解决乡村教师住房问题。各地要落实无房职工住房补贴政策。逐步提高乡村教师住房公积金缴存比例，有条件的地方可提高至规定上限。适当放宽乡村教师购房贷款条件，利用各地消化库存商品房的有利时机，支持乡村教师使用公积金贷款、低息贷款购买住房。县级教育行政部门根据乡村教师居住或工作地点，统筹就近就便妥善解决其子女入园、入学问题。

3. 启动乡村教师周转宿舍建设工程。各地要结合实际建设乡村教师周转宿舍，纳入当地保障性住房建设范围，妥善解决乡村教师特别是新教师、交流轮岗教师及实习支教师范生等的居住问题，2018 年年底前基本完成。政府可通过在学校或乡镇驻地购买、租赁等方式筹集周转宿舍，也可利用清理腾退的党政机关办公用房和现有校舍改建；需要新建的，按照每套建筑面积不超过 35 平方米，具备基本生活功能（一室一厅一厨一卫）和水电暖齐全的标准，在乡镇学区驻地建设，山区、湖区及偏远学校也可在校内建设。

（八）建立完善乡村教师荣誉制度。

1. 建立乡村教师荣誉制度。各级政府对在乡村学校从教 30 年、20 年、10 年以上的教师按照有关规定颁发荣誉证书。对在乡村学校长期从教的优秀教师按照有关规定予以表彰奖励。鼓励和引导社会力量建立专项基金，对长期在乡村学校任教的优秀教师给予物质奖励。在评选表彰教育系统先进集体和先进个人等方面向乡村学校倾斜。名师、名校长、特级教师选拔时，乡村学校实行计划单列。

2. 实施乡村学校特级教师岗位计划。以农村义务教育学区为单位，每个学区设立 1 个特级教师岗位，实行任期制。鼓励符合条件的优秀教师竞聘上岗。用 5 年左右时间，为每个学区配备 1 个特级教师岗位。

3. 努力提高乡村教师社会地位。各级政府要主动倾听乡村教师心声，切实帮助解决实际问题。教育、宣传等部门要广泛宣传乡村教师无私奉献的感人事迹，营造更加浓厚的尊师重教氛围。鼓励工会等群团组织主动协调帮助乡村教师，特别是乡村青年教师解决好婚恋等现实问题。

三、组织实施

（一）加强组织领导。各级政府是落实乡村教师支持计划的责任主体，要把乡村教师工作列入重要议事日程。加强考核和监督，实施乡村教师支持计划情况纳入地方政府工作考核体系。

（二）健全保障机制。进一步明确省、市、县教育事权和支出责任，健全教育经费分担和成本补偿机制，积极调整财政支出结构，加大乡村教师队伍建设投入力度。制定严格的经费监管制度，规范经费使用，加强经费管理，强化监督检查，坚决杜绝截留、克扣、虚报、冒领等违法违规行为的发生。

（三）开展督导检查。省政府定期开展乡村教师支持计划实施情况专项督查，对乡村教师队伍建设不力、造成不良后果的，要追究领导责任。各级政府教育督导机构要会同有关部门，定期对乡村教师支持计划实施情况进行督导，及时通报督导情况并适时公布。定期委托第三方发布山东省教师队伍建设报告。

各市要根据本实施办法研究制订乡村教师支持计划实施细则，并于2016 年 3 月底前报省教育厅备案，同时向全社会公布，接受社会监督。

本实施办法自公布之日起施行，有效期至 2020 年 12 月 31 日。

河南省人民政府办公厅关于印发河南省乡村教师支持计划(2015—2020年)实施办法的通知

豫政办〔2015〕157号

各市、县人民政府，省人民政府各部门：

《河南省乡村教师支持计划（2015—2020年）实施办法》已经省政府同意，现印发给你们，请认真贯彻执行。

河南省人民政府办公厅

2015年12月19日

河南省乡村教师支持计划(2015—2020年)实施办法

为贯彻落实《国务院办公厅关于印发乡村教师支持计划（2015—2020年）的通知》（国办发〔2015〕43号），进一步深化教育领域综合改革，切实加强我省乡村教师（包括全省乡中心区、村庄学校教师）队伍建设，特制定本实施办法。

一、指导思想

以党的十八大和十八届三中、四中、五中全会精神为指导，按照“四个全面”战略布局要求，以办好人民满意的教育为宗旨，以吸引优秀人才到乡村学校任教、稳定乡村教师队伍、带动和促进教师队伍整体水平提高为目的,解决当前乡村教师队伍建设领域存在的突出问题。坚持师德为先、以德化人,着力提升乡村教师思想政治素质和职业道德水平,引导乡村教师带头践行社会主义核心价值观;坚持规模适当、结构合理,加强乡村教师优质教师资源配置,有效解决乡村教师短缺问题;坚持提升质量、提高待遇,提升乡村教师专业素质,不断改善乡村教师的工作生活条件;坚持改革机制、激发活力,以问题为导向,深化体制机制改革,拓宽乡村教师来源,畅通高校毕业生、城镇教师到乡村学校任教的通道,逐步形成"越往基层、越是艰苦,地位待遇越高"的激励机制,以及充满活力的乡村教师使用机制。到 2017 年,力争使乡村学校教师来源得到多渠道扩充,乡村教师资源配置得到改善,教育教学水平稳步提升,各方面合理待遇依法得到较好保障,职业吸引力明显增强,逐步形成"下得去、留得住、教得好"的局面。到 2020 年,努力造就一支素质优良、甘于奉献、扎根乡村的教师队伍,为基本实现我省教育现代化提供坚强有力的师资保障。

二、主要举措

(一) 全面提升乡村教师思想政治素质和师德水平

加强乡村中小学校基层党组织建设,在乡镇中心学校完善党组织机构、配备专职党务干部,进一步关心教育乡村教师,适度加大发展党员力度。建立乡村教师政治理论学习制度,增强思想政治工作的针对性和实效性,不断提高教师的理论素养和思想政治素质。全面落实立德树人根本任务,开展多种形式的师德教育,把教师职业理想、职业道德、学术规范以及心理健康教育、法制教育等融入职前培养、职后培训和管理的全过程。加强教师文化建设,建立教师宣誓制度,加大优秀师德典型宣传力度,深入开展师德主题教育活动和"河南最美教师"公益活动,健全师德标兵和师德先进个人表彰机制,营造尊师重教的良好社会氛围。严格师德考核,促进教师自觉加强师德修养,把师德表现作为教师资格定期注册、业绩考核、职称评审、岗位聘用、评优奖励的首要内容。规范师德惩处，建立健全教育、宣传、考核、监督与奖惩相结合的乡村教师师德建设长效机制。

（二）拓展乡村教师补充渠道

继续实施农村义务教育学校教师特岗计划和农村学校教育硕士师资培养计划。扩大中央特岗计划实施规模，继续实施省级特岗计划，并向乡村学校倾斜，按照中央要求适时提高特岗教师工资待遇。自 2016 年起，以培养小学全科教师为载体，启动开展省级免费师范生教育制度试点，依托省内高等师范院校进行全科综合培养，对定向培养的学生实行“两免一补”（免除学费、住宿费和发放生活补助），各县（市、区）在核定的教职工编制总额内按协议办理事业单位人员录用、编制、工资等手续，真正为乡村学校培养大批“下得去、留得住、教得好”的骨干教师。高校毕业生取得教师资格并到乡村学校任教 3 年以上（含 3 年），按我省有关规定享受国家助学贷款代偿政策。

（三）提高乡村教师生活待遇

全面落实我省集中连片特困县乡村教师生活补助政策，依据学校艰苦边远程度实行差别化补助标准。鼓励其他有条件的地方建立并实施乡村教师生活补助制度。各地要依法依规落实乡村教师工资待遇政策，为教师缴纳住房公积金和各项社会保险费，按规定将符合条件的乡村教师住房纳入当地住房保障范围。继续实施边远艰苦地区乡村学校教师周转宿舍建设工程，切实改善乡村教师住房条件。在现行制度架构内，做好乡村教师重大疾病救助工作。

（四）加强教师编制管理

按照城乡统一标准核定乡村中小学教职工编制。对人口居住分散的农村偏远地区、山区必须保留的学校和教学点，在核定教职工编制时予以倾斜，可按照生师比和班师比相结合的办法核定，重点解决教师全覆盖问题，确保乡村学校开足开齐国家规定课程，特别是体育、音乐、美术、科学技术课程。农村寄宿制学校教师兼任生活管理教师的，应合理计算工作量并相应增核绩效工资总量。留守儿童较多的乡村学校可配备或聘请心理辅导教师。县级教育部门在核定的编制总额内，按照班额、生源等情况统筹分配各校教职工编制，并报同级机构编制部门和财政部门备案。严禁在有合格教师来源的情况下“有编不补”、长期使用临聘人员，严禁任何部门和单位以任何理由、任何形式占用或变相占用中小学教职工编制。同时，进一步加强教师管理，严禁无正当理由长期脱岗、私自聘用临时人员代岗等。

（五）职称（职务）评聘向乡村学校倾斜

专业技术中高级岗位设置向乡村学校倾斜。对在乡村学校任教累计满 25 年且仍在乡村学校任教，具备相应专业技术资格的在编教师，聘用相应专业技术岗位时予以倾斜。对基层和农村学校实行职称倾斜政策。对农村学校与城市学校实行同样的结构比例控制标准。对在农村教学第一线连续从事教育教学工作满 30 年，且当年年底距离法定退休年龄不满 5 年的农村教师，可不受单位结构比例限制，专设职数考核认定和聘任中小学一级教师，通过考核认定取得的资格与评委会评审具有同等效力。乡村教师评聘职称（职务）时，评价标准在城市标准的基础上适当降低要求，外语成绩（外语教师除外）、发表论文不作刚性要求，注重师德修养，注重教育教学工作业绩，注重教育教学方法，注重教育教学一线实践经历。城市中小学教师晋升高级教师职称（职务），应有在乡村学校或薄弱学校任教一年以上的经历。

（六）推动城镇优秀教师向乡村学校流动

贯彻落实《河南省关于推进县（区）域内义务教育学校校长教师交流轮岗工作的指导意见》，全面推进县（市、区）域内校长、教师交流轮岗工作，促进教师资源合理配置。加强县（市、区）域内义务教育学校教师统筹管理，推进县管校聘管理改革，探索工资待遇制度、岗位结构比例、公开招聘、岗位聘用、培养培训、考核评价、退休教师管理和服务等义务教育学校教师管理新模式。各市、县(市、区)政府要采取定期交流、跨校竞聘、学区一体化管理、学校联盟、对口支援、乡镇中心学校教师走教等多种途径和方式,重点推动城镇学校优秀校长、教师到乡村学校交流轮岗支教。到乡村学校交流支教一年及以上的城镇教师,在支教期间享受当地的乡村教师生活补助和乡镇工作补贴。鼓励城镇退休的优秀教师到乡村支教讲学,各级财政按照国家有关规定予以适当补助。

(七) 全面提升乡村教师能力素质

建立健全以国培计划为引领、以校本研修为基础的国培、省培、市培、县培和校培五级联动机制,到2020年,对全体乡村教师、校(园)长进行不少于360学时的培训。把乡村教师培训纳入基本公共服务体系,保障经费投入,确保乡村教师培训时间和质量。将教师培训经费列入财政预算,市、县两级要按教职工工资总额的1.5%—2.5%足额安排,幼儿园、中小学校按照年度公用经费预算总额的5%安排教师培训经费。整合各地教、科、研、训资源,推动师范院校与政府、县级培训机构和优质中小学幼儿园融合发展,推进乡村教师职前教育、入职教育与职后培养一体化建设,建立乡村教师、校长发展支持服务体系。全面提升乡村教师信息技术应用能力,积极利用信息技术手段,破解乡村优质教学资源不足难题,同时建立支持学校、教师使用相关设备的激励机制并提供必要的保障经费。加强乡村学校音乐、体育、美术等师资紧缺学科教师培训,支持乡村教师提升教育教学能力,培养教学名师。加强教师培训团队建设。鼓励乡村教师在职学习深造,提高学历层次,到2020年,乡村教师学历基本达标。

(八) 建立乡村教师荣誉制度

省政府对在乡村学校从教20年以上的教师按照有关规定颁发荣誉证书,县级政府对在乡村学校从教10年以上的教师给予鼓励。鼓励和引导社会力量建立专项基金,对长期在乡村学校任教的优秀教师给予物质奖励。在评选表彰教育系统先进集体和先进个人等方面向乡村学校、乡村教师倾斜。推荐的基础教育领域先进集体，县镇以下（含县镇）的农村学校占本地推荐名额的60%以上。推荐的先进个人，县镇以下（不含县镇）的乡村中小学教师占本地推荐总名额的35%以上。

三、组织实施

（一）强化各级政府责任

各级政府是实施乡村教师支持计划的责任主体。要加强组织领导，把实施工作列入重要议事日程，实行一把手负责制，细化任务分工、分解责任，推进各部门密切配合、形成合力，切实将计划落到实处。教育部门要加强对乡村教师队伍建设的统筹规划、指导和管理，制定相关政策和标准。机构编制、发展改革、财政、人力资源社会保障等有关部门要在各自的职责范围内，积极推进有关工作。要着力改革体制，积极鼓励和引导社会力量参与支持乡村教师队伍建设。

（二）加强经费保障

各级政府要积极调整财政支出结构，统筹考虑乡村教师队伍建设经费需求，加大投入力度，大力支持乡村教师队伍建设。多渠道筹措教育经费，吸引社会资金投资乡村教育。要把资金和投入用在乡村教师队伍建设最薄弱、最迫切需要的领域，切实用好每一笔经费，提高资金使用效益，促进教育资源均衡配置。要制定严格的经费监管制度，规范经费使用，加强经费管理，强化监督检查，坚决杜绝截留、克扣、虚报、冒领等违法违规行为发生。

（三）定期督导检查

各级政府教育督导机构要会同有关部门建立乡村教师工作专项督导考核制度，对乡村教师队伍建设情况进行专项督导，督查结果纳入各市、县（市、区）政府教育工作考核指标体系，纳入义务教育均衡县（市、区）督导评估内容，及时通报督导情况并公布督导结果。对实施不到位、成效不明显的，追究相关负责人的领导责任。

各市、县(市、区)、乡镇政府要制订贯彻实施办法,因地制宜地提出符合乡村教育实际的支持政策和有效措施,将本实施办法要求进一步明确化、具体化、精准化。各市、省直管县(市)将本地实施办法于2016年6月30日前报省教育厅备案,同时向社会公布,接受社会监督。

湖北省人民政府办公厅关于印发加强全省乡村教师队伍建设实施办法的通知

鄂政办发〔2015〕68号

各市、州、县人民政府，省政府各部门：

《关于加强全省乡村教师队伍建设实施办法》已经省人民政府同意，现印发给你们，请结合实际认真贯彻执行。

湖北省人民政府办公厅

2015年9月2日

关于加强全省乡村教师队伍建设实施办法

根据《国务院办公厅关于印发乡村教师支持计划（2015—2020年）的通知》（国办发〔2015〕43号）要求，结合我省实际，现制定加强全省乡村教师队伍建设实施办法。

一、加强师德师风建设。加强乡村中小学校基层党组织建设，在乡镇中心学校完善党组织机构，配备专职党务干部，加大在乡村教师中发展党员的力度。加强教师社会主义核心价值观教育和教师职业文化建设，鼓励支持创作展现新时期优秀教师形象的文学影视作品。引导教师加强职业修养，模范践行教师职业道德规范。建立师德师风建设问责制，对师德师风不良且产生严重负面社会影响的地方和学校相关责任人实行问责。建立教师诚信管理体系，将教师的师德师风表现和遵纪守法情况纳入考评体系，加强师德师风行为的社会监督。

二、健全乡村教师补充机制。完善省级统筹的乡村义务教育学校教师补充机制，各地乡村义务教育学校新进教师，落实“国标、省考、县管、校用”制度，按照“总量平衡、退一补一”原则，实行招聘计划省级统筹。各地教育行政部门根据当年教师退休和编制空缺情况，会同编制部门提出初步招聘计划，由省编制部门核准招录数量，在省人力资源和社会保障部门的指导下，由省教育行政部门统一组织笔试。建立普通高校毕业生乡村任教到岗学费奖补制度，对到乡村及偏远地区任教的高校毕业生，按服务年限实行以奖代偿。

三、创新乡村教师培养模式。改革师范教育培养模式，加大专业经费支持力度，省教育行政部门将省属高校师范类专业生均经费拨款系数从 1.0 调整为 2.0。建立师范生全学段学习实践制度。整合地方教研训资源，推动师范院校与地方政府、中小学校共建教师专业发展中心，形成乡村教师专业发展支持服务体系。建立新入职非师范专业教师岗位专业技能集中培训制度，探索建立全科教师培养模式，鼓励地方政府与师范院校根据当地乡村教育实际加强本土化培养，重点为村小学和教学点培养全科教师。

四、加大乡村教师培训力度。省政府统筹规划和支持教师全员培训，地方政府要履行实施主体责任，保障乡村教师培训经费投入。到 2020 年前，完成对全体乡村教师校长 360 学时的培训。加大“国培计划”和省级培训统筹力度，整合“乡村紧缺学科教师培训”“名师送教下乡”“乡村教师访名校”“优秀教师出国(境)培训”等项目，着力支持乡村教师提升学科教学能力，培养教学名师。加强县级教师培训团队建设，为乡村教师区域内培训、校本研修等打造培训者队伍。

五、提高乡村教师生活待遇。将农村义务教育学校骨干教师补助纳入乡镇工作补贴范围，并将实施范围扩大至全省农村地区，乡镇工作补贴标准由县级人民政府根据财力状况，在每人每月平均 200 元至 500 元的范围内确定，乡镇工作补贴与农村义务教育学校骨干教师补助按照“就高"原则发放，不重复享受。各地要依法依规落实乡村教师工资待遇政策，依法为教师缴纳住房公积金和各项社会保险费。各地要按规定将符合条件的乡村教师住房纳入当地住房保障范围，加快乡村教师周转房建设。省教育行政部门要通过整合资金，适当增加教师周转房补助经费，切实改善乡村教师住房条件。

六、拓宽乡村教师专业成长渠道。专业技术中、高级岗位设置要向乡村学校倾斜，县域内城乡学校教师岗位结构比例要保持总体平衡；在特级教师、"名师工作室"等评审和遴选工作中，将乡村教师进行单列。乡村教师评聘专业技术职务坚持"重师德、重师能、重奉献"的原则，制订符合乡村教师特点的评价标准，不作外语成绩（外语教师除外）、发表论文的硬性要求，也不要求参加全省统一组织的专业水平能力测试。

七、建立乡村教师奖扶机制。加大"楚天园丁奖"表彰和跟踪管理力度，对在教育教学岗位上作出突出贡献的全省各级各类学校专任教师予以表彰，重点向基层一线教师倾斜，其中乡村教师比例不低于30%。省、县两级分别对在乡村学校任教达20年、10年以上的教师给予鼓励。建立"湖北省乡村教师关爱基金"，对大病、特困教师提供援助；建立"湖北省乡村教师奖励基金"，对作出突出贡献的乡村教师给予奖励。关注乡村教师心理健康，建立教师心理健康教育机构，提供相关咨询服务；鼓励企业、社会团体、社会基金对教师提供优惠待遇和奖励。

八、加强城乡教师编制管理。对县域内教师队伍编制实行总量控制，各县统筹分配、动态调整当地学校教职工编制。其中，村小学、教学点编制根据实际需要，按照生师比和班师比、教学量相结合的方式核定，配备齐全，确保开足开齐课程需要。严禁在有合格教师来源的情况下"有编不补"、长期使用临聘人员。严禁任何部门和单位以任何理由、任何形式占用或变相占用乡村中小学教职工编制。

九、推动城乡教师交流。全面推进义务教育教师队伍"县管校聘"管理体制改革，由教育行政部门根据学校需求统筹实施派遣任教，实现教师由"单位人"向"系统人"的转变。着力构建科学规范、灵活高效的义务教育学校校长教师交流轮岗机制，教育行政部门通过托管、合作等方式建立共同体，推动优质师资团队化交流。将校长、教师交流轮岗与绩效工资分配、职称评聘、职务晋升等挂钩，并给予倾斜。对城镇离退休的特级教师、湖北名师到乡村学校长期支教的，由地方财政给予补助。

十、强化各级政府责任。各级政府是实施乡村教师支持计划的责任主体，新增财政预算要把乡村教师队伍建设作为投入重点之一。教育行政部门要加强对教师队伍建设的统筹规划、指导和管理，制定相关政策和标准。机构编制、发展改革、财政、人力资源和社会保障等有关部门要在各自职责范围内，积极推进有关工作。建立教师队伍建设专项督导制度，省政府办公厅每年在全省开展一次督导检查，重点督导教师管理体制和教师队伍建设经费保障。建立督导公报制，推动各项政策措施落实到位。

各地要制订贯彻本办法的实施细则，提出符合乡村教育实际的支持政策和有效措施。在农村地区的乡镇、街道办事处参照执行本实施办法。请各市（州）于 2015 年底前，将本地实施细则报省教育厅备案，同时向社会公布，接受社会监督。

湖南省人民政府办公厅关于印发湖南省乡村教师支持计划(2015—2020年)实施办法的通知

湘政办发〔2015〕114号

各市州、县市区人民政府,省政府各厅委、各直属机构:

《湖南省乡村教师支持计划(2015—2020年)实施办法》已经省人民政府同意,现印发给你们,请认真贯彻执行。

湖南省人民政府办公厅

2015年12月29日

湖南省乡村教师支持计划(2015—2020年)实施办法

为贯彻落实《国务院办公厅关于印发乡村教师支持计划(2015—2020年)的通知》(国办发〔2015〕43号),深化教育领域综合改革,加强乡村教师(包括全省乡中心区、村庄学校教师,下同)队伍建设,推进城乡教育相对均衡发展,制定如下实施办法。

一、把乡村教师队伍建设摆在突出重要位置。我省是农业大省,50%以上的人口居住在乡村。乡村教育线长面广、基础薄弱,是全省教育工作的突出短板和边远山区群众脱贫致富的重要瓶颈。办好乡村学校,帮助乡村孩子接受公平、有质量的教育,阻止贫困现象代际传递,是实行精准扶贫和教育扶贫的关键环节,是实现2020年全面建成小康社会的重要基础。发展乡村教育，教师是关键，今后一个时期，必须把乡村教师队伍建设摆在优先发展的突出地位。

加强乡村教师队伍建设，必须坚持师德为先、以德化人，规模适当、结构合理，提升质量、提高待遇，改革机制、激发活力的原则，力争到2017年，使全省乡村学校教师来源保障有力，“县管校聘”管理体制基本建立，教师资源配置显著改善，教师队伍素质稳步提升，教师待遇依法得到较好保障，乡村教师职业吸引力明显增强，逐步建立“越往基层、越是艰苦，地位待遇越高”的激励机制，逐步形成“下得去、留得住、教得好”的局面；到2020年，努力造就一支数量足够、结构合理、素质优良、甘于奉献、扎根乡村的教师队伍，为建设教育强省、基本实现教育现代化提供坚强有力的师资保障。

二、切实加强师德师风建设。采取有效措施，提高乡村教师思想政治素质。引导乡村教师带头践行社会主义核心价值观，坚持不懈地用中国特色社会主义理论体系武装乡村教师头脑，进一步建立健全乡村教师政治理论学习制度，增强思想政治工作的针对性和实效性，不断提高教师的理论素养和思想政治素质。切实加强乡村中小学校党建工作，规范党组织设置，选优配强党组织书记，配备必要的党务干部，适度加大发展乡村教师党员的力度。开展多种形式的师德教育，将师德教育作为乡村教师培训的首要内容，把教师职业理想、职业道德、法治教育、心理健康教育等融入职前培养、准入、职后培训和管理的全过程，把师德考核结果作为教师聘用、评优评先的重要依据，严格查处师德失范行为，落实教育、宣传、考核、监督与奖惩相结合的师德建设长效机制。

三、大力加强公费定向师范生培养。逐步扩大公费定向师范生培养规模，到2020年，公费定向培养师范毕业生成为我省义务教育阶段乡村教师补充的主渠道。各市州、县市区人民政府要根据乡村学校教师“退员补员”的实际需要，制订好公费定向师范生中长期需求计划和年度培养计划，报省级教育行政部门统筹组织实施。建立完善与国家免费师范生相衔接，各类型、各学段、各学科教师培养全覆盖的地方公费定向师范生培养体系，确保公费定向师范毕业生到农村学校任教有编有岗。各培养院校要明确人才培养目标，改革人才培养模式，强化师范生职业素养和职业技能的培养和训练，积极推进顶岗实习，努力培养“一专多能”型乡村教师，不断提高人才培养质量。省财政逐步加大对公费定向师范教育的经费支持力度，公费定向师范生免学杂费补助在原标准基础上每生提高2 000元。

四、拓展乡村教师补充渠道。高校毕业生取得教师资格并到我省农村中小学和公办幼儿园任教的，按照中央和省有关规定享受学费补偿和国家助学贷款代偿政策。采取有效措施鼓励城镇退休的特级教师、高级教师到乡村学校支教讲学，省财政给予适当支持。扩大贫困地区农村教师特岗计划实施规模，适时提高特岗教师工资性补助标准，采取有效措施，稳定特岗教师队伍。依法加强新进教师招聘管理，县级教育部门根据核定的教师编制总量和当年教师减员情况，制订教师招聘计划和招聘方案，报市州人力资源社会保障部门核准，在有关部门指导和监督下，按照市州组织、人力资源社会保障部门制定的办法组织实施。通过调整公费定向师范生招生政策和教师招聘办法等方式，优化乡村教师队伍结构，逐步实现男女教师比例相对均衡，满足学生健康成长的需要。

五、全面提升乡村教师能力素质。到2020年前，对全体乡村教师、校（园）长进行360学时的培训。省人民政府统筹规划和支持教师全员培训，市州、县市区人民政府要切实履行实施培训的主体责任。把乡村教师培训纳入基本公共服务体系，保障经费投入，确保乡村教师培训时间和质量。加大省本级教师培训经费投入，市州、县市区按照不低于幼儿园、中小学和中等职业学校教职工工资总额（含绩效工资）的1.5%安排培训经费，列入财政预算，并逐步提高；农村学校应按不低于年度公用经费预算总额的8%安排教师培训经费，确保培训工作的实际需要。整合高等学校、县级教师发展中心和中小学校优质资源，建立乡村教师校长专业发展支持服务体系。全面提升乡村教师信息技术应用能力，积极利用远程教学、数字化课程等信息技术手段，破解乡村优质教学资源不足的难题，促进信息技术与教育教学深度融合，同时建立支持学校、教师使用相关设备的激励机制并提供必要的保障经费。今后一个时期，“国培计划”“省培计划”重点支持乡村教师与校长培训。积极实施中小学名师名校长培养“十百千万”工程，在未来教育家、青年精英教师、骨干教师培养等项目实施中重点向乡村教师倾斜。加强乡村学校理化生音体美等师资紧缺学科教师和民族地区双语教师培训。按照乡村教师的实际需求，采取顶岗置换、网络研修、送教下乡、专家指导、校本研修等多种形式，增强培训的针对性和实效性。鼓励乡村教师在职学习深造，提高学历层次。

六、切实提高乡村教师生活待遇。乡镇及以下学校在职在岗教师一律纳入乡镇工作补贴实施范围(特岗教师参照执行)。继续落实武陵山片区农村教师人才津贴，2016 年起，扩大到全省所有国贫县和省贫县乡镇及以下学校，鼓励其他有条件的地区自行设立乡村教师人才津贴。乡镇工作补贴不得冲抵原已享受的绩效工资中的农村学校教师补贴和武陵山片区农村教师人才津贴。依法依规落实乡村教师工资待遇政策，依法为教师缴纳住房公积金和各项社会保险费。逐步提高乡村教师班主任津贴，将班主任工作计算工作量，学校在绩效工资分配中向班主任倾斜。继续实施农村学校教职工周转宿舍建设，将符合条件的农村学校教职工周转宿舍建设统筹纳入当地保障性住房建设范围。关心教师身心健康，落实定期对乡村教师进行免费身体健康检查的制度，相关经费按照学校隶属关系由同级财政负担，列入当年财政预算，省级财政适当奖补。在现行制度架构内，做好乡村教师重大疾病救助工作。乡镇以上人民政府要定期组织开展走访、慰问乡村教师工作，采取有效措施，积极帮助他们解决工作、生活中的实际困难，包括大龄未婚乡村教师婚姻难等问题，重点加大救助特困教师力度。支持省教育基金会建立省、市州、县市区三级联动救助特困教师机制。

七、建立乡村教师成长激励机制。2016 年开始，全面推进中小学教师职称制度改革，建立统一的中小学教师职称(职务)系列。完善乡村教师职称(职务)评聘条件和程序办法，实现县域内城乡学校教师岗位结构比例总体平衡，并切实向乡村教师倾斜。乡村教师评聘职称(职务)时不作外语成绩(外语教师除外)、发表论文的刚性要求，持有计算机等级证书和信息技术应用能力提升工程结业证书的教师，不再重复参加计算机应用水平培训与考试。坚持育人为本、德育为先，注重师德素养，注重教育教学工作业绩，注重教育教学方法创新，注重教育教学一线实践经历。适当调整乡镇及以下学校教师岗位结构比例，中级增加5个百分点、高级增加3个百分点，重点用于解决在乡村学校工作满20年和30年，目前分别还是初级、中级职称，符合评审条件与标准的乡村学校教师。建立乡村教师荣誉制度和表彰制度。对在乡村学校从教20年以上的教师按照有关规定颁发荣誉证书。在湖南省优秀教师表彰奖励项目中增设“湖南优秀乡村教师奖”，对在乡村任教20年以上的特别优秀教师每两年表彰一次。县市区对在乡村学校任教10年以上的教师给予鼓励。鼓励和支持省教育基金会等社会力量建立专项基金，开展“最可爱乡村教师”评选等表彰奖励活动。在评选表彰各级教育系统先进集体和先进个人、确定特级教师评选指标和评选条件等方面向乡村教师倾斜。广泛宣传乡村教师坚守岗位、默默奉献的崇高精神，在全社会大力营造关心支持乡村教师和乡村教育的浓厚氛围。

八、统一城乡教职工编制管理办法。乡村中小学教职工编制按照城市标准统一核定，其中村小学、教学点编制按照生师比和班师比相结合的方式核定。县级教育部门在机构编制部门核定的编制总额内，按照班额、生源等情况统筹分配各校教职工编制，并报同级机构编制部门和财政部门备案。通过调剂编制、加强人员配备等方式，进一步向人口稀少的教学点、村小学倾斜，重点解决合格教师全覆盖问题，确保乡村学校开足开齐国家规定课程。严禁在有合格教师来源的情况下“有编不补”、长期使用临聘人员，严禁聘用1年以上的临聘人员，严禁任何部门和单位以任何理由、任何形式占用或变相占用乡村中小学教职工编制用于非教育教学工作。

九、推动城镇优秀教师向乡村学校流动。全面推进义务教育教师队伍“县管校聘”管理体制改革，为组织城市教师到乡村学校任教提供制度保障。建立并实行义务教育学校校长教师定期交流轮岗制度。实行骨干教师均衡配置，引导骨干教师向乡村学校和薄弱学校合理流动。强化城市教师支援乡村教育工作制度，城市中小学教师评聘中级职务应有1年以上农村学校工作经历，评聘高级职务应累计有2年以上农村学校工作经历；乡村学校教师评定为特级教师和高级专业技术职务，应服务5年后方可流动。各地可采取定期交流、跨校竞聘、中心校一体化管理、学校联盟、对口支援、乡镇中心学校教师走教等多种途径和方式，重点引导优秀校长和骨干教师向乡村学校流动。县域内重点推动县城学校教师到乡村学校交流轮岗，乡镇范围内重点推动中心学校教师到村小学、教学点交流轮岗。采取有效措施，保持乡村优秀教师相对稳定。

十、强化各级政府的责任。明确责任主体。各级人民政府是实施乡村教师支持计划的责任主体。要加强组织领导，把实施工作列入重要议事日程，实行一把手负责制，细化任务分工，分解责任，推进各部门密切配合、形成合力，切实将乡村教师支持计划落到实处。将实施乡村教师支持计划的情况纳入2016—2020年省人民政府对市州人民政府的绩效评估工作指标体系，加强考核和监督。教育部门要加强对乡村教师队伍建设的统筹管理、规划和指导。发展改革、财政、编制、人力资源社会保障部门要按照职责分工主动履职，切实承担责任。要着力改革体制，鼓励和引导社会力量参与支持乡村教师队伍建设。对在乡村教师队伍建设工作方面改革创新、积极推进、成绩突出的基层教育部门，有关部门要加强总结、及时推广经验做法并按照国家有关规定予以表彰。

加强经费保障。各级人民政府要积极调整财政支出结构，加大投入力度，大力支持乡村教师队伍建设。要把资金和投入用在乡村教师队伍建设最薄弱、最迫切需要的领域，切实用好每一笔经费，提高资金使用效益，促进教育资源均衡配置。要制定严格的经费监管制度，规范经费使用，加强经费管理，强化监督检查，坚决杜绝截留、克扣、虚报、冒领等违法违规行为发生。

开展督导检查。省、市州人民政府教育督导机构要会同有关部门，每年对乡村教师支持计划实施情况进行专项督导，并建立情况通报与责任追究制度。省人民政府配合国家有关部门组织开展对乡村教师支持计划实施情况的专项督导检查。对实施不到位、成效不明显的，要追究相关负责人的领导责任。

市州、县市区、乡镇各级人民政府要按照本办法的要求，尽快制订实施细则，把准支持重点，因地制宜提出符合乡村教育实际的支持政策和有效措施，将本办法的要求进一步明确化、具体化。所有农村镇区参照本实施办法执行。各市州、县市区于 2016 年 6 月底前，将本区域实施细则报省教育厅备案，同时向社会公布，接受社会监督。

广东省人民政府办公厅关于印发广东省乡村教师支持计划实施办法(2015—2020年)的通知

粤府办〔2016〕3号

各地级以上市人民政府,各县(市、区)人民政府,省政府各部门、各直属机构:

《广东省乡村教师支持计划实施办法(2015—2020年)》已经省人民政府同意,现印发给你们,请认真贯彻实施。贯彻实施过程中遇到的问题,请径向省教育厅反映。

广东省人民政府办公厅

2016年2月5日

广东省乡村教师支持计划实施办法(2015—2020年)

为大力加强乡村教师队伍建设,进一步促进教育均衡发展,让每个乡村孩子都能接受公平、有质量的教育,根据《国务院办公厅关于印发乡村教师支持计划(2015—2020年)的通知》(国办发〔2015〕43号)精神,制定我省乡村教师支持计划实施办法。

一、指导思想

以邓小平理论、"三个代表"重要思想和科学发展观为指导,全面贯彻落实党的十八大和十八届三中、四中、五中全会和习近平总书记系列重要讲话精神，切实把乡村教师队伍建设摆在优先发展的位置，改革创新乡村教师队伍建设的体制机制，有效补充和稳定乡村教师，不断优化乡村教师队伍结构，提升乡村教师队伍整体素质，提高乡村教师待遇保障水平，建设一支师德高尚、规模适当、结构合理、素质优良、充满活力的乡村教师队伍，为建设教育强省，推进实现教育现代化，打造南方教育高地提供坚强有力的师资保障。

二、工作目标

到 2017 年，力争使乡村学校优质教师来源得到多渠道扩充，乡村教师数量基本满足需要，乡村教师资源配置得到改善，教育教学能力水平稳步提升，工资福利待遇得到较好保障，乡村教师职业吸引力明显增强，职业认同感显著提高，乡村教师队伍逐步形成“下得去、留得住、教得好”的良好局面。到 2020 年，努力造就一支数量充足、结构合理、素质优良、甘于奉献、扎根乡村的教师队伍。

三、基本原则

(一) 师德为先，以德化人。着力提升乡村教师思想政治素质和职业道德水平，引导乡村教师带头践行社会主义核心价值观，加强乡村教师对中国特色社会主义的思想认同、理论认同和情感认同。重视发挥乡村教师以德化人、言传身教的作用，教育学生热爱祖国、热爱人民、热爱中国共产党，形成正确的世界观、人生观、价值观，确保乡村教育正确导向。

(二) 规模适当，结构合理。合理规划乡村教师队伍规模，集中人财物资源，制定实施优惠倾斜政策，加大工作支持力度，加强乡村地区优质教师资源配置，有效补充乡村学校紧缺学科教师，不断优化乡村教师队伍结构。

(三) 提升质量，提高待遇。立足省情，聚焦乡村教师队伍建设最关键领域、最紧迫任务，打出组合拳，多措并举，定向施策，精准发力，标本兼治，加强培养补充，提升专业素质，提高地位待遇，不断改善乡村教师的工作生活条件。

（四）改革机制，激发活力。坚持问题导向，深化体制机制改革，拓宽乡村教师来源，鼓励有志青年投身乡村教育事业，畅通高校毕业生、城镇教师到乡村学校任教的通道，建立完善“越往基层、越是艰苦，地位待遇越高”的激励机制，健全充满活力的乡村教师使用机制。通过落实乡村教师支持计划，带动建立相关制度，形成可持续发展的长效机制。

（五）统筹规划，分级落实。省整体规划全省乡村教师队伍的发展目标、工作任务和政策措施，各市、县（市、区）及乡村学校相应分别制订本地、本校的目标、任务和具体举措，省、市、县、校共同推进乡村教师队伍建设。省对各地工作在绩效评价的基础上予以鼓励支持。

四、范围对象

乡村教师指我省乡镇（不含县城所在镇街）及乡镇以下的农村中小学（含幼儿园、中等职业学校）在岗教师。

五、主要举措

（一）全面提高乡村教师思想政治素质和师德水平。坚持不懈地用中国特色社会主义理论体系武装乡村教师头脑。进一步建立健全乡村教师政治理论学习制度，增强思想政治工作的针对性和实效性，不断提高教师的理论素养和思想政治素质。切实加强乡村教师队伍党建工作，基层党组织要充分发挥政治核心作用，进一步关心教育乡村教师，适度加大发展党员力度。开展多种形式的师德教育，把教师职业理想、职业道德、法治教育、心理健康教育等融入教师职前培养、准入、职后培训和管理的全过程。落实教育、宣传、考核、监督与奖惩相结合的师德建设长效机制。实行教师师德承诺制度，学校与教师签订聘用合同时，教师应与学校签订师德承诺书。加强乡村教师诚信体系建设。

（二）拓展乡村教师补充渠道。鼓励各地政府根据当地乡村教育实际，与师范院校合作，采取多种方式定向培养“一专多能”的乡村教师。建立完善聘用优秀人才到乡村学校任教的“绿色通道”，具有硕士研究生以上学历（学位）或中小学一级教师以上专业技术职称的教师可采取考察的方式直接引进。深入实施“高校毕业生到农村从教上岗退费”政策，将乡村公民办中小学（幼儿园、中职学校）统一纳入政策实施范围，重点补充乡村学校体育、音乐、美术、英语、科学、信息技术等紧缺学科教师和农村幼儿园教师。优先将参加“三支一扶”支教工作并经考核合格的毕业生补充到乡村教师队伍。各地新补充教师优先满足乡村义务教育学校紧缺学科需要。支持有条件的地区将基础好、能力强的富余学科教师，通过转岗或全科培训，充实到乡村学校紧缺学科教学一线。鼓励各地采取有效措施，引导退休的特级教师、高级教师到乡村学校支教讲学。鼓励退役运动员和艺术、体育志愿者到乡村学校支教。

（三）改善乡村教师待遇和工作生活条件。支持各地不断改善乡村学校办学条件，改善乡村教师信息化办公与教学条件，为实现优质教育资源在乡村学校、教学点的全覆盖提供保障。推进实施边远艰苦地区乡村学校教师周转宿舍建设。将符合条件的乡村教师纳入当地住房保障范围。各地要依法依规落实乡村教师工资待遇政策，纳入基本公共服务均等化方案，依法为教师缴纳住房公积金和各项社会保险费，乡村教师平均工资福利待遇水平应不低于城镇教师平均工资福利待遇水平。省、市进一步加大对县级财政转移支付力度，切实保障提高乡村教师待遇。进一步完善山区和农村边远地区义务教育学校教师岗位津贴制度，突出差别化补助政策，分类分档进行补助，重点向边远山区和艰苦地区倾斜，将农村公办高中阶段学校和幼儿园在编在岗工作人员统筹纳入农村教师岗位津贴实施范围，建立岗位津贴增长机制。实施“乡村园丁关爱工程”，对遭遇重大疾病、自然灾害及其他突发事件的乡村教师进行救助。推进建立乡村教师定期体检制度。

(四) 建立与教育事业发展相适应的乡村学校教师编制管理制度。建立城乡统一的教职工编制标准,乡村中小学教职工编制按照城市标准统一核定,其中村小学、教学点编制按照班师比和生师比相结合的方式核定。县级教育部门在核定的编制总额内,按照班额、生源等情况统筹分配各校教职工编制,并报同级机构编制部门和财政部门备案。通过调剂编制、加强人员配备等方式进一步向村小学、教学点倾斜,重点解决教师全覆盖问题,确保乡村学校开齐国家规定课程和开足课时。鼓励有条件的地区按照教育现代化发展的要求,逐步降低生师比。严禁在有合格教师来源的情况下"有编不补"、长期使用临聘人员,严禁聘用代课人员,严禁任何部门和单位以任何理由、任何形式占用或变相占用乡村中小学教职工编制。

(五) 职称(职务)评聘向乡村学校教师倾斜。研究完善符合乡村教师特点的教师职称(职务)政策措施,修订中小学校岗位设置标准,新增岗位向乡村教师倾斜。乡村教师评聘职称(职务)时,坚持育人为本、德育为先,注重师德素养,注重教育教学工作业绩,注重教育教学方法,注重教育教学一线实践经历,发表论文、外语成绩、计算机成绩等不作刚性要求。城市中小学教师晋升高级教师职称(职务),应有在乡村学校或薄弱学校任教一年以上的经历。在乡村学校任教 3 年以上、经考核表现突出并符合具体评价标准条件的教师,同等条件下优先评聘。在乡村学校任教累计满 25 年且仍在乡村学校任教的教师,聘任专业技术岗位时不受岗位职数的限制。

(六) 优化城乡教师资源配置。全面推进义务教育教师队伍"县管校聘"管理体制改革,为组织城市教师到乡村学校任教提供制度保障。县级教育部门统筹配置教师资源,实现县域内城乡学校教师岗位结构比例总体平衡,并向乡村教师倾斜。推进落实县域内义务教育学校校长教师定期流动的刚性约束机制,各地要采取定期交流、跨校竞聘、学区一体化管理、学校联盟、对口支援、乡镇中心学校教师走教等多种途径和方式，重点引导优秀校长和骨干教师向乡村学校流动。县域内重点推动县城学校向乡村学校交流轮岗，乡镇范围内重点推动中心学校向村小学、教学点交流轮岗。

（七）推进乡村教师专业发展。建立完善乡村教师专业发展支持体系，加快推进省级中小学教师发展中心建设，充分利用省级中小学教师发展中心的优质资源，为乡村教师校长专业发展提供支持。支持各地有效整合市、县教师进修学校（教师发展中心）和中小学优质资源，促进乡村教师校长专业发展。各地要切实保障乡村教师专业发展的经费投入，按照规定落实教师继续教育经费并逐步提高标准。要把乡村教师培训纳入当地基本公共服务体系，所需资金列入当地财政预算和各学校年度预算，确保乡村教师培训的时间和质量。推进实施"中小学教师信息技术应用能力提升工程"，全面提升乡村教师信息技术应用能力，充分利用信息技术手段，破解乡村优质教学资源不足难题。加强乡村学校体育、音乐、美术等紧缺学科教师培训，提高乡村教师多学科教学能力。落实乡村教师、校长每5年一周期360学时的全员培训。将师德教育作为乡村教师培训的首要内容，推动师德教育进教材、进课堂、进头脑，贯穿培训全过程。按照乡村教师的实际需求改进培训方式，采取顶岗置换、网络研修、送教下乡、跟岗实践、专家指导、校本研修等多种形式，增强培训的针对性和实效性。鼓励乡村教师在职学习深造，提高学历层次，对乡村教师攻读教育硕士专业学位给予经费支持。

（八）建立乡村教师荣誉制度。按照国家有关规定对在乡村学校长期从教的教师予以表彰。省对在乡村学校从教20年以上的教师颁发荣誉证书。各地要对在乡村学校从教10年以上的教师给予鼓励。在评选表彰教育系统先进集体和先进个人等方面要向乡村学校和教师倾斜。广泛宣传乡村教师坚守岗位、默默奉献的崇高精神，在全社会大力营造关心支持乡村教师和乡村教育的浓厚氛围。积极引导社会力量建立专项基金，开展奖教支教活动，对优秀乡村教师给予支持和奖励。

六、组织实施

（一）加强组织领导。各地政府是实施乡村教师支持计划的责任主体。要把实施工作列入重要议事日程，细化任务分工，分解工作责任，推进各部门密切配合、形成合力，切实将计划落到实处。教育行政部门要加强对乡村教师队伍建设的统筹管理、规划指导和推进实施。发展改革、财政、机构编制、人力资源社会保障部门要按照职责分工主动履职，切实承担相应责任。鼓励和引导社会力量参与支持乡村教师队伍建设。

（二）加强经费保障。各地要积极调整财政支出结构，加大投入力度，大力支持乡村教师队伍建设。要把资金和投入用在乡村教师队伍建设最薄弱、最迫切需要的领域，切实用好每一笔经费，提高资金使用效益。要制定严格的经费监管制度，规范经费使用，加强经费管理，强化监督检查，坚决杜绝截留、挪用、克扣、虚报、冒领等违规行为的发生。省在强师工程专项资金地方奖补项目中，对落实乡村教师支持计划成效明显的市、县予以适当奖励。

（三）加强督导检查。省将乡村教师支持计划实施情况纳入“创强争先”和“强师工程”督导检查范围。各地要将实施乡村教师支持计划情况纳入工作考核指标体系，加强考核和监督。各级教育督导机构会同有关部门，每年对乡村教师支持计划实施情况进行专项督导，及时通报督导情况并适时公布。对计划实施不到位、成效不明显的，要追究有关负责人的领导责任。市、县、乡镇各级人民政府要制订具体实施办法，把准支持重点，因地制宜提出符合乡镇教育实际的支持政策和有效措施，将国家和省的有关要求进一步明确化、具体化。

请各地级以上市和顺德区于2016年3月底前，将本市（区）的实施办法报省教育厅备案，同时向社会公布，接受社会监督。

广西壮族自治区人民政府办公厅关于印发广西乡村教师支持计划实施方案(2015—2020年)的通知

桂政办发〔2015〕130号

各市、县人民政府,自治区人民政府各组成部门、各直属机构:

《广西乡村教师支持计划实施方案(2015—2020年)》已经自治区人民政府同意,现印发给你们,请认真贯彻执行。

广西壮族自治区人民政府办公厅

2015年12月31日

广西乡村教师支持计划实施方案(2015—2020年)

为贯彻落实《国务院办公厅关于印发乡村教师支持计划(2015—2020年)的通知》(国办发〔2015〕43号)(以下简称《计划》),进一步加强我区乡村教师队伍建设,特制定本实施方案。

一、指导思想

以邓小平理论、"三个代表"重要思想、科学发展观和习近平总书记系列重要讲话精神为指导,深入贯彻落实党的十八大和十八届二中、三中、四中、五中全会精神,以提升我区乡村教师队伍整体素质为目标,全面解决乡村教师队伍建设存在的突出问题,确保乡村孩子学习成才,阻止贫困代际传递,完成到2020年乡村同步建成小康社会和基本实现教育现代化的工作目标。

二、总体要求

(一) 基本原则。

——统筹结合,协同推进。将加强乡村教师队伍建设与扶贫开发、城镇化建设、促进教育均衡发展结合起来,协同推进,相互促进。

——综合施策,形成合力。从待遇、职称、住房、招聘、岗位设置等方面着手,多措并举,整合政策资源,整体推进,形成齐抓共管、协调有力的工作局面。

——强基固本,质量并重。以师德建设为根本,提升乡村教师思想政治素质和职业道德水平;以优化结构为抓手,科学配置教师资源;以提升质量为核心,提高乡村教师专业素质;以提高地位待遇为手段,改善乡村教师工作生活条件。

——改革机制,激发活力。深化体制机制改革,着力破除制约乡村教师队伍建设的体制机制障碍,建立"越往基层、越是艰苦,地位待遇越高"的激励机制,引导优秀青年教师到乡村学校任教。

(二) 工作目标。

到2017年,力争使乡村学校优质教师来源得到多渠道扩充,乡村教师资源配置得到改善,教育教学能力水平稳步提升,各方面合理待遇依法得到较好保障,职业吸引力明显增强,逐步形成"下得去、留得住、教得好"的良好局面。到2020年,建立起规范灵活、保障有力的乡村教师队伍建设长效机制,造就一支数量充足、结构合理、素质优良、甘于奉献、扎根乡村的教师队伍,为基本实现教育现代化提供坚强的师资保障。

三、实施范围

全区乡中心区、村、教学点学校的在职在编在岗教师,包括学前教育、小学、初中、特殊教育、中职、高中教师。

四、主要举措

（一）全面提升乡村教师思想政治素质和师德水平。明确乡村教师的师德内涵，把扎根基层乐于在乡村从教，专注于教书育人、以良好的言行影响学生，树立乡村的道德标杆引领村风民风作为乡村教师师德的主要内容。强化师德教育，把教师职业理想、职业道德、法治教育、责任教育、心理健康教育融入职前培养、准入、职后培训和管理全过程，引导和教育广大乡村教师践行师德规范。建立乡村教师政治理论学习、培训制度，形成教育、宣传、考核、监督、奖惩、校本六位一体的师德建设长效机制。加强乡村教师队伍党建工作。

（二）着力提高乡村教师待遇。统筹平衡机关和事业单位人员收入，确保乡村教师的工资水平不低于当地公务员的工资水平。继续实施乡村教师生活补助计划，对集中连片特困地区乡、村学校及其他地区教学点教师，自治区统筹资金按每人每月不低于200元的标准予以奖补，鼓励市、县（市、区）投入资金增加补贴。积极引导民间基金，开展乡村教师救助工作。每两年为教师安排免费体检，所需资金由县级财政承担。依法为乡村教师缴纳住房公积金和各项社会保险费。为乡村教师的家庭安置、解决夫妻分居、组建家庭创造条件。适当降低乡村教师在乡或在县城申请公共租赁住房、经济适用住房、限价商品住房、危旧住房改造申请门槛。推进以公共租赁住房、限价商品住房和集资建房等多种形式建设中小学教师安居房。加大乡镇中小学教师公共租赁住房中央和自治区保障性住房建设资金补助力度，鼓励各地利用学校自有土地、闲置用地在校园建设公共租赁住房，或利用闲置的办公、教育用房改建为公共租赁住房。有条件的乡镇可通过发放公租房租赁补贴或长期租赁的形式解决教师住房困难。力争到2020年，乡镇中小学教师公共租赁住房和乡村教师周转宿舍基本满足全区乡镇中小学教师住房需求。

（三）多渠道补充乡村教师。根据统一城乡教职工编制标准的要求，按生师比和班师比重新核定中小学教师编制，并实行总量控制，确保核定后的中小学教职工编制不突破现有编制总量。按标准重新核定的编制总量超过现有中小学教职工编制总量的，核定聘用教师控制数。通过调剂编制、采用核定聘用教师控制数逐年解决编制不足。严禁在有合格教师来源的情况下“有编不补”、长期聘用代课教师。严禁挤占、挪用、截留教师编制或教职工在编不在岗、随意抽调借调教师等行为。注重乡村教师“本土化”，各地可采取定向招生定向分配的形式补充乡村教师。继续实施农村义务教育阶段学校教师特设岗位计划、农村小学全科教师定向培养计划、地方免费师范生项目补充乡村教师。继续推进自治区级统一组织教师招聘考试和乡村教师专场双选会，对已经获得教师资格证书自愿到乡村学校任教的人员，可采取直接面试的方式公开招聘。高校毕业生在县级以下学校任教的，按照《广西壮族自治区人民政府关于进一步做好新形势下就业创业工作的通知》(桂政发〔2015〕29 号)以及《广西高等学校毕业生学费和国家助学贷款补偿暂行办法》(即将印发)的有关规定，给予学费和国家助学贷款补偿。

(四)积极构建城乡教师合理流动新机制。实行“区考县管校聘”的管理机制，“区考”即自治区级统一组织教师招聘考试；“县管”即县级教育行政部门统一履行对中小学教师的公开招聘、岗位设置、职务评聘、培养培训、调配交流和考核等管理职能，实行人事、编制事项报备制；“校聘”即学校与教师签订聘用合同，负责教师的日常管理和使用。建立教育、编制、人社、财政、发改、住建等部门联席会议制度。各县(市、区)建立教师管理中心，统筹管理乡村学校校长和教师。继续实施“三区支教”计划，制定和完善交流轮岗和支教走教政策，引导优秀校长和骨干教师向乡村学校流动。统筹支教走教专项经费用于实施“优秀退休教师乡村支教计划”，公开招募退休特级教师、教学名师到区级扶贫开发工作重点县乡村学校支教。建立城镇中小学教师评聘高级教师职务、评选特级教师等要有一年在乡村学校任教(支教)经历，和新增城镇中小学教师要先安排在乡村任教2年的制度。

（五）完善乡村教师职称倾斜政策。建立乡村教师职称评审倾斜制度，乡村教师在评定职称（职务）时，可适当降低条件，取得的专业技术资格在乡村教师范围有效。实行岗位聘用倾斜，引进到村小学、教学点任教，具有中级以上专业技术资格的教师，可不受岗位结构比例限制，到岗即聘。在评选特级教师等荣誉称号时，向工作条件艰苦的乡村一线教师倾斜。

（六）全面提升乡村教师能力素质。制订乡村教师培训目标，大规模开展教师培训，到2020年对全体乡村教师校长进行360学时的培训。构建区、市、县、学校四级培训体系，市、县（市、区）建有教师培训中心。从2015年起“国培计划”“区培计划”集中支持乡村教师及校长培训。改进培训方式，采取送培下乡、顶岗置换、专家指导、校本研修、网络研修等多种形式，增强培训的针对性和实效性。构建乡村教师信息化培训体系，提高乡村教师现代教育技术水平，保障乡村学生共享优质教育资源。加强网络培训课程开发，搭建教师网络研修服务云平台，引导和组织乡村教师创建和适应“互联网＋乡村教育”，充分利用远程教学、在线课程等形式优化课堂教学和进行自主学习。加大乡村教师培训投入，从公用经费中安排5%的经费用于乡村教师培训。

（七）坚决落实国家乡村教师荣誉制度。对在乡村学校连续从教30年以上、获得国家颁发荣誉证书的优秀乡村教师，自治区给予一定奖励；对在乡村学校连续从教20年以上的优秀乡村教师，自治区颁发荣誉证书。鼓励和引导社会力量建立专项基金，对长期在乡村学校任教的优秀教师给予物质奖励。广泛宣传优秀乡村教师先进事迹，在全社会大力营造关心支持乡村教师和乡村教育的浓厚氛围。

五、组织领导

（一）明确责任主体。自治区人民政府负责统筹全区实施乡村教师支持计划工作，各市、县（市、区）人民政府是本区域实施乡村教师支持计划的责任主体。实行一把手负责制，分解任务，细化分工，教育行政部门要加强对乡村教师队伍建设的统筹管理、规划和指导。发展改革、财政、编制、人力资源社会保障、住建部门要按照部门职责主动履职，承担责任，确保各项工作落到实处。要将实施乡村教师支持计划情况纳入各级政府工作考核指标体系，加强考核和监督。要着力改革体制，鼓励和引导社会力量参与支持乡村教师队伍建设。

（二）加强经费保障。积极争取中央财政支持，自治区人民政府重点支持贫困地区乡村教师队伍建设，地方各级人民政府要调整财政支出结构，加大投入力度。要制定严格的经费监管制度，规范经费使用，强化监督检查，要切实用好每一笔经费，坚决杜绝截留、克扣、虚报、冒领等违法违规行为的发生。

（三）开展督导检查。各级人民政府教育督导机构要会同有关部门，定期对乡村教师支持计划实施情况进行专项督导，及时通报督导情况并适时公布。自治区有关部门要组织开展对乡村教师支持计划实施情况的专项督导检查。对实施不到位、成效不明显的，要追究相关负责人的领导责任。

各市、县（市、区）人民政府要制订实施方案，因地制宜提出符合乡村教育实际的支持政策和有效措施，将本方案具体化。各市、县（市、区）于2016年一季度前，将实施方案报教育厅备案，同时向社会公布，接受社会监督。

海南省人民政府办公厅关于印发海南省乡村教师支持计划（2015—2020年）的通知

琼府办〔2015〕235号

各市、县、自治县人民政府，省政府直属各单位：

《海南省乡村教师支持计划（2015—2020年）》已经六届省政府第51次常务会议通过，现印发给你们，请结合实际认真贯彻执行。

海南省人民政府办公厅

2015年12月8日

海南省乡村教师支持计划
（2015—2020年）

教育大计，教师为本。到2020年全面建成小康社会、建设海南国际旅游岛、实现海南绿色崛起，教育是基石，短板在乡村，特别是我省中西部农村地区和老少边穷岛等艰苦边远地区。乡村教育承载着乡村儿童学习成才、改变乡村家庭和乡村地区的重要使命，也是我省促进教育公平、提高教育质量最薄弱的环节。促进乡村教育发展是缩小城乡区域经济社会发展差异、实现基本教育公共服务均等化和基本实现海南教育现代化的关键，必须将乡村教师队伍建设摆在优先发展的战略地位，举全省之力破解当前我省乡村教师队伍建设中仍然存在的补充渠道不畅、结构不合理、职业吸引力不强、整体素质不高等问题，坚持多措并举、系统建立乡村教师支持体系。为此，根据国务院办公厅印发的《乡村教师支持计划（2015—2020 年）》（国办发〔2015〕43 号），结合我省实际，特制定本实施办法。

一、乡村教师范围

全省公办乡村学校（含幼儿园，下同）教师（包括乡中心区、村庄学校教师和在乡村学校任教的农村特设岗位教师）。

三沙市辖区内中小学、幼儿园教师均纳入乡村教师范围。

二、工作目标

切实改善乡村教师生活和工作条件，拓宽乡村学校优质师资的来源渠道，增强职业吸引力和职业成就感，使优秀师资“下得去、留得住、教得好”，提高乡村教师师德师风水平和教育教学能力，优化我省乡村教师队伍的素质和结构。到 2020 年，努力造就一支适应我省乡村教育改革发展需要、素质优良、甘于奉献、扎根乡村的教师队伍，为海南基本实现教育现代化、明显缩小城乡教育差距，为乡村学生接受公平、有质量的教育提供坚实的师资保障。

三、工作原则

（一）问题导向原则。

聚焦我省乡村教师队伍建设最关键领域、最薄弱环节、最紧迫任务，针对我省乡村教师队伍存在的学校办学条件艰苦、教师工作生活条件差，教师补充渠道不畅、结构不尽合理，教师教育教学能力较弱、整体素质不高，职业吸引力不强等四个突出问题制定政策，设计项目，定向施策。

（二）分类实施原则。

立足海南省情，根据乡村教师所在学校艰苦边远程度的不同，实行差别化的支持政策，着力破解最贫困、最边远地区乡村教师队伍建设的困难，逐步形成“越往基层、越是艰苦，待遇越高”的激励机制。

（三）系统建设原则。

将乡村教师队伍建设作为一个系统工程，坚持整体设计、多措并举、标本兼治，深化体制机制改革，激发乡村教师队伍建设的活力。通过实施乡村教师支持计划，带动建立相关制度，形成促进我省乡村教师队伍建设和乡村教育可持续发展的长效机制。

四、主要举措

（一）全面提高乡村教师思想政治素质和师德水平。

加强乡村教师队伍党建和政治理论学习，制定加强乡村学校和乡村教师队伍党建工作的办法，适度加大发展党员力度，进一步建立健全乡村教师政治理论学习制度，提升乡村教师的思想政治素质。强化乡村教师师德教育，针对乡村教师特点，开展多种形式的师德教育，把职业理想、职业道德、行为规范、心理健康教育等融入乡村教师职前培养、准入、职后培训和管理的全过程。

出台我省中小学教师违反师德处理办法，完善师德考核制度，建立师德建设长效机制。加强乡村教师法治教育，针对乡村特别是艰苦边远地区整体法治环境较为薄弱、乡村教师法治知识、观念相对缺乏的现状，加强乡村教师普法工作。

（二）拓展乡村教师补充渠道。

建立省级统筹规划、统一选拔的义务教育阶段学校新任教师补充机制，按照“总量平衡、退一补一”的原则补充乡村教师。继续实施好国家农村义务教育阶段学校教师特设岗位计划（简称“特岗教师计划”），切实加强乡村学校教师补充，每年招聘 600 名左右的特岗教师，重点满足乡村学校音体美、外语、信息技术等紧缺薄弱学科教师的补充。实施省级学前教育农村特设岗位教师计划，从 2016 年至 2020 年，省级每年为乡镇中心幼儿园招聘约 100 名特岗教师，其工资待遇按照国家特岗教师标准执行。所需经费由省、市县财政参照国家农村义务教育阶段学校特设岗位教师计划的标准负担。其中省级财政资金用于该计划特设岗位教师的工资性支出、交通补助、按规定应由单位承担的社会保险缴费和住房公积金,以及招聘、培训等工作省级所需支出;市县财政承担其余经费。

实施海南省乡村教师"县来乡去"定向培养计划,自 2016 年至 2020 年,在省属师范院校每年定向培养约 200 名乡村小学教师和约 100 名学前教育教师。学生在校学习期间免除学费、住宿费,补助生活费,所需经费由省财政负担,毕业后回生源地市县的乡村学校和乡镇中心幼儿园任教,服务期不少于 5 年。

高校毕业生取得教师资格并到乡村学校任教一定期限,其学费和助学贷款代偿按国家和我省有关规定执行。

实施优秀退休教师乡村学校支教计划,鼓励各市县政府面向省内外聘请退休的特级教师、学科骨干教师到乡村学校支教讲学,市县财政给予工作补助。

(三)提高乡村教师生活待遇。

落实乡村教师生活补助政策。在落实我省乡镇机关事业单位工作人员乡镇工作补贴和偏远贫困地区行政村以下农村小学教师生活补助政策的基础上,对乡村教师月人均增加 100 元生活补助,所需资金由市县级财政承担,按乡村学校距离县城、乡镇中心区域边远程度和艰苦程度,划分不同档次差异性发放,向条件艰苦的偏远乡村和长期在乡村学校工作的教师倾斜。

依法落实教师住房公积金和各项社会保险政策,每年组织乡村教师在县级以上医院进行一次身体健康检查,所需经费由市县政府予以保障。在现行制度架构内,做好乡村教师重大疾病救助工作。鼓励个人、社会团体、企业、基金会捐资为乡村教师解决生活困难、改善生活条件。

(四)改善乡村教师工作生活条件。

全面落实乡村学校办学条件标准化,制定农村小学、教学点办学基本标准，结合全面改善义务教育薄弱学校基本办学条件工程的实施，优先满足乡村学校改善教学设施设备、办公条件以及用水用电用厕等生活设施的需求。通过维修、改造或新建，为每一所乡村学校建设教师公共厨房，并配备必要的厨卫设施设备。2016 年底所有乡村学校均应达到办学条件基本标准，为乡村教师提供安全便利的基本工作生活条件。

提高乡村学校的教育信息化水平，加快乡村学校信息化基础设施建设，2017 年底前实现全省所有乡村学校实现“校校通、班班通、人人通”全覆盖，并为乡村教师提供必要的信息化设备和足够的优质教育教学资源，利用同步课堂、远程教学、移动学习、网络研修等多种信息技术手段，破解乡村学校优质教育资源不足、缺师少教的难题。

实施乡村教师安居工程。各地要按规定将符合条件的乡村教师住房纳入当地住房保障范围，统筹予以解决。可根据本地实际在县城或乡镇集中建设教师住宅，改善乡村教师住房条件。继续推进农村学校教师周转宿舍建设，重点向村小、教学点倾斜，把教师周转宿舍建设列入学校基本建设规划，满足乡村教师从教、流动、支教的居住需求。

（五）加强乡村教师编制和人事管理。

根据 2014 年国家中小学教职工编制标准，结合我省实际合理调整我省中小学教职工编制标准，重点向乡村学校倾斜，完善核编实施办法和教师编制动态管理办法，落实市县教育行政部门在市县编委下达的编制总额内，按照班额、生源和课程设置等情况统筹分配各校教职工编制。通过调剂编制、加强人员配备等方式进一步向艰苦边远的村小学、教学点倾斜，确保乡村学校开足开齐国家规定课程。

加强乡村教师管理，各市县要建立健全乡村教师管理、调配和考核奖惩制度，充分调动乡村教师工作积极性，采取各种措施优化乡村教师队伍结构。对于不能胜任教育教学工作的教师，可采取转岗、提前离岗等方式调离教学岗位。

（六）职称(职务)评聘向乡村学校倾斜。

提高乡村学校教师中高级岗位结构比例。在我省中小学校和幼儿园岗位设置结构比例指导标准基础上，适当提高乡村学校教师高、中级岗位结构比例，可在原高、中级岗位结构比例基础上提高3%—5%。

完善乡村教师职称评审条件，自2016年起，乡村教师评聘职称不作外语成绩（外语教师除外）、发表论文的刚性要求，注重师德素养，注重教育教学工作业绩，注重教育教学方法，注重教育教学一线实践经历。城市中小学教师晋升高级教师职称（职务），应有在乡村学校或薄弱学校任教一年以上的经历。

深化乡村中小学教师职称制度改革。截至2015年12月，凡在乡村学校任教累计满25年，已取得高、中级专业技术职务任职资格且仍在乡村学校任教的“已评未聘”教师，可在全面推行职称改革时一次性聘用到相应专业技术岗位。

（七）推动城镇优秀教师向乡村学校流动。

建立健全义务教育校长、教师交流轮岗制度。凡在同一所学校连续任职满两届的校长和在同一所学校连续任教达到初中9年、小学12年的教师均应轮岗交流。各市县政府应采取定期交流、岗位竞聘交流、校际帮扶交流等多种途径和方式，重点推动城镇学校向乡村学校、优质学校向薄弱学校、中心学校向村小学及教学点的交流轮岗。

（八）全面提升乡村教师能力素质。

实施乡村教师全员培训计划。到2020年，对全体乡村教师校长进行不少于360学时的培训。市县政府要切实履行实施主体责任，保障经费投入，确保乡村教师每年接受不少于72学时的培训。自2015年起，结合我省“国培计划”和省级培训项目的实施，主要面向乡村校长教师，采取顶岗置换、送教下乡、网络研修、短期集中、专家指导、校本研修等有效方式进行专业化培训。

实施乡村教师教研支持项目。建立省级教研机构分片视导和市县教研机构教研员包点帮扶制度，重点对乡村教师的教学基本功、教学基本规范和教育科研基本能力进行指导。继续抓好教研下乡项目，支持乡村教师参与教学研究和创新实验。

支持乡村教师提高学历。鼓励乡村教师通过在职学习、远程教育、自学考试、攻读教育硕士等多种学习途径提高学历层次。

(九) 建立乡村教师荣誉制度。

省、市县分别对在乡村学校从教 20 年以上、10 年以上的教师按照有关规定颁发荣誉证书。鼓励和引导社会力量建立专项基金,对长期在乡村学校任教的优秀教师给予物质奖励。

根据国家有关规定,建立优秀乡村教师表彰奖励制度,设立"优秀乡村教师""优秀特岗教师"奖项,定期表彰奖励一批优秀乡村教师和特岗教师。在我省其他各类教师评选表彰奖励中,向乡村教师倾斜。各级宣传部门、新闻媒体要加大对优秀乡村教师的挖掘和宣传,在全社会大力营造关心支持乡村教师和乡村教育的浓厚氛围。

五、保障机制

(一) 组织保障。

各市、县政府是我省实施乡村教师支持计划的责任主体,要加强组织领导,成立主要领导牵头的领导小组,实行一把手负责制。各有关部门要依法履行各自职责,教育行政部门要加强对乡村学校及乡村教师队伍建设的统筹管理、规划和指导,发展改革、财政、编制、人力资源社会保障部门要按照职责分工主动履职,切实承担责任。

(二) 经费保障。

建立省级、市县财政共同负担的乡村教师支持计划经费保障机制。各市县政府要积极调整财政支出结构,加大投入力度,大力支持乡村学校及乡村教师队伍建设,要对本计划的各具体项目予以经费保障,把资金和投入用在乡村学校及乡村教师队伍建设最薄弱、最迫切需要的领域,切实保障乡村学校的教育教学和师生安全。制定严格的经费监管制度,规范经费使用,加强经费管理,强化监督检查,提高资金使用效益,促进教育资源均衡配置。

（三）加强督导。

省、市县政府教育督导机构要会同有关部门，建立乡村教师工作专项督导考核制度，每年开展乡村教师支持计划实施情况的专项督导，并将乡村教师支持计划实施情况纳入省政府对市县政府教育工作考核指标体系，纳入义务教育发展基本均衡县市督导评估，及时通报督导情况并公布督导结果。省、市县政府要对实施不到位、成效不明显的，追究相关负责人的领导责任。

各市县政府要制订本市县乡村教师实施计划，因地制宜提出符合本市县乡村教育实际的支持政策和有效措施。请各市县政府于2016年3月底前，将本市县的实施计划报省教育厅备案，同时向社会公布，接受社会监督。

重庆市人民政府办公厅关于贯彻落实乡村教师支持计划(2015—2020年)的通知

渝府办发〔2015〕148号

各区县(自治县)人民政府,市政府有关部门,有关单位:

为贯彻落实《国务院办公厅关于印发乡村教师支持计划(2015—2020年)的通知》(国办发〔2015〕43号)和《重庆市人民政府关于加强农村教师队伍建设的意见》(渝府发〔2014〕28号),着力解决乡村学校教师"下不去、留不住、教不好"问题,提高乡村学校师资水平,让乡村孩子能够接受良好的教育,阻止贫困现象代际传递,经市政府同意,现就有关事项通知如下:

一、工作目标

加强乡村教师队伍建设是一项重要的战略任务,要通过切实可行的政策措施,努力使乡村教师的职业吸引力明显增强,配置机制和补充渠道更加健全,合理待遇得到较好保障,整体素质和教书育人能力稳步提升,形成"招得来、留得住、教得好"的局面,到2020年努力建成一支师德高尚、素质优良、结构合理、服务乡村的教师队伍,为基本实现教育现代化提供坚强有力的师资保障。

二、基本原则

坚持师德为先。始终把师德师风建设放在教师队伍建设的首位,建设一支热爱乡村教育事业的乡村教师队伍。要把增强乡村教师教书育人的责任感与荣誉感结合起来，使广大乡村教师自觉成为爱岗敬业的楷模。乡村教师要以德化人、言传身教，培养身心健康、人格健全的一代新人。

坚持量质并重。建立乡村教师补充长效机制，优化城乡教师配置机制，建设一支数量充足、充满活力的乡村教师队伍。要把培养补充新教师与提高在岗乡村教师素质能力统筹起来，为乡村教师专业发展提供有力支持，依靠乡村教师办好乡村教育。

坚持综合施策。整体推进乡村教师队伍建设体制机制改革，从教育规划、学校布局、编制配备、条件改善、培养培训、待遇保障、科学管理等方面形成政策合力。要发挥城市带动作用，以城带乡促进乡村教师队伍水平整体提升。

坚持重心下移。各区县(自治县)人民政府要因地制宜积极推进乡村教师队伍建设，把改革风险控制在最低层级。充分发挥乡镇在改善教师工作生活条件方面的重要作用。建立越往基层，倾斜和支持力度越大的资源配置机制。

三、主要举措

(一) 增强乡村教师的责任感和荣誉感。围绕培育和践行社会主义核心价值观，进一步加强乡村教师思想政治和师德教育工作，完善教育、宣传、考核、监督、奖惩、校本六位一体的师德师风建设长效机制。充分发挥基层党组织政治核心作用，从政治上、思想上关心乡村教师的生活与成长。坚持常抓师德师风建设主题教育实践活动。科学实施对乡村教师的管理和考核，建立乡村教师荣誉制度，主流媒体要广泛宣传乡村教师无私奉献的先进典型。市、区县(自治县)人民政府定期分别对坚守乡村学校 20 年、10 年以上并作出优秀成绩的教师授予荣誉称号并给予奖励。开展教师评选、表彰、奖励工作时，指标分配对乡村学校给予适当倾斜。鼓励和引导社会力量建立专项基金，对优秀乡村教师给予资助或奖励。多措并举有效化解部分教师职业倦怠问题，依法查处违反师德师风的案件。

（二）完善乡村教师培养制度。依据乡村学校布局科学规划乡村教师培养规模，编制乡村教师需求规划。实施乡村卓越教师培养工程，引导师范院校根据区县（自治县）需求定向培养规模适当的乡村教师。合理确定免费师范生招生计划，小学全科师范生年度招生计划尽快达到2 000人左右规模，免费幼儿师范生招生计划稳定在200人左右规模。创新乡村教师培养模式，构建师范院校、地方政府、研训机构、中小学校协作培养体系，根据乡村学校的特点和实际需求完善课程体系，提高培养质量。

（三）优化乡村教师配置机制。继续实施特岗计划，全市保持每年招聘1 000人左右。指导和鼓励区县（自治县）结合乡村教师岗位特点，放宽招聘条件，优化招聘方式。建立新聘教师到乡村学校任教制度，城镇学校新招聘教师到乡村学校任教时间不得短于2年。落实高校毕业生到乡村学校任教学费代偿制度。乡镇中心小学实行区域内小学一体化管理机制，为区域内村小学、教学点提供师资支持。聘请城镇学校退休的特级教师和高级教师，到有需要的乡村学校任教或支教。

（四）加强乡村教师编制管理。教职工编制配备要对农村边远地区倾斜。对学生规模较小的村小学、教学点的教职工编制核定要兼顾生师比、班级数、课程设置等因素，确保农村学校基本开足开齐国家规定课程，特别是体育、音乐、美术、科学技术课程。寄宿制学校按寄宿学生规模配备生活指导教师，尚未配备的应合理计算教师兼任生活指导教师的工作量并相应增核绩效工资总量。留守儿童较多的乡村学校可配备和聘请心理辅导员。进一步完善中小学教职工编制动态管理机制，各区县（自治县）教育行政部门要根据学校布局、生源情况和教学岗位的需要，在现在教职工编制总量范围内，每学年动态调整，并按程序报同级机构编制部门备案。严禁在有合格教师来源的情况下“有编不补”、长期聘用代课教师。

（五）完善乡村教师职称评聘政策。提高乡村学校中、高级岗位比例，乡村学校小学按1∶5∶4，初中按1.5∶5∶3.5的比例设置专业技术高级、中级、初级岗位。在乡村学校任教，硕士研究生满 1 年可初定中级职称，本科毕业生满 5 年可初定中级职称，专科毕业生满 2 年可初定初级职称。在乡村学校从事专业技术工作满 15 年或 20 年，分别具有大专或中专文凭的教师可破格申报高级教师资格。在乡村学校从事专业技术工作满 25 年，具备大专文凭的教师可破格申报正高级教师资格。探索制订体现小学全科教师职业特点的职称申报条件和评审标准。乡村教师职称评聘重点考察师德修养和教学业绩，评聘职称（职务）时，不作职称外语、计算机考试和发表论文要求。

（六）提高乡村教师生活待遇。依法落实乡村教师工资待遇，为乡村教师缴纳住房公积金和社会保险费。全面落实乡村教师岗位生活补助政策，按照“越是边远、越是艰苦，补助标准越高”的原则，切实提高村小学、教学点教师生活待遇。区县（自治县）设立乡村教师重大疾病救助基金，为身患重大疾病且家庭贫困的乡村教师提供专门救助。科学规划和加快建设教师周转宿舍，为乡村教师提供临时住房保障。鼓励区县（自治县）将符合条件的乡村教师住房纳入当地保障性住房范围。

（七）提升乡村教师专业素质。实施乡村教师学历提高支持计划，对通过进修取得本科、硕士学历的乡村教师给予学费补助。除音、体、美等艺体学科外，乡村学校新补充教师原则上需要达到本科学历。到 2020 年，乡村义务教育学校教师学历达标率达到 100%，小学、初中教师学历提高率分别达到 90%和 80%以上。实施乡村教师教学能力提升工程，把乡村教师培训纳入基本公共服务体系，到 2020 年前，通过“送教下乡”等形式对乡村教师进行不少于 360 学时的全员培训。进一步加强区县（自治县）教师研训机构能力建设，充实师资力量，各区县（自治县）按照不低于教师编制总数的 1%核定教师教育机构编制。

（八）提高乡村教师现代教育技术水平。根据教育信息化发展需求，为乡村学校配备必要的现代教育技术设备，为乡村教师配备笔记本电脑。搭建教师网络研修服务云平台，引导和组织乡村教师创建和适应“互联网＋乡村教育”，充分利用远程教学、在线课程等形式优化课堂教学和进行自主学习。实施乡村教师信息技术应用提升培训，提高乡村教师现代教育技术应用能力。加强本土教学资源建设、开发与运用，形成专题资源库，定期组织优质课评选和“微课大赛”。

（九）建立以城带乡帮扶机制。落实中小学校长教师交流轮岗制度，发挥城镇学校优秀教师示范带动作用，帮扶乡村教师成长进步。区县（自治县）采取城镇学校与乡村学校帮扶发展等方式，为乡村教师的专业发展提供持续不断的服务和支持。继续实施“三区支教”计划，选派城镇学校骨干教师到民族地区、边远地区的乡村学校支教。引导和鼓励高等院校、科研机构和社会团体组织专家学者开展志愿者乡村支教行动。

（十）加大乡村校长培养培训力度。校长是办好乡村教育的重要力量，要把乡村校长培养和选拔作为促进乡村教育发展的重要举措。力争用3—5年时间，对全市乡村学校校长实行一轮专项培训，全面提升乡村校长引领教师专业发展的能力。国家和市级校长培训要向乡村学校倾斜。遴选一批市内外高水平院校和城市优质中小学校，采取集中培训与跟岗实践相结合的方式，对乡村中小学校长进行专项培训，让乡村校长在城镇优质学校得到学习、锻炼和提高。

四、工作保障

（一）明确政府责任。各区县（自治县）人民政府要加强组织领导，把乡村教师队伍建设纳入政府重要议事日程，专题研究解决乡村教师队伍建设中的重大问题；实行一把手负总责和领导干部分片包干、定点联系乡村学校的制度。认真分解任务，细化分工，将责任落实到具体部门和单位，确保各项工作落到实处。市、区县（自治县）教育行政部门负责乡村教师队伍建设的统筹管理、规划和指导，市编办、市发展改革委、市财政局、市城乡建委、市交委、市人力社保局、市国土房管局、市文化委、市卫生计生委等部门要按照职责分工积极配合，主动履责，根据工作需要提供政策支持。

(二) 落实经费保障。各区县(自治县)人民政府要切实加大财政投入,大力支持乡村教师队伍建设,财政教育经费要优先用于解决乡村教师队伍建设中最薄弱、最迫切的问题。市级财政要进一步加大对贫困区县(自治县)资金补助力度。各区县(自治县)人民政府和市政府有关部门要严格执行财经纪律,加强经费监管,规范经费使用,提高资金使用效益,坚决杜绝违反财经纪律的行为发生。

(三) 开展检查督导。市级教育行政部门要会同市政府有关部门对区县(自治县)乡村教师队伍建设工作进行专项检查和指导。市政府教育督导部门要会同有关部门,对区县(自治县)乡村教师建设工作开展专项督导,及时通报督导情况并适时公布。对在乡村教师队伍建设工作中积极改革创新、成绩突出的区县(自治县)及基层单位,按照国家有关规定进行表彰。

广大乡村教师扎根乡村,无私奉献,为教育事业和社会进步作出了重要贡献。各区县(自治县)人民政府要高度重视乡村教师队伍建设,按照国家和市里要求,制订更为明确、有效的政策措施。各区县(自治县)于2015年年底前将本地区具体的贯彻落实办法报市教委备案,同时向社会公布,接受社会监督。

重庆市人民政府办公厅

2015年9月18日

四川省人民政府办公厅关于印发乡村教师支持计划实施办法(2015—2020年)的通知

川办发〔2015〕107号

各市(州)、县(市、区)人民政府,省政府各部门、各直属机构,有关单位:

《乡村教师支持计划实施办法(2015—2020年)》已经省政府领导同志同意,现印发给你们,请结合实际认真贯彻执行。

四川省人民政府办公厅

2015年12月28日

乡村教师支持计划实施办法(2015—2020年)

按照中央和省委精准扶贫、精准脱贫战略部署,为提升乡村教育水平,保障每个乡村孩子都能接受公平、有质量的教育,从根本上阻止贫困现象代际传递,确保到2020年与全国同步全面建成小康社会,根据《国务院办公厅关于印发乡村教师支持计划(2015—2020年)的通知》(国办发〔2015〕43号),现结合我省实际,就进一步加强全省乡村教师队伍建设,力争到2020年造就一支师德高尚、素质优良、结构合理、甘于奉献的乡村教师队伍,提出如下实施办法。

一、大力加强师德师风建设

将师德师风建设摆在首要位置，健全教育、宣传、考评、监督、奖惩机制，全面提高乡村教师思想政治素质和师德水平。抓师德教育，把社会主义核心价值观教育、法治教育、民族团结教育和心理健康教育作为师德教育的重要内容，融入乡村教师职前、职后培训全过程，推动师德教育常态化、制度化；抓师德宣传，发挥评优表彰的示范引领作用，加强对优秀教师和教育工作者的宣传力度，激励、引导乡村教师强师德、扬师表、作贡献；抓师德考评，完善师德师风考评体系，把师德表现作为年度考核、评优评先、专业技术职务晋升的重要参考，实行"一票否决"；抓师德监督，健全学生、家长、教师、社会共同参与的师德师风监督约束机制，畅通监督举报渠道，规范乡村教师行为；抓师德责任，落实教育行政主管部门、中小学校主要领导师德师风建设负责制和问责制，把师德师风建设作为考核学校及主管部门工作的一项重要指标；抓组织建设，加强乡村学校基层党组织建设，加大在乡村教师中发展党员的力度，从政治上思想上关心乡村教师的生活与成长，增强归属感。

二、拓展乡村教师补充渠道

各地要结合乡村教师岗位特点，合理设置招聘条件、优化招聘方式、提高招聘质量，确保乡村学校开齐开足国家规定课程，特别是体育、音乐、美术、科学技术、心理健康、双语等紧缺课程。按照专业对口原则，乡村义务教育学校补充音体美专业教师，对大专及以上学历人员可采取直接考核的方式招聘。继续实施好"特岗计划"，积极争取扩大招聘规模，重点支持老少边穷等贫困地区补充乡村教师。加大省属免费师范生定向培养力度，增加培养计划、扩大实施范围、改革培养模式，2016 年起年度招录培养名额增加至 3 000 名，重点为乡村中小学校定向培养"一专多能"的教师。鼓励各市(州)与师范院校加强合作，根据当地实际强化乡村教师本土化培养。

寄宿制等学校确因学生管理等工作需要，可通过政府购买服务、按《劳动合同法》招用补足相关人员。各地要严格编外聘用人员管理，编外人员使用方案需报县级人民政府同意后实施。完善普通高校毕业生乡村学校任教到岗学费奖补机制，对取得教师资格并到乡村学校任教一定期限的高校毕业生，按有关规定享受学费补偿和国家助学贷款代偿，鼓励、引导优秀高校毕业生服务乡村教育发展。各地要采取有效措施鼓励退休特级教师、高级教师、教学名师到乡村学校支教讲学，并给予一定经费补助。

三、提高乡村教师生活待遇

各地要依法依规落实乡村教师工资待遇政策，依法为乡村教师缴纳住房公积金和各项社会保险费。将集中连片特殊困难地区和国家扶贫开发工作重点县农村教师生活补助政策实施范围扩大至“四大片区”贫困县，最低补助标准为每人每月400元，所需经费由省、市、县三级财政共同承担，省财政按每人每月220元给予定额补助。各地要严格按岗发放，并根据教师工作、生活条件的艰苦程度等因素，合理分设档次和具体标准，重点向村小和教学点倾斜、向条件艰苦地区倾斜。鼓励有条件的地区通过增加绩效工资总量和发放乡村教师生活补助等方式提高乡村教师待遇。

落实乡镇机关事业单位工作人员享受乡镇工作补贴政策，保障乡村教师应享尽享。加快边远艰苦地区乡村教师周转宿舍建设，按规定将符合条件的乡村教师住房纳入当地住房保障范围，统筹予以解决。在现行制度架构内，对符合救助条件的贫困乡村教师家庭给予救助，以解决其实际困难。要定期组织乡村教师进行体检，组织专家到艰苦边远的乡村学校巡诊。

四、加强乡村学校教师编制管理

乡村中小学教职工编制按照城市标准统一核定，其中村小学、教学点编制按照生师比和班师比相结合的方式核定。充分考虑村小学、教学点、寄宿制学校以及农村边远地区和贫困地区学校的特殊实际，教职工编制配备予以倾斜。实行中小学教职工编制动态管理，县级教育行政主管部门负责在核定的编制总额内，按照班额、生源等情况统筹分配各校教职工编制，并报同级机构编制部门和财政部门备案。严禁任何部门和单位以任何理由、任何形式挤占、挪用和截留中小学教职工编制，严禁在有合格教师来源的情况下有编不补、长期使用临聘人员。

五、完善乡村教师职称(职务)评聘办法

中小学教师岗位设置实现县域内城乡学校教师岗位结构比例总体平衡，并向乡村教师倾斜。各地要进一步完善符合乡村教师工作特点的职称(职务)评聘办法和标准条件，注重师德表现、注重一线经历、注重工作实绩，不作外语成绩要求，不作发表论文的刚性要求。在乡村学校任教3年以上(含城镇学校交流、支教教师)以及由组织选派参加援外、援藏、援疆，经考核表现突出并符合具体评价标准条件的教师，同等条件下优先评聘教师职称(职务)和专业技术岗位。城镇中小学教师评聘高级教师职称(职务)，应有在乡村学校或薄弱学校任教一年以上的经历。

六、促进城镇教师向乡村学校流动

全面推进义务教育教师“县管校聘”管理体制改革，由县级教育行政主管部门根据学校需要统筹实施派遣任教。落实中小学校长教师交流轮岗制度，通过定期交流、跨校竞聘、学区一体化管理、集团化办学、学校联盟、名校办分校、对口支援、名优教师送教、乡镇中心学校教师走教等多种途径和方式，引导优秀校长和骨干教师向乡村学校流动。凡在城镇中小学校任教满9年的教师，应向乡村和薄弱学校流动。实施好“三区支教”计划，选派城镇学校有经验的管理人员和骨干教师到贫困地区、民族地区、革命老区的乡村学校支教讲学，帮助转变教育理念、更新教育教学手段、提高教育教学质量。

七、提升乡村教师专业水平

发挥"国培计划"和"省培计划"示范引领作用，分类分层实施乡村教师校长素质能力提升培训。市、县级人民政府要把乡村教师培训纳入基本公共服务体系，确保到2020年前对全体乡村教师校长进行360学时的培训。将师德教育、法治教育等作为培训必修内容，推动师德教育进教材、进课堂、进头脑，贯穿培训全过程。全面提升乡村教师信息技术应用能力，到2017年前完成每人不少于50学时的信息技术应用能力提升专项培训。在现有"国培计划"和"省培计划"中，大力支持民族地区"双语"教师全员培训，全面提升"双语"教师的专业水平，切实培养一批"双语"骨干教师。健全乡村教师校长专业发展支持服务体系，加强县级教师发展中心能力建设，建强县级乡村教师培训团队，推动乡村教师区域研修与校本研修常态化。按照乡村教师的实际需求改进培训方式，采取顶岗置换、送教下乡、网络研修、短期集中、专家指导、校本研修等多种形式，增强培训的针对性和实效性，持续提升乡村教师能力素质。鼓励和支持乡村教师在职学习深造，提高学历层次。

八、增强乡村教师职业荣誉感

国家对在乡村学校从教30年以上的教师按照有关规定颁发荣誉证书。省对在乡村学校连续从教20年以上并取得优秀成绩的教师给予鼓励，在优秀教师、优秀教育工作者等评选表彰中，将乡村教师名额单列，予以倾斜。市、县级人民政府要分别对长期在乡村学校从教并取得优秀成绩的教师给予鼓励。鼓励和引导社会力量建立专项基金，对优秀乡村教师给予物质奖励。加大对优秀乡村教师和先进典型的宣传力度，在全社会营造关心支持乡村教师和乡村教育的浓厚氛围，增强乡村教师的职业荣誉感和吸引力。

九、落实各级政府主体责任

各级人民政府是实施乡村教师支持计划的责任主体，要加强组织领导，实行一把手负责制，强化部门分工协作，确保各项工作落到实处、见实效。要将实施乡村教师支持计划情况纳入地方政府工作考核指标体系，加强考核和监督。教育行政部门要加强对乡村教师队伍建设的统筹管理、规划和指导。发展改革、财政、编制、人力资源社会保障部门要按照职责分工主动履职，切实承担责任。要积极调整财政支出结构，加大投入力度，大力支持乡村教师队伍建设，把资金和投入用在乡村教师队伍建设最薄弱、最迫切需要的领域，切实用好每一笔经费，提高资金使用效益，全力缩小城乡师资水平差距，促进城乡教育资源均衡配置。省政府教育督导部门要会同有关部门每年对各地乡村教师支持计划实施情况进行专项督导检查，对实施不到位、成效不明显的予以全省通报，同时约谈并追究相关负责人领导责任。

市、县、乡各级人民政府要制订具体实施细则，因地制宜地提出符合本地乡村教育实际的支持政策和有效措施，将本办法的要求进一步明确化、具体化。请各市(州)于 2016 年 3 月底前将本地实施细则报教育厅，同时向社会公布，接受社会监督。

贵州省人民政府办公厅关于印发贵州省乡村教师支持计划实施办法(2015—2020年)的通知

黔府办函〔2015〕152号

各市、自治州人民政府，贵安新区管委会，各县(市、区、特区)人民政府，省政府各部门、各直属机构：

经省人民政府同意，现将《贵州省乡村教师支持计划实施办法(2015—2020年)》印发给你们，请结合实际认真贯彻执行。

贵州省人民政府办公厅

2015年9月16日

贵州省乡村教师支持计划实施办法(2015—2020年)

为贯彻落实《国务院办公厅关于印发乡村教师支持计划(2015—2020年)的通知》精神，按照《教育部贵州省人民政府深化贵州教育综合改革战略合作协议》要求，特制定本实施办法。

一、目标任务

以提高乡村教师队伍整体素质为目标，按照有理想信念、有道德情操、有扎实学识、有仁爱之心的好老师标准，着力建设一支扎根山乡、数量充足、素质优良、乐于奉献的乡村教师队伍。到2020年，培育50名乡村教育家，建设 100 个乡村校本研修示范学校、1 500 个乡村名师工作室。

二、重要举措

（一）完善师德师风建设长效机制。把教师职业理想、职业道德以及心理健康教育融入岗前培养、准入、岗后培训和管理全过程。加强乡村教师队伍党建工作，健全乡村学校党的基层组织，增强思想政治工作的针对性、实效性，推动社会主义核心价值体系深入乡村教师头脑。将学习贯彻习近平总书记提出的“四有”好老师标准引向深入，按照教育部《中小学教师职业道德规范》，落实中小学教师职业道德“十不准”。完善师德师风考评制度，把师德师风建设作为乡村学校工作考核和办学质量评估重要指标。利用大数据加强乡村教师队伍管理，在贵州教师网中设立乡村教师师德诚信记录专栏，对违反师德师风的行为进行调查处理并做客观真实记录，实行师德失范一票否决。〔牵头单位：省教育厅、省委宣传部；责任单位：市（州）、县（市、区、特区）人民政府，贵安新区管委会，各级各类学校〕

（二）畅通乡村教师补充渠道。根据《省人民政府办公厅转发省编委办等部门关于加强和完善中小学幼儿园教职工编制管理意见的通知》（黔府办发〔2011〕79 号）以及实行城乡统一编制标准的要求，重点补充乡村学校音体美、信息技术、心理健康、双语教学等紧缺教师。继续以“特岗计划”为主补充乡村中小学教师，全省到 2020 年新招聘特岗教师 3 万人。做好特岗教师的“招”“管”“转”“用”，关心特岗教师工作和生活，在教师住房、培训进修、挂职锻炼等方面优先考虑特岗教师。重视从特岗教师中选拔优秀人才担任校级领导，成为学校管理和教育教学骨干。完善招聘紧缺教师绿色通道，实行简化考试程序招聘或考核招聘，支持乡村学校招聘高水平运动员担任专兼职体育教师。〔牵头单位：省教育厅、省人力资源社会保障厅、省编委办；责任单位：市（州）、县（市、区、特区）人民政府，贵安新区管委会，各高等院校〕

（三）创新乡村教师培养方式。鼓励县级政府与师范院校采取多种形式联合培养“一专多能”乡村教师。省内高校毕业生取得教师资格并到乡村学校任教3年，按省有关规定享受学费补偿和国家助学贷款代偿政策。鼓励有条件的幼儿师范专科学校采用五年一贯制方式培养乡村幼儿园教师。创新乡村教师培养模式，扩大地方免费师范生规模，完善以师范院校为主体、综合大学参与、开放灵活的乡村教师培养体系。以“国培计划”“省培计划”为引领，推行教师培训学分制，实行每5年一周期不少于360个学时的乡村教师全员培训制度。创新乡村教师专业提升机制，构建省内外优质教师培训基地——区域性乡村教师发展中心——乡村校本研修示范学校——乡村名师工作室一体化的贵州乡村校长教师专业发展服务支持体系，探索以“互联网+”为标志的教师网络研修社区、网络工作坊等新型培训方式，推动乡村教师培训常态化，增强实效性。从2016年起，全省每年重点遴选培育10名乡村教育家和300名乡村名师。〔牵头单位：省教育厅、省人力资源社会保障厅、省财政厅、相关高校；责任单位：市（州）、县（市、区、特区）人民政府，贵安新区管委会〕

（四）强化乡村教师管理改革。建立由县级教育行政部门统筹管理、选拔、任命、培养、考核乡村学校校长制度，完善校长选聘和管理，积极探索校长职级制试点，提高乡村校（园）长管理能力和水平。县级教育行政部门在核定编制总额内，按班额、生源等情况统筹分配各校教职工编制，互补余缺并报同级机构编制、财政和人社部门备案。乡村小学、教学点编制按照生师比和班师比相结合的方式核定，对集中连片贫困地区、边远民族地区实行编制倾斜政策。严禁在有合格教师来源情况下“有编不补”、使用临聘人员。严禁挤占、挪用、截留教师编制或教职工在编不在岗、随意抽调借调教师等行为。切实保障乡村教师工资福利待遇，依法为乡村教师缴纳住房公积金和各项社会保险费。完善绩效工资制度，体现多劳多得、优绩优酬。落实集中连片特困地区乡村教师生活补助，统筹中央和省级财政相关专项资金按照各地实施情况予以奖补。继续实施乡村教师公租房建设，鼓励各地将符合条件的乡村教师住房纳入当地保障性住房范围统筹予以解决，保障乡村教师安居乐教。积极探索教师“县管校聘”，大力推进学校校长、教师定期轮岗交流，无乡村学校、薄弱学校工作经历的校长、教师要率先纳入交流对象范围，每年交流数量达到县域内应交流总数10%以上。通过跨校聘用、学校联盟、对口支援等多种途径，重点引导优秀校长和骨干教师向乡村学校流动。鼓励退休教师到乡村学校支教。〔牵头单位：省教育厅、省编委办、省人力资源社会保障厅、省住房和城乡建设厅；责任单位：市（州）、县（市、区、特区）人民政府，贵安新区管委会〕

（五）推动教师考评政策向乡村倾斜。完善重师德、重能力、重业绩、重贡献的考核评价标准，强化乡村教师考核工作，探索实行学校、学生、教师和社会等参与的教师评价办法，把考核评价结果作为职称评聘、绩效分配、评优奖励、续聘解聘的重要依据。按照倾斜乡村、突出教学、分类评价原则，完善符合乡村教师职业特点的职称评审条件标准，注重师德素养、注重一线业绩，推行综合评价、动态考核，引导乡村教师专业发展。区别制订城市和乡村中小学教师职称评审条件和办法，乡村教师评聘职称（职务）时不作外语成绩（外语教师除外）、发表论文的刚性要求。将在乡村学校从教15年、连续从教25年以上的教学经历分别作为申报中级、高级职称条件之一。县域内城乡学校岗位结构比例总体平衡，向乡村教师倾斜，村小学、教学点教师职称实行即评即聘。设置特设岗位，具有中级职称以上的专业技术人员，从城镇调入乡村中小学任教的，不占单位结构比例。城镇中小学教师评聘高级教师职称（职务），应有一年以上农村或薄弱学校任教经历。〔牵头单位：省人力资源社会保障厅、省教育厅；责任单位：市（州）、县（市、区、特区）人民政府，贵安新区管委会〕

（六）建立乡村教师荣誉制度。各级政府定期表彰优秀教师，在优秀教师、教育工作先进个人和先进集体评选表彰中，向乡村、民族和艰苦边远地区学校和教师倾斜，名额单列，同等表彰。对连续任教满25年的乡村教师，颁发25年教龄荣誉证书。鼓励社会力量设立专项基金，对在乡村学校长期任教的优秀教师给予物质奖励。多种形式宣传乡村教师扎根山乡、无私奉献的高尚精神，营造关心支持乡村教师的社会氛围，增强乡村教师职业吸引力。〔牵头单位：省教育厅、省人力资源社会保障厅、省委宣传部；责任单位：市(州)、县(市、区、特区)人民政府，贵安新区管委会〕

三、保障措施

(一) 强化组织领导。各级党委、政府要从战略高度充分认识乡村教师工作的极端重要性，切实把加强乡村教师队伍建设作为基础性工作来抓，结合实际制订建设规划，落实工作措施，定期督导检查。教育行政部门要认真履行主体责任，加强对乡村教师队伍建设统筹管理、规划和指导，制定相关政策和标准。各级机构编制、发展改革、财政、人力资源社会保障等部门在职责范围内，积极支持乡村教师队伍建设。

(二) 增加经费投入。各级财政加大投入，改善乡村学校办学条件，加强乡村教师队伍建设。教师培训经费纳入财政预算，按照年度公用经费预算总额的5%安排乡村教师培训经费。省级财政师资队伍建设专项经费要重点支持“区域性乡村教师发展中心”“乡村名师工作室”等建设。鼓励提倡社会力量多种途径支持、表彰奖励乡村教师。财政、审计、监察、教育等部门加强经费监管，确保专款专用，提高经费使用效益。

(三) 加强考核督导。省人民政府教育督导室要会同有关部门，将各地对乡村教师支持计划实施情况纳入“县级党政主要领导教育工作督导考核”和“县级人民政府教育工作督导评估”体系，作为县级党政主要领导抓教育工作、学校办学水平评估的重要考核内容，以及“新两基”工作评估验收的重要指标，定期开展乡村教师编制和聘用管理、经费投入使用等情况的专项督查活动，确保各项政策措施落实到位。

(四) 加大宣传力度。各地各有关部门要加大宣传力度，积极引导全社会共同关注和支持乡村教师队伍建设。多形式宣传交流各地在乡村教师队伍建设上的好经验、好做法，总结经验，树立典型，发挥典型的示范带动作用，为乡村教师办实事、办好事，大力营造关心支持乡村教师的社会氛围。

云南省人民政府办公厅关于印发云南省乡村教师支持计划(2015—2020 年)的通知

云政办发〔2015〕110 号

各州、市人民政府，省直各委、办、厅、局：

《云南省乡村教师支持计划(2015—2020 年)》已经省人民政府同意，现印发给你们，请认真贯彻执行。

云南省人民政府办公厅

2015 年 12 月 31 日

云南省乡村教师支持计划
(2015—2020 年)

根据《国务院办公厅关于印发乡村教师支持计划(2015—2020 年)的通知》(国办发〔2015〕43 号)要求，结合我省实际，制定本计划。

一、加强乡村教师师德建设

(一) 坚持立德树人，开展多种形式的师德教育，将师德表现作为教师年度工作考核、职称评审、岗位聘用、资格定期注册、评优奖励的重要内容，落实教育、宣传、考核、监督与奖惩相结合的师德建设长效机制。充分发挥乡镇中心学校党组织和党员教师的作用，丰富乡村教师精神文化生活，重视乡村教师特别是青年教师心理健康疏导工作，增强教师对自身职

业的认同感和幸福感。（省教育厅牵头；省委组织部、宣传部、团省委、省人力资源社会保障厅配合）

二、创新乡村教师培养模式

（二）在教师培养、准入、培训、管理、考核等方面，执行各级各类学校教师专业标准。实行师范类专业培养质量定期评估制度，鼓励师范院校聘请中小学、幼儿园优秀教师到学校为师范生授课。（省教育厅牵头；省人力资源社会保障厅配合）

（三）整合当地教研训资源，推动师范院校与各级政府、中小学校共建教师专业发展中心。建立师范生全学段学习实践制度。鼓励师范院校每年派遣高年级师范生到乡村学校实习 1 个学期，置换出乡村教师到优质中小学、幼儿园进行跟岗研修。（省教育厅牵头；各州、市人民政府配合）

（四）加大乡村教师培养力度，从 2016 年起，设立定向免费师范生专项招生计划，用于支持高等学校与各级政府、中小学、幼儿园、各类企业联合推进免费师范生培养模式改革，根据各地需求、岗位空缺情况和乡村学校实际需要，采取“定向培养、定向就业”的方式专门培养本专科层次的小学全科、“民汉双语”、初中“一专多能”、特殊教育“双证书”、农村职业教育“双师型”等教师。财政部门要加大对定向免费师范生培养工作的支持力度，鼓励各地多渠道筹资支持该项工作。（省教育厅牵头；省编办、财政厅、人力资源社会保障厅、民族宗教委，各州、市人民政府配合）

（五）在部分省属高校建立“民汉双语”教师培养培训基地，在具备条件的中等职业学校探索建立定向或委托培养“民汉双语”幼儿教师的机制。（省教育厅牵头；省财政厅、人力资源社会保障厅、民族宗教委配合）

三、拓展乡村教师补充渠道

（六）扩大“特岗计划”实施规模，重点为乡村学校补充紧缺学科教师，确保特岗教师与在职在编教师享受同等待遇；鼓励和支持各地自主实施以补充乡村幼儿园教师为主的当地“特岗计划”。（省教育厅牵头；省财政厅、人力资源社会保障厅、编办，各州、市人民政府配合）

（七）普通高校毕业生赴边境县和3个藏区县、市乡村学校任教满3年的，按照我省有关规定，享受学费补助和国家助学贷款代偿政策。（省财政厅牵头；省教育厅、人力资源社会保障厅配合）

（八）招聘教师优先保障乡村学校紧缺学科教师需求，坚持分类指导原则，由县级教育行政部门根据乡村学校实际需求，提出招聘岗位的条件及要求，经同级人力资源社会保障部门核准后，组织分学科考试、考核，确保招聘人员“人岗相适”，招聘计划可向本地生源倾斜。（省教育厅牵头；省人力资源社会保障厅，各州、市人民政府配合）

（九）鼓励县及县以上具有中级及以上职称的教师，自愿到乡村学校任教，到乡村学校连续服务满2年以上（含2年）的，从到乡村学校服务之日起，省财政给予每人每年1万元的工作岗位补贴。（省人力资源社会保障厅牵头；省财政厅、教育厅，各州、市人民政府配合）

（十）各地要创新方式，鼓励城镇退休的特级教师、高级教师到乡村学校支教讲学。省财政统筹资金，比照边远贫困地区、边疆民族地区和革命老区人才支持计划教师专项计划给予适当支持。鼓励乡村学校联合聘用或单独招聘符合条件的音体美专业社会人士担任兼职教师。（省教育厅牵头；省财政厅、人力资源社会保障厅，各州、市人民政府配合）

四、提高乡村教师生活待遇

（十一）全面落实集中连片特困地区乡村教师生活补助政策，各州、市、县、区人民政府根据学校艰苦边远程度，按照“以岗定补、在岗享有、离岗取消、实名发放、动态管理”的办法，实行乡村教师差别化生活补助，重点向条件艰苦地区、村小及教学点倾斜。差别化政策的范围、对象、档次及标准等具体办法，由各州、市、县、区自行确定。各地不得将乡镇工作岗位补贴充抵乡村教师生活补助。省财政统筹资金，对落实差别化生活补助政策较好的地区予以综合奖补。（省教育厅牵头；各州、市人民政府，省

财政厅、人力资源社会保障厅配合）

（十二）依法依规落实乡村教师工资待遇政策，依法为教师缴纳住房公积金和各项社会保险费。在现行制度架构内，做好乡村教师重大疾病救助工作。关心教师健康，每年为乡镇及以下学校教职工提供1次免费常规体检。（省教育厅牵头；省财政厅、人力资源社会保障厅、卫生计生委，各州、市人民政府配合）

（十三）加快实施乡村教师周转宿舍建设，按规定将符合条件的乡村教师住房纳入当地住房保障范围，统筹予以解决，并优先向乡村女教师倾斜。把改善乡村教师住宿、食堂、办公条件与实施全面改善贫困地区义务教育薄弱学校基本办学条件等工程相结合，因地制宜，整体推进。（省教育厅牵头；省发展改革委、财政厅、住房城乡建设厅，各州、市人民政府配合）

五、深化乡村教师管理改革

（十四）优化编制结构，强化编制管理，优先保障乡村学校需求。定期清理学校在编不在岗人员，严禁占用或变相占用教职工编制。严禁在有合格教师来源的情况下"有编不补"、长期使用临聘人员。村小学、教学点教职工编制按照生师比和班师比相结合的方式核定。县级教育行政部门在核定的编制总额内，按照班额、生源等情况统筹分配各校教职工编制，并报同级机构编制部门和财政部门备案。（省教育厅牵头；省编办、财政厅、人力资源社会保障厅，各州、市人民政府配合）

（十五）全面推进中小学教师职称制度改革，建立统一的中小学教师职称系列并设立正高级教师职称。完善符合乡村教师实际的职称评价标准，规范乡村教师职称评聘条件。中、高级岗位设置向乡村学校倾斜。城市中小学教师晋升高级教师职称（职务），应有在乡村学校或薄弱学校任教一年以上的经历。（省教育厅牵头；省人力资源社会保障厅配合）

（十六）推进中小学教师资格考试制度改革，严格考试标准，改革考试内容及方式。以师德表现、工作成效和在职学习培训结果为基本依据，

试行5年一周期中小学教师资格定期注册制度。(省教育厅负责)

(十七)按照学校规模,在核定编制总额内,配备必要的专职心理健康教育教师,加强对寄宿制学校和农村留守儿童集中的学校的心理健康教育工作。(省教育厅牵头;省编办、团省委配合)

(十八)深化中小学校后勤服务改革,减轻乡村教师额外工作负担。鼓励各州、市、县、区人民政府加大资金统筹力度,采取政府购买服务方式,按照师生规模,为中小学、幼儿园配备工勤人员和安保人员。(省教育厅牵头;省人力资源社会保障厅、财政厅,各州、市人民政府配合)

(十九)完善"以县为主、县管校聘"体制,推进县域内义务教育学校校长、教师交流轮岗,每年有15%的优秀校长和10%的骨干教师在城乡学校之间、优质学校与薄弱学校之间交流轮岗。(省教育厅牵头;省编办、人力资源社会保障厅,各州、市人民政府配合)

六、提升乡村教师能力素质

(二十)开展全省中小学、幼儿园教师全员培训,到2020年,对全体乡村教师和校(园)长进行不少于360学时的专业化培训。完善乡村教师专业发展支持服务体系,统筹各级各类培训项目,加大送培下乡、乡村教师访名校、教师工作坊、信息技术能力应用等培训模式的实施力度,着力提升乡村教师学科教学能力。立足于中小学、幼儿园教师队伍整体素质提高,全面实施"名校(园)长名师工作室建设工程",建立50个名校(园)长工作室和200个省级名师工作室,充分发挥优秀校(园)长和教师的示范、引领、辐射作用;实施"县级教师发展中心建设工程",推动县级教师进修学校向县级教师发展中心转型升级,充分发挥其在县域教师队伍专业发展中的重要作用;实施"中小学、幼儿园骨干教师和校(园)长培训基地建设工程",鼓励各地遴选建设一批乡村教师、校长培训基地学校。引导乡村学校根据教师个体专业发展的需要,实施校本研修模式改革。(省教育厅牵头;省财政厅配合)

(二十一)建立教师培训经费保障的长效机制,各州、市人民政府要切实承担责任，根据国家和我省相关要求，按照教师工资总额的2%和教育费附加5%的比例安排教师培训经费。中小学校按照不低于学校年度公用经费预算总额5%的比例安排教师培训经费。（省财政厅牵头；各州、市人民政府，省教育厅配合）

（二十二）建立以政府为主导的义务教育均衡发展保障机制，鼓励校际合作，推广并完善“强弱携手”“教育发展协作区”等模式，为乡村学校培养一批教学能手。鼓励企业、社会、个人多方参与，加快乡村学校教育信息化进程。探索建立一批教师网络研修社区，为乡村教师提供优质教学资源，促进乡村教师自主学习、终身学习。（省教育厅牵头；省财政厅、工业和信息化委，各州、市人民政府配合）

（二十三）落实国家和我省关于基层人才培养的各项政策规定，优先安排乡村教师参加各级各类人才培养项目。（省委组织部牵头；省教育厅、财政厅、人力资源社会保障厅配合）

七、完善乡村教师激励机制

（二十四）建立师德、能力、业绩、贡献并重的乡村教师考核评价标准，将“教得好”作为乡村教师获得表彰的重要指标。省人民政府对长期在艰苦边远地区乡村学校和教学点任教、贡献突出的教师进行表彰，对在乡村学校连续从教20年以上的乡村教师颁发荣誉证书。县、市、区人民政府对在乡村学校连续从教10年以上的乡村教师给予鼓励。教育系统先进集体、先进个人评选表彰活动对乡村学校、乡村教师予以倾斜。（省教育厅牵头；省委宣传部、省财政厅、人力资源社会保障厅，各州、市人民政府配合）

（二十五）完善基础教育领域云岭教学名师、各级学科带头人、各级骨干教师梯级培养、选拔和管理办法，对乡村教师给予计划单列。（省教育厅牵头；省财政厅、人力资源社会保障厅配合）

（二十六）鼓励和引导社会力量建立专项基金，对长期在乡村学校任教的优秀教师给予物质奖励。（省教育厅牵头；省委宣传部配合）

（二十七）广泛深入宣传乡村教师先进事迹，在全社会大力营造关心支持乡村教师和乡村教育的浓厚氛围。（省委宣传部牵头；省教育厅配合）

八、强化各级政府责任

（二十八）各级政府是实施乡村教师支持计划的责任主体，要实行一把手负责制，要将实施乡村教师支持计划情况纳入当地政府工作考核指标体系。要积极调整财政支出结构、加大投入力度，支持乡村教师队伍建设。教育行政部门要加强对乡村教师队伍建设的统筹管理、规划和指导。发展改革、财政、机构编制、住房城乡建设、人力资源社会保障、卫生计生、民族宗教等部门要按照职责分工主动履职，切实落实工作责任。要鼓励和引导社会力量参与支持乡村教师队伍建设。省政府教育督导机构要会同有关部门每年开展乡村教师支持计划实施情况的专项督导，公布专项督导评估结果，对工作成效显著、成绩突出的予以表扬，对实施不到位、成效不明显的，要追究相关责任人的责任。

（二十九）各级政府要研究制订本计划的实施办法，找准支持重点，因地制宜提出符合当地乡村教师队伍建设实际的支持政策和有效措施，将本计划的要求进一步明确化、具体化。请各州、市人民政府须于 2016 年 7 月前，将本州市的实施办法报省教育厅备案，同时向社会公布，接受社会监督。

西藏自治区人民政府办公厅关于印发西藏自治区乡村教师支持计划(2015—2020年)实施办法的通知

藏政办发〔2015〕103号

各地(市)行署(人民政府),自治区各委、办、厅、局:

《西藏自治区乡村教师支持计划(2015—2020年)实施办法》已经自治区人民政府同意,现印发给你们,请结合实际认真贯彻执行。

西藏自治区人民政府办公厅

2015年12月27日

西藏自治区乡村教师支持计划(2015—2020年)实施办法

为全面贯彻落实《国务院办公厅关于印发乡村教师支持计划(2015—2020年)的通知》(国办发〔2015〕43号)和《中共西藏自治区委员会办公厅、西藏自治区人民政府办公厅印发〈关于进一步加强我区教师队伍建设的意见〉的通知》(藏党办发〔2014〕17号)精神,进一步加强我区乡村教师队伍建设,缩小城乡师资差距,确保乡村孩子接受公平的、有质量的教育,结合我区实际,特制定本实施办法。

一、重要意义

实施乡村教师支持计划,是党中央、国务院着力加强乡村教师队伍建设的一项重大举措。制定符合我区实际的实施办法，是自治区党委、政府全面贯彻落实中央精神，着力解决当前我区乡村教师队伍建设中存在的突出问题，惠及全区乡村教师的一项民心工程，对于吸引优秀人才到乡村学校任教，进一步稳定乡村教师队伍，缩小城乡教育差距，提高我区教师队伍整体水平，实现2020年与全国一道全面建成小康社会具有重大战略意义。

二、工作目标

以稳定队伍和提高整体素质为目标，按照“有理想信念、有道德情操、有扎实学识、有仁爱之心”的“四有”好老师标准，着力解决当前我区乡村教师队伍建设中存在的职业吸引力不强、待遇水平低、队伍不稳定、整体素质不高、责任心事业心和主观能动性不足的问题，通过实施“五大工程”，努力建设一支“下得去、留得住、教得好”的乡村教师队伍。到2020年，乡村教师队伍进一步稳定，紧缺薄弱学科教师得到有效补充，教师数量满足教育教学需要，教师工作积极性进一步提高，整体能力素质大幅提升，城乡师资水平差距明显缩小，乡村教师地位待遇显著改善。

三、主要举措

（一）强师德——实施乡村教师师德建设工程。

打牢教师思想基础。以邓小平理论、“三个代表”重要思想、科学发展观为指导，坚持不懈地用中国特色社会主义理论体系武装教师头脑，引导教师自觉践行社会主义核心价值观，全面提高思想政治素质。在教师中广泛开展爱国主义教育、民族团结教育和反分裂斗争教育，增强教师自觉维护祖国统一和民族团结的责任感、使命感，增强“五个认同”，牢固树立“三个离不开”思想，引导乡村教师把课堂作为争夺下一代的主渠道和主阵地。

构建师德建设长效机制。严格执行《中小学教师职业道德规范》《中小学教师违反职业道德行为处理办法》，研究制订符合西藏实际的师德考核办法，把教师职业理想、职业道德、学术规范、法制教育、心理健康教育等融入职前培养、职后培训和在职管理全过程，将激发教师责任心、事业心、主观能动性作为师德建设重要内容。实行师德表现“一票否决制”，将师德表现作为教师资格认定、定期注册、业绩考核、职称评聘和评优评先的首要条件。完善师德监督检查机制和查处惩治机制，畅通监督、惩戒、申诉渠道，依法规范教师从教行为，维护教师队伍形象。加强乡村教师党员队伍建设，深入做好在中青年骨干教师中培养入党积极分子、发展新党员工作，壮大教师党员队伍，充分发挥党员的先锋模范作用。

（二）补数量——实施乡村教师培养补充工程。

提高教师培养质量。在区内院校全面推行小学教师全科培养模式，培养“一专多能”的乡村小学教师，适当加大音乐、体育、美术等专业性较强的薄弱学科教师培养力度。改革师范生教学课程设置，突出实践导向和教师教育课程内容。强化师范生国家通用语言文字教学能力，开展普通话等级考试，将藏语文作为必修公共课。建立师范生顶岗实习制度，组织师范生毕业前到中小学校进行不少于 1 个学期的顶岗实习。

开展教师定向培养。实施乡村教师定向培养专项计划，2016—2020 年，依托区内院校，面向区内农牧民子女，为乡（镇）以下学校定向培养一批乡村教师，每年稳定在 500 人左右。加大高海拔艰苦边远地区教师定向培养专项计划，定向培养一批当地亟须的中小学幼儿园教师，每年稳定在 500 人左右。加大学前专业中职毕业生对口高职定向培养计划，每年稳定在 500 名左右，毕业后全部充实到乡（镇）以下幼儿园任教。

科学补充乡村教师。2016—2020 年，学前、小学专任教师补充重点向乡村学校和高海拔艰苦边远地区学校倾斜，到 2020 年确保乡村学校教师队伍满足教育教学需求。实施农村教师“特岗计划”，向教育部申请 2016 年起将西藏纳入全国农村教师“特岗计划”支持范围，面向区内外高校，每年招募 300 名优秀师范毕业生到乡（镇）以下小学、幼儿园任教，任教时间不少于3年。加大“西部志愿者”和“三支一扶”招募选派力度，吸引区外优秀师范专业毕业生到乡村学校服务。

（三）提质量——实施乡村教师全员提升工程。

完善教师培训体系。通过国家级、自治区级、地（市）级、县（区）级、校本五级培训体系网络，全面实施乡村教师全员提升工程，对乡村教师、校长开展五年一周期不少于360学时的轮训，做到乡村教师全员覆盖。每年的国培计划和区培计划重点向乡村教师倾斜，乡村教师比例不低于70%，各地（市）、县（区）要将乡村教师纳入本级培训重点予以保障，各学校要落实在校本研修中的主体责任，每周至少开展一次常规校本研修活动，实现校本研修常态化。实施乡村教师不少于50学时的信息技术应用能力提升全员培训。针对乡村教师的特点和需求，采取置换脱产、短期集中、校本研修、网络研修与远程学习等灵活多样的方式，对乡村教师开展分类、分层、分岗培训，提高培训针对性，将师德教育、法制教育、心理健康教育、民族团结和反分裂斗争教育等内容作为教师培训必修内容。

实施项目带动战略。重点开展乡村教师访名校、乡村校（园）长赴发达省市培训、送教下乡、特级教师名教师巡回讲学、乡村教师到城区学校挂职培训、优秀乡村青年教师成长助力研修、优秀乡村教师出国（境）培训等项目。加强乡村学校音体美等紧缺学科教师和学前“双语”教师培训，着力抓好新任乡村教师不少于120学时的岗前培训。建设23个人口较大县（区）教师发展中心，构建区内外优质教师培训基地——区域性乡村教师发展中心——乡村校本研修示范校——乡村名师工作室—乡村教师工作坊一体化的乡村教师专业发展服务支持体系，实现教师教研与培训一体化，推动乡村教师培训常态化。鼓励乡村教师在职学习深造，不断提高学历层次。

实施“骨干带动”战略。打造乡村优秀教师、骨干教师团队，分年度、有计划地开展乡村校（园）长、骨干教师、中层管理干部、班主任培训。自治区名教师名校长评选中，乡村教师、乡村校（园）长所占比重进一步提高。建立教师培训专家库，遴选一线优秀教师进入专家库，承担教师培训任务；地市、县相应建立教师培训专家库，承担本级“送教下乡”培训任务。

(四) 重管理——实施乡村教师管理改革工程。

完善教师编制政策。研究制订符合我区实际、城乡统一的中小学幼儿园教职工编制标准。在对高海拔艰苦边远地区学校实行编制倾斜政策的同时，重点对学生规模较小的乡(镇)以下学校，按照教职工与学生比例和教职工与班级比例相结合的方式核定教职工编制。建立健全教职工编制动态管理机制，实现教职工编制管理科学化、规范化，确保开齐开足国家规定的课程。

推进教师职称制度改革。教师职称评聘进一步向乡村学校教师和高海拔艰苦边远地区倾斜，适当加大评聘比例、降低评聘条件。建立教师责任心、事业心、教育教学业绩与职称评聘挂钩机制，完善符合各类教师职业特点的职称评审条件标准，注重师德素养、注重一线业绩，推行综合评价、动态考核，引导教师专业发展。乡村教师评聘中级和副高级职称(职务)时不作发表论文的刚性要求，在乡(镇)以下学校〔不含县城所在地乡(镇)学校〕连续任教满 20 年申报高级教师专业技术资格或连续任教满 10 年申报一级教师专业技术资格的不作业务考试要求。城镇学校教师申报高级教师专业技术资格须有一年以上在乡村学校、薄弱学校任教(交流)经历。

优化教师资源配置。通过区域间教师资源调整、教师交流轮岗等手段优化乡村学校教师资源配置，促进教师资源合理分布。根据城镇化推进规划和乡村学校生源流动情况，及时调整教师资源分布，确保乡村教师队伍人员充足、相对稳定。建立义务教育学校校长、教师定期轮岗交流制度，每年交流数量达到县域内应交流总数 10%以上。有条件的地(市)积极探索县域内中小学、幼儿园教师“县管校用”管理模式，打破教师的学校身份限制，盘活县域内教师资源。通过跨校聘用、学校联盟、对口支援等多种途径，重点引导优秀校长和骨干教师向乡村学校流动，鼓励城镇教师到乡村学校支教。加强教师调动管理，鼓励教师到高海拔艰苦边远地区和乡村学校任教，严格控制乡村学校教师净流出。

（五）保待遇——实施乡村教师待遇提升工程。

进一步提高乡村教师收入。积极探索实施教师奖励性绩效工资，实现教师教学业绩与绩效奖励挂钩，进一步提高教师工作积极性，提升教育教学质量。完善乡村教师生活补助制度，按照藏党办发〔2014〕17 号文件规定的“在 2016 年人均月补助标准达到二类区 500 元、三类区达到 1 000 元、四类区 1 500 元”的基础上，适当提高三类区、四类区补助标准。完善教师超课时津贴制度，中小学、幼儿园教师超课时津贴参照自治区现行加班费标准执行。建立校长、班主任津贴制度，实行寄宿制学校双岗教师岗位补助。各地（市）、县（区）要切实采取措施，进一步提高乡村幼儿园聘用教师工资待遇，稳定乡村幼儿园教师队伍。

落实教师各项待遇。依法为乡村教师建立住房公积金制度并将单位缴存部分纳入自治区财政统一解决，依法为乡村教师缴纳各项社会保险。依法确保教师正常休假、婚假、产假、参加学习培训等权利，教师与公务员享受休假经费同等标准。鼓励社会力量设立专项基金，对在乡村学校长期任教的优秀教师给予物质奖励。建立乡村教师救助制度，对家庭经济困难和身患重病的乡村教师及时给予救助。建立乡村教师定期体检和疗养制度，更加关心、重视教师的身体健康。

改善乡村教师生活和工作条件。加快乡村教师周转房建设，将教师周转房纳入地方各级住房保障体系统筹解决，优先解决乡村学校和高海拔艰苦边远地区学校教师住房困难。按照学校与县城的实际距离，为乡村教师发放交通补助，解决乡村教师“出行难”问题。积极推进“教工之家”建设，为教师提供良好的活动场所，到 2020 年乡（镇）以下学校“教工之家”实现全覆盖。积极改善教师办公条件，为乡村学校教师每人配置一台笔记本电脑。

加大乡村教师表彰力度。建立自治区级教师荣誉制度，开展“西藏人民教育家"评选和自治区名教师、名校长、特级教师、骨干教师评选，并进一步向乡村学校和高海拔艰苦边远地区学校教师倾斜。建立乡村教师荣誉制度，加大对在农牧区和艰苦边远地区长期从教、贡献突出的教师的表彰奖励力度，自治区每三年对连续在乡村学校从教20年以上、各地(市)对连续在乡村学校从教10年以上教师分别给予表彰奖励。设立乡村教师终身成就奖，自治区对连续在乡村学校从教25年教师颁发荣誉证书，给予一定的资金奖励。

四、保障措施

强化组织领导。地方各级人民政府要从战略高度充分认识乡村教师工作的极端重要性，切实把加强乡村教师队伍建设作为基础性工作来抓，把乡村教师队伍建设工作列入重要议事日程，实行一把手负责制和领导干部分片包干、定点联系乡村学校制度。各级教育行政部门要认真履行主体责任，加强对乡村教师队伍建设的统筹管理、规划和指导；机构编制、发展改革、财政、人力资源社会保障、住建等有关部门要主动履职，积极研究出台相关政策，为乡村教师队伍建设提供强有力的政策支持。

确保经费投入。全区各级财政要进一步加大对乡村教师队伍建设的投入力度，切实保障教师工资福利待遇、各项社会保险、教师评优表彰、骨干教师队伍、乡村名师工作室等方面的经费投入，财政教育经费要切实保障乡村教师队伍建设，加大对中小学、幼儿园教师培训的投入力度。中小学、幼儿园按照年度公用经费预算总额的5%安排教师培训经费。

加大宣传力度。各地各有关部门要加大宣传力度，积极引导全社会共同关注和支持乡村教师队伍建设。各地要联合新闻媒体深入挖掘、广泛宣传广大乡村教师扎根基层、为人师表、爱岗敬业、无私奉献的先进事迹，深入宣传交流各地在加强乡村教师队伍建设方面的好经验、好做法，总结经验、树立典型，发挥典型的示范带动作用，努力营造关心、关爱和支持乡村教师的社会氛围。

加强督导检查。地方各级政府要将乡村教师队伍建设责任落实情况作为政府工作重点督查内容，适时组织开展对乡村教师支持计划实施情况的专项督查，实行问责制，对落实不力、责任不到位的，要追究相关负责人的领导责任。各级政府督导机构要将乡村教师队伍建设纳入专项督导范围，适时开展专项督导检查，及时通报督导情况，确保乡村教师队伍建设的各项措施落到实处。

各地（市）要根据本实施办法，结合各自实际制订实施细则，提出更加细化、更为有效的政策措施，于 2016 年 4 月底前将本地（市）实施细则报教育厅备案，同时向社会公布，接受社会监督。

陕西省人民政府办公厅关于印发陕西省乡村教师支持计划(2015—2020年)实施办法的通知

陕政办发〔2015〕109号

各市、县、区人民政府，省人民政府各工作部门、各直属机构：

《陕西省乡村教师支持计划(2015—2020年)实施办法》已经省政府同意，现印发你们，请认真贯彻执行。

陕西省人民政府办公厅

2015年12月31日

陕西省乡村教师支持计划(2015—2020年)实施办法

为贯彻落实《国务院办公厅关于印发乡村教师支持计划(2015—2020年)的通知》(国办发〔2015〕43号)精神，加强乡村教师队伍建设，提高乡村教育质量，促进教育公平发展，制定以下实施意见。

一、总体目标

统筹实施全省教师队伍建设各项政策，提升乡村教师队伍整体质量。2017年前，建立乡村教师"下得去、留得住、教得好"政策保障机制，乡村教师教育教学能力显著提升，城乡教师队伍整体水平差距明显缩小。到2020年，力争建设一支素质优良、甘于奉献、扎根乡村、充满活力的教师队伍。

确保数量。拓宽乡村教师的补充渠道,足额配备乡村学校教师,优化乡村教师结构。

提升质量。完善乡村教师培训,加大骨干培养,强化师德素质,加强实践能力,提高专业素养。

稳定队伍。强化对乡村教师激励机制,提高地位待遇,改善生活待遇,优先评职评优。

促进交流。完善校长教师交流轮岗机制,推进优秀教师向乡村学校有序、有度、有效流动的机制。

二、工作原则

各地、各有关部门要围绕全省教育改革发展的总体目标任务,将乡村教师队伍建设纳入全省教师队伍建设体系。坚持立足实际,准确掌握乡村教师队伍现状和问题。坚持问题导向,努力破解乡村教师队伍建设中的突出问题。坚持保障为先,建立健全保障乡村教师队伍建设发展的政策措施,吸引优秀人才到乡村学校任教。坚持因地制宜,支持各地结合本地经济社会和教育事业发展实际,积极探索建立优秀乡村教师队伍的体制机制。坚持实效为重,通过实施乡村教师支持计划,促进乡村教师队伍健康发展,推动乡村教育事业水平不断提高。

三、主要措施

(一)推进乡村教师师德建设。重视和加强乡村教师队伍党建工作,注重发挥乡村党员教师的政治核心作用。实施乡村教师师德提升计划,开展师德模范进乡村活动,促进双向学习和多元帮扶。促进乡村教师师德学习,不断强化师德教育内容,丰富乡村教师的师德理解,拓展乡村教师的师德视野,提升乡村教师的师德水平,促进乡村教师建构现代师德意识和能力。建立健全乡村教师师德监督机制,严格执行师德“一票否决制”。激发和弘扬乡村教师精神，采取多种形式宣传优秀乡村教师的先进事迹。

（二）拓展乡村教师补充渠道。积极争取中央特岗教师计划，适当扩大乡村教师招聘规模，优化乡村教师性别结构，各市、县（区）政府要加大对乡村教师建设的财政支持。鼓励优秀高校毕业生到乡村学校任教，扎实落实高校毕业生到乡村学校任教一定期限享受学费补偿和国家助学贷款代偿政策。加强“一专多能”乡村教师的本土化培养，经地方免费师范生计划或乡村教师定向培养计划培养的并取得教师资格证的毕业生，定向安排生源县乡村学校任教。鼓励城镇退休特级教师、高级教师、教学名师到乡村学校支教讲学。

（三）提高乡村教师生活待遇。全面落实集中连片特困地区乡村教师生活补助以县为主的政策，并依据学校艰苦边远程度实行差别化的补助标准，省财政根据各地投入情况给予综合奖补。各地要依法依规落实乡村教师工资待遇政策，依法为教师缴纳住房公积金和各项社会保险费。在现行制度架构内，做好乡村教师重大疾病救助工作。加快实施边远艰苦地区乡村学校教师周转宿舍建设，将符合条件的乡村教师住房纳入当地住房保障范围统筹解决。支持各地根据城镇差异、区域差异，对乡村教师实行有差别的地方津补贴机制。

（四）统一城乡教职工编制标准。乡村中小学教职工编制按照城市标准统一核定，其中规模较小的中小学和教学点可按照生师比和班师比相结合的方式核定，乡村寄宿制学校根据情况可适当增加教职工编制。县级教育部门在核定的编制总额内，按照“总量控制、城乡统筹、结构优化、动态管理”的原则，根据班额、生源变化情况，适时增减调剂编制，统筹优化使用，确保乡村学校教师编制落到实处，开足开齐国家规定课程。乡村中小学教职工编制纳入实名制管理，严禁任何部门和单位挤占、挪用和截留乡村中小学教职工编制，严禁在有合格教师来源的情况下“有编不补”、长期使用临聘人员。深化中小学校后勤服务社会化改革，后勤保障人员不纳入编制管理，支持各地通过政府购买社会化服务方式解决乡村学校的后期服务问题，所需资金由同级财政承担。

（五）职称（职务）评聘向乡村学校倾斜。改进乡村教师职称（职务）评审标准，注重乡村教师的师德素养、教育教学工作业绩、教育教学方法和教育教学一线实践经历等。职称（职务）评审中对乡村教师不作外语、计算机成绩（外语、计算机教师除外）、发表论文的刚性要求。增加乡村学校中、高级岗位数量，实现县域内城乡学校教师岗位结构比例总体平衡。城市中小学教师晋升高级教师职称（职务）的，应有在乡村学校任教一年以上经历。

（六）推动城镇优秀教师向乡村学校流动。按照"试点先行、以点带面"的原则，加快推进义务教育教师队伍"县管校聘"管理体制改革，到2020年全面实现义务教育学校教师管理"县管校聘"。全面落实义务教育学校教师校长交流轮岗工作，采取定期交流、跨校竞聘、学区一体化管理、学校联盟、对口支援、乡镇中心学校教师走教等多种途径和方式，重点引导优秀校长和骨干教师向乡村学校流动，采取有效措施保持乡村优秀教师队伍相对稳定。县域内重点推动县城学校教师到乡村学校交流轮岗，乡镇范围内重点推动中心学校教师到村小学、教学点交流轮岗。

（七）全面支持乡村教师校园长专业发展。从2016年起实施乡村教师能力素质提升工程，到2020年，对所有乡村教师和校园长完成不少于360学时的培训。实施以教学能手、学科带头人、骨干校园长的培养为重点乡村骨干体系建设计划，以全面提升乡村教师教育教学能力的乡村教师全员提升计划。各地要保障将教师培养培训费用，增强培训的针对性和实效性，鼓励乡村教师在职学习，不断提高学历水平。

建立完善乡村教师校园长专业发展支持服务体系，引导高等院校、教研机构、城镇优质学校支持县级教师发展中心建设，逐步形成以县为主、辐射乡村的乡村教师校园长专业发展支持服务体系。推进乡村学校校本研修，形成乡村教师自我发展平台。

（八）建立乡村教师荣誉制度。加大对优秀乡村教师的表彰力度，在评选特级教师工作和评优树模活动中向乡村教师倾斜。对在乡村学校从教10年、20年、30年以上的教师,建立完善奖励机制。坚持实施教师荣誉休养制度,实施对乡村教师专项计划,安排优秀乡村教师学术度假和疗养。吸引、鼓励企业和社会力量建立专项基金,对表现优秀的乡村教师给予物质奖励。大力宣传优秀乡村教师的先进事迹,激发和弘扬乡村教师奉献精神,在全社会营造关心乡村教师、支持乡村教育、关注乡村学生的良好氛围。

四、保障机制

(一)加强领导,协同管理。各地政府是实施乡村教师支持计划的责任主体,各地、各有关部门要切实加强对乡村教师支持计划落实工作的管理,教育部门要加强对乡村教师队伍建设的统筹管理、规划和指导。编制、发展改革、财政、人力资源社会保障部门要按照职责分工主动履职,切实承担责任。各市(区)要结合自身实际制订实施细则,实行一把手负责制,精心组织实施。

(二)加强保障,严格管理。省级通过相关政策和资金渠道,支持乡村教师队伍建设。市、县要积极调整财政支出结构,加大投入力度,大力支持乡村教师队伍建设。要把资金和投入用在乡村教师队伍建设最薄弱、最迫切需要的领域,切实用好每一笔经费,提高资金使用效益,促进教育资源均衡配置。要制定严格的经费监管制度,规范经费使用,加强经费管理,强化监督检查,坚决杜绝截留、克扣、虚报、冒领等违法违规行为的发生。

(三)加强督查,完善机制。各级政府及其有关部门要加大对乡村教师支持计划落实工作的考核和监督,建立政策落实及成效评估和追责机制。对实施不到位、成效不明显的,要追究相关负责人的领导责任。各级人民政府教育督导机构要会同有关部门,每年对乡村教师支持计划实施情况进行专项督导,及时通报督导情况并适时公布。

甘肃省人民政府办公厅关于印发甘肃省乡村教师支持计划(2015—2020年)实施办法的通知

甘政办发〔2015〕152号

各市、自治州人民政府，兰州新区管委会，省政府有关部门：

《甘肃省乡村教师支持计划(2015—2020年)实施办法》已经省政府同意，现印发你们，请认真贯彻执行。

甘肃省人民政府办公厅

2015年10月27日

甘肃省乡村教师支持计划(2015—2020年)实施办法

为全面贯彻落实《国务院办公厅关于印发乡村教师支持计划(2015—2020年)的通知》(国办发〔2015〕43号)精神，努力培育一支"下得去、留得住、教得好"的乡村教师队伍，让每一个乡村孩子都能接受公平、有质量的教育，结合我省实际，特制定本实施办法。

一、重要意义

制定乡村教师支持计划实施办法，是省委、省政府立足全面建成小康社会战略全局、进一步加快乡村教师队伍建设的一项重大决策部署，是惠及全省乡村教师和乡村学生的重大民生工程，对于解决当前我省乡村教师队伍建设领域存在的突出问题，深入推进精准扶贫、精准脱贫，吸引优秀人才到乡村学校任教，稳定乡村教师队伍，提升乡村教育质量，促进教育公平，推动城乡一体化建设和社会主义新农村建设，建设幸福美好新甘肃具有十分重要的意义。

二、总体要求

（一）基本原则。

1. 师德为先，以德化人。着力提升乡村教师思想政治素质和职业道德水平，引导乡村教师带头践行社会主义核心价值观，加强乡村教师对中国特色社会主义的思想认同、理论认同和情感认同，坚定对中国特色社会主义的道路自信、理论自信、制度自信。重视发挥乡村教师以德化人、言传身教的作用，教育学生热爱祖国、热爱人民、热爱中国共产党，形成正确的世界观、人生观、价值观，确保乡村教育正确导向。

2. 规模适当，结构合理。合理规划乡村教师队伍规模，集中人财物资源，制定实施优惠倾斜政策，加大工作支持力度，加强乡村地区优质教师资源配置，有效解决乡村中小学和幼儿园教师短缺问题，优化乡村教师队伍结构。

3. 提升质量，提高待遇。立足省情，聚焦乡村教师队伍建设最关键领域、最紧迫任务，多措并举、定向施策、精准发力、标本兼治，加强培养补充，提升专业素质，提高地位待遇，不断改善乡村中小学和幼儿园教师工作生活条件。

4. 改革机制，激发活力。坚持问题导向，深化体制机制改革，拓宽乡村教师来源，鼓励有志青年投身乡村教育事业，畅通高校毕业生、城镇教师到乡村中小学校和幼儿园任教的通道，逐步形成“越往基层、越是艰苦，地位待遇越高”的激励机制，以及充满活力的乡村教师使用机制。通过实施乡村教师支持计划，带动建立相关制度，形成可持续发展的长效机制。

（二）工作目标。

到2017年，力争使全省乡村中小学校和幼儿园优质教师来源得到多渠道扩充，乡村教师资源配置得到明显改善，教育教学能力水平稳步提升，各方面合理待遇依法得到较好保障，职业吸引力明显增强，逐步形成“下得去、留得住、教得好”的良好局面。到2020年，努力培育一支素质优良、甘于奉献、扎根乡村的教师队伍，为我省基本实现教育现代化提供强有力的师资保障。

三、主要任务

（一）严格践行教师职业道德规范。进一步建立健全乡村教师政治理论学习制度，坚持不懈地用中国特色社会主义理论体系和社会主义核心价值观武装乡村教师头脑，增强思想政治工作的针对性和实效性，不断提高教师的理论素养和思想政治素质。切实加强乡村教师队伍党建工作，基层党组织要充分发挥政治核心作用，积极关心教育乡村教师，优先发展甘于奉献乡村教育的优秀教师为党员。强化师德教育，把教师职业理想、职业道德、法治教育、责任教育、心理健康教育融入职前培养、准入、职后培训和管理全过程，形成教育、宣传、考核、监督与奖励相结合的师德建设长效机制，引导和教育广大乡村教师履行主体责任，践行师德规范，严守师德底线。

（二）有效拓展乡村教师补充渠道。建立省级统筹规划、统一选拔、严格标准、精准招考、优中选优的乡村中小学和幼儿园教师补充机制，着力破解结构性矛盾，补足配齐音体美等紧缺学科教师，为乡村中小学校和幼儿园持续输送大批优秀高校毕业生。积极争取扩大国家农村义务教育教师特岗计划实施范围和规模，参照农村义务教育阶段学校特岗教师政策，实施“幼儿教师特岗计划”，重点支持贫困地区、革命老区、少数民族地区补充乡村教师，适时提高特岗教师工资性补助标准。高校毕业生取得教师资格并到乡村中小学和幼儿园任教一定期限，按有关规定享受学费补偿和国家助学贷款代偿政策。统筹省内师范院校招生计划，改革培养模式，精准免费培养“小学全科”“中学一专多能”的乡村教师。实施精准扶贫教育支持计划，每年选拔一批家庭困难、学业优秀、有志从事乡村教育的优秀高中毕业生到师范院校就读，定向培养、协议服务。根据健康状况，采取自愿原则，通过协议返聘退休特级教师、高级教师到乡村中小学和幼儿园支教讲学，并给予一定经费补助。

（三）大力提高乡村教师各项待遇。全面落实58个集中连片特困县和17个插花型贫困县乡村中小学校和幼儿园教师生活补助政策，省级财政继续给予综合奖补，使乡村教师待遇总体上高于县城教师。全省乡村教师在享受甘肃省乡镇机关事业单位工作人员乡镇工作补贴200—600元基础上，对58个集中连片特困地区和17个插花型贫困县乡村中小学和幼儿园教师，按每月不低于300元标准发放生活补助，并对获得荣誉的教师适当提高标准。切实提高乡村学校班主任待遇，严格落实《甘肃省人民政府办公厅关于批转省人力资源和社会保障厅等部门甘肃省义务教育学校绩效工资实施意见的通知》（甘政办发〔2009〕109号）要求，《甘肃省义务教育学校绩效工资实施意见》，在绩效工资实施总量的30%范围内（即奖励性绩效工资），按每人每月不低于300元标准，依据边远程度和工作量，实行差别化班主任津贴和寄宿制学校双岗教师岗位补助。县市区要根据教师与任教学校距离等实际情况，给予乡村教师一定的交通补助。各地要依法依规落实乡村教师工资待遇政策，及时足额为教师缴纳住房公积金和各项社会保险费。各市州及县市区政府要监督用好医疗保险基金，每年组织乡村教师进行1次体检，对于条件艰苦的偏远乡村中小学和幼儿园，要组织专家下乡巡诊。在现行制度框架内，做好乡村教师重大疾病救助工作，建立绿色通道，特事特办。乡村教师夫妻双方均在同一县域内工作的，在自愿的情况下，由县市区负责选调一方到离家就近学校工作。

（四）切实改善乡村教师工作生活条件。把改善乡村教师住宿、食堂、办公条件与实施“全面改薄”、建设周转宿舍等工程相结合，因地制宜，整体推进。每个乡建1所乡村教师活动中心，设立教师心理健康教育室，为教师身心健康提供服务。所有乡村学校实现“校校通、班班通、人人通”全覆盖，并为乡村教师提供必要的信息化设备。按照“节约、安全、卫生、实用”的原则，通过维修改造或新建扩建，为每所乡村学校修建一所食堂，并配备餐桌椅等相应设施设备。按规定标准，为乡村教师修建集办公、住宿为一体的周转宿舍。根据《国务院办公厅关于保障性安居工程建设和管理的指导意见》(国办发〔2011〕45号)和《甘肃省人民政府办公厅关于印发甘肃省公共租赁住房管理办法的通知》(甘政办发〔2010〕159号)精神，从2016年开始，将解决村一级小学和幼儿园教师住宿问题列入为民办实事项目，建设周转房予以解决；把乡一级中小学和幼儿园教师住房纳入保障性住房范围，由县市区政府统一解决。足额保障乡村学校取暖费，百人以下乡村学校公用经费按照百人核定。

(五)重新核定乡村教师岗位编制。乡村中小学教职工编制按照城市标准统一核定，其中村小学编制按照生师比和班师比相结合的方式核定，教学点编制按班师比的方式核定。县级教育部门在核定的编制总额内，按照班额、生源等情况统筹分配各校教职工编制，并报同级机构编制部门和财政部门备案。逐年合理消化、多渠道解决2003年以前县级政府聘任的代课人员问题，到2020年力争实现无代课人员的目标。通过政府购买服务的方式解决乡村中小学校和幼儿园炊事员、校医、保安等工勤人员配备问题。通过调剂编制、加强人员配备等方式加大对人口稀少的教学点、村小学和幼儿园的倾斜支持力度，重点解决教师全覆盖问题，确保乡村学校开足开齐国家规定课程。严禁在有合格教师来源的情况下“有编不补”、长期使用临聘人员；严禁任何部门和单位以任何理由、任何形式占用或变相占用乡村中小学和幼儿园教职工编制。

(六)稳步推进乡村教师职称制度改革。各地要研究完善乡村教师职称(职务)评聘条件和程序办法，加大对乡村中小学和幼儿园教师的倾斜支持力度，保证指标分配乡村教师所占比例不低于人数比例；建立以同行专家评审为基础的评价机制，并公示评聘结果、主动接受社会监督，实现县域内城乡学校教师岗位结构比例总体平衡。改革乡村教师职称（职务）评聘制度，实行评聘合一，动态管理，将分设的中学和小学教师职称（职务）系列统一为初、中、高级。乡村教师在评定职称（职务）时，达到初级、中级职称（职务）晋升年限的，经师德考核和课堂教学能力测试合格后可直接认定相应职称（职务）。在晋升高级职称（职务）时，不作外语成绩（外语教师除外）、发表论文的刚性要求，坚持育人为本、德育为先，注重师德素养、教育教学工作业绩、教育教学方法和教育教学一线实践经历。城市中小学教师晋升高级教师职称（职务），应有在乡村学校或薄弱学校任教 2 年以上（累计）的经历，县域内教师职称评定，中级以上必须有乡村任教 3 年以上经历。

（七）有序推动城乡教师合理流动。全面推进义务教育教师队伍“县管校聘”管理体制改革，为组织城市教师到乡村学校任教提供制度保障。积极探索“大学区”管理体制，推行学区走教制度，进一步加大教师交流轮岗力度，促进优质教师资源特别是音体美等紧缺薄弱学科教师在学校之间、乡县之间、城区之间、县际之间合理流动。各地要采取定期交流、跨校竞聘、学区一体化管理、学校联盟、对口支援、乡镇中心学校教师走教等多种途径和方式，重点引导优秀校长和骨干教师向乡村学校流动。县域内重点推动县城学校教师到乡村学校交流轮岗，乡镇范围内重点推动中心学校教师到村小学、教学点交流轮岗。

（八）全面提升乡村教师能力素质。各市州及县市区政府要切实履行主体责任，把乡村教师培训纳入基本公共服务体系予以保障。在加强省级教师培训机构建设的同时，市州要建设教师培训中心，县市区要建设教师发展中心，乡村要建设教师活动中心，积极构建乡村教师、校长专业发展支持服务体系。到 2020 年前，对全体乡村教师、校长进行每人 360 学时的培训。将师德教育作为乡村教师培训首要内容贯穿培训全过程，推动师德教育进教材、进课堂、进头脑。全面提升乡村教师信息技术应用能力，积极利用远程教学、数字化课程等信息技术手段，破解乡村优质教学资源不足的难题，同时建立支持学校、教师使用相关设备的激励机制并提供必要的保障经费。加强乡村中小学和幼儿园音体美等师资紧缺学科教师和民族地区双语教师培训。按照乡村教师实际需求改进培训方式，采取送培下乡、顶岗置换、专家指导、校本研修、网络研修等多种形式，增强培训的针对性和实效性。加强革命老区和藏区学前教育转岗教师、藏区双语教师培训，不断丰富培训内容，着力提高教师教育教学水平。开展“巡回支教”活动，每年安排一批城市优秀教师、校长到革命老区和民族地区中小学和幼儿园支教挂职。每年选派一批优秀大学生赴藏区开展双语顶岗支教。鼓励乡村教师在职学习深造，提高学历层次。从 2015 年起，“国培计划”集中支持乡村教师校长培训；从 2016 年起，“省培计划”新增经费倾斜支持乡村教师培训。

（九）着力加强乡村学前教师队伍建设。紧密结合乡村学前教育发展实际，按照“适应需求、逐步到位”的原则，严控总量、盘活存量，优化结构、分级负责，创新学前教师队伍建设思路，探索应急性教师补充和长期性人才培养相结合的机制，进一步加大乡村幼儿园教师培养储备与培训力度，逐步建立一支关爱幼儿、师德高尚、结构合理、数量充足的高素质、专业化乡村幼儿园教师队伍，积极构建覆盖城乡、布局合理、具有我省特色的幼儿园教师队伍建设体系。

（十）逐级建立乡村教师荣誉制度。建立与待遇水平相挂钩的荣誉制度，对乡村教师予以鼓励。省政府将对在乡村学校从教 20 年以上的教师予以表彰；市县政府要分别对在乡村学校从教 10 年以上的教师给予表彰。引导和动员社会力量建立专项资金，对长期在乡村工作的优秀教师予以物质奖励。适当扩大省政府“园丁奖”表彰数量，名额分配重点向基层一线和乡村教师倾斜。对乡村从教 20 年以上教师的子女，在省内教师招考时，同等条件下优先招录；市州及县市区政府要结合实际制定本地区高中升学照顾政策。

四、保障措施

（一）加强组织领导。《甘肃省乡村教师支持计划（2015—2020 年）实施办法》由省政府有关部门和市、县、乡各级政府分级组织实施。各地和各有关部门要切实把落实实施办法、加强乡村教师队伍建设纳入"十三五"规划，认真研究谋划，统筹安排部署，扎实有效推进。各市州及县市区政府要严格实行一把手负责制，成立由宣传、编制、发展改革、教育、财政、人社、建设、民政、卫生计生、扶贫等部门组成的领导小组和工作机构，加强衔接沟通，密切协调配合，形成有效合力，及时解决工作中存在的突出矛盾和重大问题，统筹推进实施办法的贯彻落实。

（二）明确任务清单。省教育厅要编制乡村教师发展规划，统一规划和部署全省乡村教师发展工作；省编办要制订乡村学校编制标准和管理办法，进一步规范学校编制管理，确保乡村学校编制需求；省发展改革委要会同省教育厅编制乡村学校食堂、周转宿舍和活动中心建设规划，加快建设步伐，进一步改善乡村教师工作和生活条件；省人社厅、省财政厅要完善并督促落实乡村教师生活补助政策，着力提高乡村教师待遇；省人社厅、省教育厅要进一步完善乡村教师职称评聘改革办法，加大对乡村教师倾斜支持力度，解决乡村教师职称评聘问题，促进县域内城乡学校教师岗位结构比例总体平衡；省卫生计生委要制订乡村教师体检和就医工作方案，积极服务乡村教师健康需求。各地要在深入调查研究、广泛听取乡村教师诉求的基础上，结合实际制定本地区的实施办法，进一步完善定岗定编、职称评聘、待遇保障、条件改善等方面的支持政策，明确乡村教师支持计划推进工作的时间表、路线图和具体责任单位和责任人，并报上一级教育部门备案，同时向社会公布，主动接受社会监督。各市州政府于 2015 年底前将本市州实施办法报省政府备案。

（三）落实经费保障。按照"中央奖补为主、省级统筹安排、市县适度配套”的原则，进一步加大对乡村教师队伍建设的支持力度。各地政府要把乡村教师队伍建设作为重点保障领域之一，将所需经费纳入公共财政保障范围，形成稳定投入机制，确保乡村教师生活补助、乡村班主任津贴、寄宿制学校双岗教师岗位补助以及培训、体检等专项经费及时足额到位。要制定严格的经费监管制度，规范经费使用，加强经费管理，强化监督检查，坚决杜绝截留、克扣、虚报、冒领等违法违规行为，充分发挥资金使用效益。

(四) 实施整体推进。各地政府要把实施乡村教师支持计划与依法治教相结合，认真贯彻执行《义务教育法》，落实政府主体责任，坚决维护好乡村教师合法权益，切实保障各方面合理待遇；与深入推进简政放权相结合，把涉及职称评聘、教师调配等方面该放的权力放下去、放到位；与推进义务教育均衡发展相结合，补足乡村教育发展短板，促进城乡教育均衡发展；与抓好“全面改薄”相结合，着力改善乡村教育条件，提升乡村办学品质。

(五) 推动精准扶贫精准脱贫。各地政府及有关部门要发挥教育在推进精准扶贫、精准脱贫中的重要作用，坚持定点、定向的原则，深入实施《支持革命老区教育跨越发展行动计划》《精准扶贫民族地区教育支持计划》，选拔最优秀的青年教师到贫困村任教，培养最适合的骨干教师到贫困村从教，让贫困家庭孩子享受优质的教育，阻止贫困现象代际传递。

(六) 强化教师管理。各级教育行政部门要加强教师管理专门机构建设，完善教师管理信息系统，为乡村教师逐一建立师德、业绩、培训、荣誉、健康档案，健全完善乡村教师动态管理机制。建立健全乡村教师退出机制，严格实行中小学教师资格定期注册制度，在广泛听取学生家长意见的基础上，对考核不合格、不适应岗位需求的，通过转岗等方式及时退出教师队伍。以提高师德素养和业务能力为核心，优化培训内容，改革培训模式，创新培训管理，落实主体责任，完善评价机制，提高培训实效。

(七) 突出宣传教育。各地政府要加强宣传引导，认真组织开展“最美乡村教师典型”宣传活动，广泛宣传广大乡村教师为人师表、爱岗敬业、无私奉献的先进事迹，积极营造全社会关心支持乡村教师和乡村教育的浓厚氛围，努力在全社会形成尊师重教的良好风尚。

（八）严格考核问责。省教育厅要会同省直有关部门对乡村教师编制及待遇落实、经费保障、职称评定、队伍建设等情况定期进行专项督查，确保各项政策措施切实落到实处。对工作不力、政策落实不到位的，要依纪依规严肃问责。

青海省人民政府办公厅关于印发青海省乡村教师支持计划(2015—2020年)实施办法的通知

青政办〔2015〕231号

各市、自治州人民政府,省政府各委、办、厅、局:

《青海省乡村教师支持计划(2015—2020年)实施办法》已经省政府同意,现印发给你们,请认真贯彻执行。

青海省人民政府办公厅

2015年12月25日

青海省乡村教师支持计划(2015—2020年)实施办法

为稳定全省乡村教师(指乡镇及乡镇以下中小学校、幼儿园编制内教师,下同)队伍,吸引优秀人才到乡村学校(含教学点、幼儿园,下同)任教,提高乡村教育质量,根据《国务院办公厅关于印发乡村教师支持计划(2015—2020年)的通知》(国办发〔2015〕43号),结合我省实际,制定本实施办法。

一、总体要求

认真贯彻落实党中央、国务院和省委、省政府关于加强教师队伍建设的各项规定要求和乡村教师队伍建设的重要部署,坚持"师德为先、以德化人，规模适当、结构合理，提升质量、提高待遇，改革机制、激发活力”的基本原则，将乡村教师队伍建设摆在农牧区教育优先发展的战略地位，努力提升乡村教师思想政治和专业素质，不断改善乡村教师工作生活条件，稳定乡村教师队伍，吸引优秀人才到乡村学校任教，优化乡村教师资源配置，缩小城乡师资水平差距，促进教育公平，提高乡村教育质量，培养一支党和人民满意的有理想信念、有道德情操、有扎实学识、有仁爱之心的“四有”高素质专业化乡村教师队伍。到2017年，乡村教师补充渠道得到进一步拓展，乡村教师资源配置得到较好改善，教育教学能力水平稳步提升，各项待遇依法保障，职业吸引力明显增强，逐步形成“下得去、留得住、教得好”的局面。到2020年，努力造就一支素质优良、甘于奉献、扎根乡村的教师队伍，为推动城乡一体化建设、加快整体脱贫步伐、全面建成小康社会、基本实现教育现代化提供坚强有力的师资保障。

二、政策措施

（一）全面提高乡村教师思想政治素质和师德水平。

1. *加强思想政治教育和师德培训。*坚持不懈地用中国特色社会主义理论体系武装乡村教师头脑，增强思想政治工作的针对性和实效性，使乡村教师成为社会主义核心价值观的践行者。切实加强乡村学校党建工作，发挥基层党组织的政治核心作用。关心教育乡村教师，将师德教育作为乡村教师培训的首要内容，推动师德教育进教材、进课堂、进头脑；把教师职业理想、职业道德、法治教育、民族团结、心理健康教育等融入职前培养、准入、职后培训和管理的全过程，不断提高乡村教师的理论素养、政治素质和师德水平。

2. *建立完善师德建设长效机制。*构建落实教育、宣传、考核、监督与奖惩相结合的师德建设长效机制。建立健全科学民主的师德考核制度，按照过程考核和年度考核相结合、定性考核与定量考核相结合的原则，定期对教师师德进行考评。建立和完善学生、家长和社会参与的师德监督机制，主动接受社会监督。建立教师师德档案，选树师德先进典型，培育优良师风，把师德表现作为绩效考核、职称评聘、评优奖励、教师资格定期注册的主要内容，教育引导乡村教师，严守师德底线。

（二）拓展乡村教师补充渠道。

3. 改革完善乡村教师招聘机制。建立省级统筹规划、严格标准、精准招考的乡村教师补充机制，严把乡村教师入口关。省教育厅制定统一的中小学招聘基本条件及准入门槛，省人力资源社会保障厅核准招聘方案，市州统一组织实施中小学教师招聘。通过“省定标准、市州考招”的机制和措施，为全省乡村学校配置合格师资，从源头上保证新聘教师质量。

4. 加强小学全科和中小学双语教师培养。依托青海师范大学实施教育部“西部农牧区卓越小学全科教师培养”项目和省级卓越教师培养教育试点项目，深化小学教师培养模式改革，加强本土化培养，重点为乡村小学培养“一专多能”全科型教师和中小学双语教师。青海师范大学和青海民族大学师范类招生计划中每年安排一定比例的乡村小学教育（全科）专业计划。

5. 完善乡村教师补充渠道。将国家“特岗计划”和免费师范生作为农牧区乡村学校教师补充的重要渠道，吸引鼓励优秀大学毕业生到乡村学校任教。积极争取扩大国家“特岗计划”实施规模，进一步提高乡村学校特岗教师招聘比例，落实特岗教师与当地公办教师享受同等工资待遇，确保3年服务期满、考核合格且愿意留任的特岗教师全部按时纳编。各地教育部门要会同编制部门在核定的中小学教师编制总额内，提前预留接收免费师范生编制，确保免费师范毕业生到乡村学校任教有编有岗。落实《幼儿园教职工配备标准（暂行）》，通过政府购买服务等多种方式补足配齐乡村幼儿园教职工。依据社会平均工资水平，提供保教岗位工资补助。

6. 扩大学费奖补范围。继续执行现有政策，进一步扩大学费奖补范围，对全日制普通高校毕业生取得教师资格并到乡村学校任教一定期限的，按有关规定享受学费补偿和国家助学贷款代偿政策。

7. 鼓励退休教师支教讲学。各地区要采取有效措施，充分发挥退休教师的余热，鼓励城镇退休的特级教师、高级教师到乡村学校支教讲学。退休教师支教讲学纳入“三区”人才支持计划教师专项计划，并按规定给予一定的工作补助。

（三）提高乡村教师生活待遇。

8. 完善乡村教师生活待遇。认真落实国家相关政策，积极争取中央财政综合奖补资金，采取有效措施进一步提高乡村教师待遇，充分考虑乡村教师工作的特殊性，统筹提高乡村教师乡镇工作岗位补助标准。

9. 依法保障乡村教师合法权益。依法依规落实乡村教师工资待遇政策，保证乡村教师工资按时足额发放，并按规定为乡村教师缴纳住房公积金和各项社会保险费。在现行制度框架内，结合本地实际，建立乡村教师健康档案，定期组织体检，为患重特大疾病符合医疗救助条件的乡村教师提供帮助。

10. 加快乡村教师周转宿舍建设。进一步加快乡村学校教师周转宿舍建设，到2020年，全省基本解决乡村教师周转宿舍问题。各地区要统筹规划，将符合条件的乡村教师住房纳入当地住房保障范围，改善教师住房条件，保障乡村教师安居乐教。

（四）完善乡村教师编制管理。

11. 改革教师编制管理机制。在我省已实行城乡教职工统一编制标准的基础上，对教职工编制要进行动态管理。市(州)、县编制部门和教育部门要探索建立区域内教职工编制动态调整机制，根据县域间、学段间学生变化情况，及时进行合理调整。

12. 优化乡村教师编制管理。各县(市、区、行委)教育部门和编制部门要按照“严控总量、盘活存量、优化结构、增减平衡”的要求，在核定的编制总额内，通过调剂编制、加强人员配备等方式进一步向学生规模较小、班级数较少的教学点和村小学倾斜，解决教学点、村小学师资不足问题，确保乡村学校开足开齐国家规定课程。

13. 及时补齐乡村教师缺额。各市(州)教育部门会同编制、人力资源社会保障部门根据乡村教师自然减员情况确定每年用编进人计划,按照缺什么补什么的原则,及时补齐补足缺额乡村教师,保证乡村学校专任教师“退补相当”,满足教育教学工作需要。严禁在有合格教师来源的情况下“有编不补”、长期使用临聘人员,严禁任何部门和单位以任何理由、任何形式占用或变相占用乡村学校教职工编制。

14. 整顿规范临聘教师。坚持“属地化管理”和“谁聘用谁负责”的原则,将乡村学校临聘教师纳入本地区教师队伍建设和管理整体工作。按照乡村学校实际需求确定生活指导教师等工种岗位,建立健全监管机制,保障临聘人员基本权益,依法实行动态管理。

(五)职称评聘向乡村学校倾斜。

15. 调整完善职称评聘办法。结合乡村教师队伍实际,完善乡村学校教师职称评定标准和评定办法,更加注重师德素养、教育教学工作业绩、教育教学方法、教育教学一线和班主任工作的实践经验,专技岗位设置向乡村学校倾斜,适当提高中高级职称岗位设置比例,适当放宽乡村教师职称评聘条件,乡村教师申报职称时,外语、计算机和论文不作刚性要求。职称评审条件向乡村教师倾斜,吸引优秀教师到乡村学校任教。

16. 推进中小学校职称改革。建立统一的中小学教师职称制度体系,将原来相互独立的中学和小学教师职称系列统一并入新设置的中小学教师职称系列。在中小学设置正高级职称,职称评审严格在核定的岗位结构比例内进行,实现职称评审与岗位聘任的有机结合。

17. 充分发挥职称导向作用。充分发挥职称评聘在乡村教师队伍建设中的杠杆调节功能,引导教师到乡村学校任教(支教)。城市中小学教师晋升高级教师职称,须有在乡村学校或薄弱学校任教(支教)一年以上的经历。

（六）推动城镇优秀教师向乡村学校流动。

18. 推进“县管校聘”管理改革。全面推进义务教育学校教师队伍“县管校聘”管理改革，将县域内中小学校教职工人事关系统归县管，将教师由“学校人”变为“区域人”。县教育、编制和人力资源社会保障部门负责宏观指导和监督，学校依法与教师签订聘用合同，按有关规定充实相关约定内容，负责教师的使用和日常管理。

19. 有序推动城乡教师合理流动。各地区要结合实际，多措并举，保持乡村教师队伍相对稳定。采取灵活多样的方式积极有效地开展本地区校长教师交流轮岗工作，通过组织选派、个人申请、校际协作、巡回授课、对口支援等多种途径和方式，重点引导优秀校长和骨干教师由城镇学校向乡村学校、优质学校向薄弱学校、中心学校向村小学和教学点流动。各地区每学年教师交流轮岗的比例不低于符合交流条件教师总数的10%。鼓励各地通过考核、选拔，探索建立符合实际的乡村教师向城镇流动常态化机制。

20. 完善教师交流激励机制。省教育厅要继续按照不低于城镇教师总数2%的比例，有计划地组织选派西宁、海东等地教师到青南边远地区支教，特别要鼓励引导到乡村学校支教；继续组织实施青海师范大学、青海民族大学本专科师范生顶岗支教实习工作，同时加大支教地区乡村教师置换培训力度，形成可持续发展长效机制。各地区要建立完善义务教育学校校长教师交流轮岗激励保障机制，促进交流轮岗工作的开展。各地区在中高级岗位职数核定的总额内，预留5%的岗位职数用于鼓励城镇优质学校未聘的中高级职称教师到乡村学校任教，实现跨校评聘。主动参与交流轮岗的校长和教师，在干部任用、评优表彰、职称晋升等方面，在同等条件下予以优先。校长和教师参评省级奖项，有交流轮岗经历的优先。

（七）全面提升乡村教师能力素质。

21. 完善乡村教师培训体系。把乡村教师全员培训纳入基本公共服务体系，完善培训制度，保障经费投入。省级统筹规划和支持教师全员培训，地方政府落实教师培训主体责任，实施省、市(州)、县(市、区、行委)及学校分级培训乡村教师制度。以“国培计划”和“省培计划”为引领，创新乡村教师专业提升机制，充分利用省内外教师培训基地、地方教师培训机构和中小学校优质资源，构建全方位、多层次乡村教师、校长专业发展支持服务体系。

22. 加大乡村教师培训力度。教师培训经费纳入财政预算，按照学校年度公用经费预算总额5%的比例足额安排教师培训经费。加大教师培训向乡村教师倾斜力度，实行5年一周期不少于360学时的培训，确保乡村教师培训时间和质量。积极探索符合乡村教师实际的培训方式，通过顶岗置换、网络研修、送教下乡、专家指导、校本研修等多种形式，增强培训的针对性和实效性，推动乡村教师培训常态化。加强音体美等紧缺学科教师和民族地区双语教师培训。鼓励乡村教师在职学习深造，提高学历层次。

23. 加强信息技术培训。积极推进乡村学校教育信息化，全面提升乡村教师信息技术应用能力，充分利用远程教学、数字化课程等信息技术手段，通过网络课堂教学开齐开足国家规定课程，破解乡村学校优质教学资源不足的难题。探索乡村教师网络研修社区、网络工作坊等新型培训方式，组织教师开展网上教研、视频课堂及互动观摩，提高乡村学校教学质量。

(八) 建立乡村教师荣誉制度。

24. 建立乡村教师荣誉制度。各级政府要建立乡村教师荣誉制度，省、市(州)和县(市、区、行委)按有关规定分别对在乡村学校从教20年以上、15年以上和10年以上的教师颁发荣誉证书。

25. 完善乡村教师表彰机制。各级政府要完善乡村教师表彰奖励办法，在评选表彰教育系统先进集体和先进个人等方面向乡村学校和乡村教师倾斜。省教育厅每3年开展1次“青海省优秀乡村教师”表彰。鼓励和引导社会力量建立专项基金，对长期在乡村学校任教的优秀教师给予物质奖励。

26. 营造尊重乡村教师氛围。加强乡村教师队伍建设宣传工作，广泛深入开展宣传优秀乡村教师的先进事迹，发挥先进典型的激励引导作用，大力弘扬乡村教师扎根乡村、坚守岗位、默默奉献的崇高精神，鼓励广大教师在乡村长期从教、终身从教，在全社会大力营造关心支持乡村教师和乡村教育的浓厚氛围。

三、组织保障

(一) 明确政府责任。各级政府是实施乡村教师支持计划的责任主体，省政府统筹规划安排，市(州)、县(市、区、行委)、乡镇政府具体组织实施。各级政府和有关部门要切实加强组织领导，把实施乡村教师支持计划工作列入重要议事日程，纳入“十三五”规划，实行一把手负责制，细化任务分工，分解落实责任，扎实有效推进，形成各部门责权明确、分工协作、齐抓共管的工作格局。教育部门要加强对乡村教师队伍建设的统筹管理、规划和指导；编制部门要加强编制管理，探索适应我省教育改革发展要求的编制动态管理制度；财政部门要充分发挥公共财政的保障职能，切实保证乡村教师培养培训、工作待遇、生活补助和表彰奖励等方面的投入；人力资源社会保障部门要根据教育改革发展要求，在人事管理政策措施方面给予支持。

(二) 落实经费保障。各级政府要通过相关政策和资金渠道，积极调整财政支出结构，形成稳定长效的投入机制，大力支持乡村教师队伍建设。要把资金和投入用在乡村教师队伍建设最薄弱、最迫切需要的领域，切实用好每一笔经费，提高资金使用效益。要制定严格的经费监管制度，规范经费使用，加强经费管理，强化监督检查，坚决杜绝截留、克扣、虚报、冒领等违法违规行为的发生。

(三) 加强督导检查。各级政府要建立乡村教师工作定期督导检查制度，确保各项政策措施落到实处、取得实效。各级政府教育督导机构要会同有关部门，每年对乡村教师支持计划政策落实、编制管理、教师配备、培养培训、经费保障、教师待遇等方面的实施情况进行专项督导检查，及时通报督导情况并适时公布。对实施不到位、成效不明显的，要追究相关负责人的领导责任。

各市(州)、县(市、区、行委)要制订符合当地实际的乡村教师支持计划实施方案，将本办法制订的政策措施进一步明确化、具体化。各市(州)于2016年3月底前将本地区实施方案报省教育厅备案，同时向社会公布，接受社会监督。

本实施办法自印发之日起施行，有效期至2020年12月31日。

宁夏回族自治区人民政府办公厅关于印发宁夏回族自治区乡村教师支持计划(2015—2020年)实施办法的通知

宁政办发〔2015〕183号

各市、县(区)人民政府,自治区政府各部门、各直属机构:

经自治区人民政府同意,现将《宁夏回族自治区乡村教师支持计划(2015—2020年)实施办法》印发给你们,请认真组织实施。

宁夏回族自治区人民政府办公厅

2015年12月29日

宁夏回族自治区乡村教师支持计划(2015—2020年)实施办法

为全面贯彻落实《国务院办公厅关于印发乡村教师支持计划(2015—2020年)的通知》(国办发〔2015〕43号)精神,缩小城乡师资水平差距,稳定乡村教师队伍,结合我区实际,制定乡村教师(在编在岗教师和特岗教师)支持计划实施办法。

一、总体目标

到2017年,力争全区乡村学校优质教师多渠道扩充,乡村教师资源配置明显改善,教育教学能力稳步提升,合理待遇依法保障,职业吸引力明显增强,形成“下得去、留得住、教得好”的局面。到2020年,努力培养一支素质优良、数量充足、结构合理的乡村教师队伍。

二、主要举措

(一) 加强乡村教师思想政治和师德教育。健全教师政治理论学习制度,坚持用中国特色社会主义理论体系武装乡村教师头脑,不断提高教师的理论素养和思想政治素质。加强乡村学校党建工作,发挥基层党组织政治核心作用,优秀乡村教师优先发展为党员。开展形式多样的师德教育,把教师职业理想、职业道德、法治教育、心理健康教育等融入乡村教师培养管理的全过程,形成教育、宣传、考核、监督与奖惩相结合的师德建设长效机制。

(二) 有效拓宽乡村教师培养和补充渠道。进一步统筹区内师范专业招生计划,改革师范教育培养模式,实施师范生全学段学习实践制度,根据乡村学校的特点和实际需求完善课程体系,建立起师范院校与研训机构、中小学校联合培养乡村教师的机制。加强乡村教师本土化培养,自 2016 起,将地方免费师范生计划由每年 200 名扩大到 300 名,由区内高等院校定向培养"一专多能"的教师,协议到乡村学校任教。继续实施国家和地方农村义务教育阶段教师特岗计划,加大音乐、体育、美术等师资紧缺学科教师的招聘数量。按照《自治区人民政府办公厅关于印发〈宁夏回族自治区高等学校毕业生国家助学贷款代偿暂行办法〉的通知》(宁政办发〔2015〕98 号)有关规定,做好高校毕业生国家助学贷款代偿工作。对自愿到乡村学校支教的退休特级教师、高级教师,经支教学校所属教育部门审核、公示,由各市、县(区)财政按照每人每年 20 000 元标准予以补助。

(三) 提高乡村教师生活待遇。依法依规落实乡村教师工资待遇政策,根据实际情况适当提高义务教育阶段农村学校教师补贴标准,在《自治区人力资源社会保障厅财政厅关于印发〈宁夏回族自治区义务教育阶段农村学校教师补贴实施意见〉的通知》(宁人社发〔2013〕164 号)的基础上,人均每月提高到山区 500 元、川区 300 元,所需经费按照现行的财政分级比例承担。实施乡村骨干教师支持计划，各市、县（区）每年按10%的比例评选认定乡村骨干教师，并给予奖励补助，具体评定、考核、奖惩办法由各地根据实际情况自行制定。各市、县（区）要切实做好乡村教师定期体检工作。乡村教师夫妻双方均在同一县域内工作的，在自愿的情况下，由市、县（区）负责选调一方到离家就近的学校工作。按照填平补齐的原则，继续实施边远艰苦地区农村学校教师周转宿舍建设。各市、县（区）要按规定将符合条件的乡村教师住房纳入当地住房保障范围，统筹解决，并按照《教育部、财政部、人事部、中央编办关于实施农村义务教育阶段学校特设岗位计划的通知》（教师〔2006〕2号），保证本地区特岗教师工资、补贴及社会保障待遇。

（四）加强中小学教职工编制动态管理。按照《自治区编制委员会关于调整中小学教职工编制标准及核定市、县（区）中小学教职工编制的通知》（宁编发〔2015〕52号）相关规定，县级机构编制部门会同教育行政部门依据班额、生源等情况，在自治区核定的中小学教职工编制总量内，对本地区中小学教职工编制及时进行调整，重点向人口稀少的教学点、村小学倾斜，保证教学点师资配备和学生安全，确保乡村学校开足开齐国家规定的课程。严禁在有合格教师来源下"有编不补"、长期使用临聘代课人员，严禁任何部门和单位以任何理由、任何形式占用或变相占用乡村中小学教职工编制。

（五）职称（职务）评聘向乡村学校倾斜。完善乡村教师职称（职务）评聘办法，切实向乡村教师倾斜，实现县域内教师岗位结构比例总体平衡。乡村教师在评聘职称（职务）时不作外语成绩（外语教师除外）、发表论文的刚性要求，重点考察师德素养、工作业绩、一线实践经历。在乡村学校任教一定年限符合评聘条件且业绩突出的乡村教师，评聘中高级职称（职务）不受岗位职数的限制。城市中小学教师晋升中高级教师职称（职务），应有在乡村学校或薄弱学校任教一年以上的经历。

（六）有序推动乡村教师合理流动。探索实施义务教育教师队伍"县管校聘"管理体制改革，为组织城镇教师到乡村学校任教提供制度保障。各地要采取定期交流、跨校竞聘、学区一体化管理、学校联盟、对口支援、乡镇中心学校教师走教等多种途径和方式，引导优秀校长和骨干教师向乡村学校流动。县域内重点推动县城学校教师到乡村学校交流轮岗，乡(镇)范围内重点推动中心学校教师到村小学、教学点交流轮岗。

(七) 全面提升乡村教师能力素质。建立自治区、市、县(区)、校四级联动培训网络。自治区本级逐年增加师资培训专项预算，到 2018 年达到 1 200 万元，重点支持乡村教师培训。各市、县(区)人民政府要切实履行教师培养培训主体责任，把乡村教师培训纳入基本公共服务体系予以保障，确保乡村教师培训时间和质量。探索建立自治区乡村教育人才培养基地，从 2015 年起，"国培计划"集中支持乡村教师校长培训；到 2017 年，实现教学点教师校长全部轮训一遍；到 2020 年前，完成对乡村教师、校长进行每人 360 学时的培训。加强音乐、体育、美术、英语、科学、综合实践等薄弱学科教师培训。提升乡村教师信息技术应用能力，利用远程教学、数字化课程等信息技术手段，破解乡村优质教学资源不足的难题。按照乡村教师的实际需求，采取顶岗置换、网络研修、送教下乡、专家指导、校本研修、乡村教师访名校等多种形式，增强培训的针对性和实效性。全区每年培育 25 名乡村教学名师，建设 25 个"乡村名师"工作室、25 个"塞上名师"工作站，重点培养培训乡村教师。鼓励乡村教师在职学习深造，提高学历层次。

(八) 建立乡村教师荣誉制度。自治区、市、县(区)分别对在乡村学校从教 20 年、15 年、10 年以上的教师给予鼓励。在每年教师节期间对教师给予表彰、奖励、慰问，重点向乡村教师倾斜，具体办法由各市、县(区)自行制定。建立乡村教师疗养制度，自治区财政安排资金，每年组织 100 名在乡村从教 20 年以上的优秀教师到区内外疗养。在评选"塞上名师"、特级教师、自治区级骨干教师等荣誉时，适当放宽条件，向乡村教师倾斜；各地在评选表彰教育系统先进集体和先进个人时，乡村学校、乡村教师所占比例不低于 30%。鼓励和引导社会力量建立专项基金，对长期在乡村学校任教的优秀教师给予物质奖励。新增的社会教育的捐助向乡村学校教师倾斜。

三、组织实施

（一）强化组织领导。各市、县（区）要加强组织领导，切实把加强乡村教师队伍建设列入重要议事日程，纳入工作考核指标体系，实行一把手负责制，细化任务分工，明确工作责任，扎实有效推进。教育行政部门要加强对乡村教师队伍建设的统筹管理、规划和指导。编制、发展改革、财政、人力资源社会保障部门要按照职责分工主动履职，统筹推进实施办法的贯彻落实。

（二）加强经费保障。各市、县（区）要积极调整财政支出结构，加大投入力度，大力支持乡村教师队伍建设。要把资金和投入用在乡村教师队伍建设最薄弱、最迫切需要的领域，切实用好每一笔经费，提高资金使用效益。要制定严格的经费监管制度，坚决杜绝截留、克扣、虚报、冒领等违法违规行为。

（三）开展督导检查。自治区和各市、县（区）人民政府教育督导机构要会同有关部门，每年对实施办法落实情况进行督导，及时通报督导检查情况并给予公布。对实施不到位、成效不明显的，要追究相关负责人的领导责任。

（四）突出宣传教育。各地、各有关部门要加强宣传引导，采取有效形式，广泛宣传广大乡村教师为人师表、爱岗敬业、无私奉献的先进事迹，在全社会营造关心支持乡村教师和乡村教育的浓厚氛围，形成尊师重教的良好风尚。

各市、县（区）政府要在深入调查研究、广泛听取乡村教师的基础上，结合本地实际，制订具体的实施细则，于 2016 年 3 月底前报自治区教育厅备案，同时向社会公布，接受社会监督。

本实施办法自 2016 年 1 月 1 日起施行。

新疆维吾尔自治区人民政府办公厅关于印发自治区乡村教师支持计划(2015—2020 年)实施办法的通知

新政办发〔2015〕171 号

伊犁哈萨克自治州,各州、市、县(市)人民政府,各行政公署,自治区人民政府各部门、各直属机构:

《自治区乡村教师支持计划(2015—2020 年)实施办法》已经自治区人民政府研究同意,现印发给你们,请认真贯彻执行。

新疆维吾尔自治区人民政府办公厅

2015 年 12 月 29 日

自治区乡村教师支持计划(2015—2020 年)实施办法

根据国务院办公厅《关于印发乡村教师支持计划(2015—2020 年)的通知》(国办发〔2015〕43 号),结合我区实际,现制定自治区乡村教师(指县级政府驻地以外的镇、乡和村庄学校的教师)支持计划实施办法。

一、目标任务

自治区教育事业发展的薄弱环节和短板在乡村。发展乡村教育,关键在教师,核心是教育质量。双语教育是发展乡村教育的重中之重。实施双语教育是国家战略,是实现自治区社会稳定和长治久安的治本之策,是提高少数民族教育质量的根本途径。自治区党委、人民政府历来高度重视乡村教师队伍建设，从招聘补充、培养培训、待遇保障等方面采取了一系列措施办法，大力推进乡村教师队伍建设，取得显著成效。但是受教育基础薄弱、学校点多面广、工作生活条件艰苦等因素影响，全区乡村教师队伍建设数量不足、结构不合理，教师教学能力不强、教育教学质量不高，特别是双语教育质量不高问题依然突出。新疆现有乡村教师 15.7 万人，到 2020 年全疆乡村教师将达到 22 万人左右。新疆乡村教育面临着不同于内地省(市、区)的特殊困难。新疆是多民族聚居区，多语种教学模式和很多艰苦边远学校单一民族聚居并存，乡村教育内容和方式相比内地省(市、区)更复杂，乡村学校条件更艰苦，乡村教师尤其是双语教师任务繁重。乡村教育中家庭、社会助教能力严重不足，学生培养主要依靠学校，乡村教师工作压力巨大。研究制定《乡村教师支持计划》实施办法，对于稳定留住用好乡村教师队伍，提高乡村教师整体素质，发展乡村教育特别是双语教育，阻止贫困现象代际传递，促进教育公平，推进城乡一体化建设，到 2020 年，全区教育发展达到全国平均水平，实现教育强区目标，具有十分重要的意义。

(一) 指导思想。深入贯彻落实党的十八大和十八届三中、四中、五中全会精神，深入贯彻落实习近平总书记系列重要讲话精神，深入贯彻第二次中央新疆工作座谈会、中央五号文件和第六次全国民族教育工作会议精神，深入贯彻自治区党委八届十次全委(扩大)会议、党委教育教师工作会议和南疆工作会议精神，进一步加快乡村教师队伍建设，不断提高乡村教师队伍整体素质，不断提升乡村学校教育质量和水平，巩固乡村社会主义办学阵地。

(二) 建设思路。深入落实第二次中央新疆工作座谈会和中央五号文件精神，充分用好用足国家政策，充分依托对口援疆支持，集聚全疆之力，充分调动各方力量，坚持问题导向，综合施策、多管齐下，突出抓好双语教育和南疆地区乡村教育，使乡村学校教师数量有效补充、教育教学水平稳步提升、工资待遇不断提高、职业吸引力明显增强、整体素质全面提高，到2020年，努力建设一支政治坚定、数量充足、素质优良、甘于奉献、扎根乡村的教师队伍，逐步形成“下得去、留得住、教得好”的良好局面。

二、主要举措

（一）加强乡村教师思想政治教育和师德建设。围绕践行社会主义核心价值观，强化“五个认同”，加强马克思主义“五观”、新疆“三史”和民族团结教育，进一步加强乡村教师思想政治工作，建立具有实效性和针对性的乡村教师政治理论学习制度；完善政府、学校、家庭、社会“四位一体”德育教育机制，将教师的德育工作成效作为教师资格定期注册、业绩考核、职称评审、岗位聘用、评优奖励的首要内容。加强乡村学校党建工作，健全乡村学校党组织机构，书记校长原则上从教师队伍中产生，建立校长定期向党组织报告工作制度，适度加大优秀乡村教师党员发展力度，充分发挥党员教师在学校工作中的示范引领作用。开展多种形式的师德教育，把教师职业理想、职业道德以及心理健康教育融入职前培养、准入、职后培训和管理全过程。健全师德师风考评制度，全面推行“两个满意度”测评制度，强化考评结果运用，实行“一票否决”。积极引导广大乡村教师争做有历史责任感、为人师表、立德树人、专业过硬的新疆特色“四好老师”。

（二）健全完善乡村教师补充机制。按照《转发自治区统筹管理中小学教师补充工作机制实施意见的通知》（新政办发〔2010〕108号）要求，坚持公办中小学（含双语幼儿园）教师自治区统筹招聘机制，依托“特岗计划”，以南疆四地州为重点，按需补充教师，义务教育阶段每年招聘规模不少于6 000人，学前教育阶段每年招聘规模不少于3 500人，重点补充乡村学校紧缺教师，3年服务期满后按时入编。关心特岗教师工作与生活，保证与当地公办教师享受同等待遇。鼓励各级各类师范院校根据乡村教育实际需求，采用定向、定制方式加强乡村教师培养。继续实施新疆“定向培养免费师范生计划”，探索符合新疆实际的“一专多能”教师培养模式，每年培养规模 3 000 人左右，全部定向乡村学校。加大实施“自治区边远贫困地区农村学校人才支持计划教师专项计划”(每年不少于 2 000 人)、“自治区大学生实习支教计划”(每年不少于 11 000 人)，建立长期稳定的城乡学校对口帮扶关系。动员组织疆内外优秀退休教师到农村边远各级各类学校支教，给予一定经费补助。高校毕业生[指国家承认其学历的普通高等学校中的全日制本专科生(含高职)、研究生、第二学士学位应届毕业生]取得教师资格并到乡村学校工作，服务期限在 3 年以上(含 3 年)，按有关规定享受学费补偿和助学贷款代偿政策。

(三) 提高乡村教师生活待遇。切实保障乡村教师工资福利待遇，依法为乡村教师足额缴纳住房公积金和养老保险、职业年金、医疗保险等各项社会保险费。按照差别化补助标准，继续实施乡村教师享受乡镇干部基层补贴政策，人均每月 200 元；将自治区集中连片特困县乡村教师生活补助政策(人均每月 200 元)实施范围扩大到南疆四地州，逐步覆盖全区所有乡村学校，逐步建立乡村教师生活补助递增机制。鼓励各地根据实际出台本地乡村教师发放生活补贴相应措施。探索建立乡村教师救助机制，对大病、特困乡村教师提供援助。各地每年为乡村教师安排 1 次体检，将乡村教师统一纳入校方责任险，费用纳入当地财政预算。关注乡村教师心理健康，建立教师心理健康咨询机构，为乡村教师提供相关咨询服务。加大边远艰苦地区农村学校教师周转宿舍建设力度，在已建成 2.3 万套的基础上，通过 5 年的努力，再建设 2.7 万套、94.5 万平方米，基本解决乡村教师周转宿舍短缺问题。按规定将符合条件的乡村教师纳入当地住房保障范围，予以统筹解决。

(四) 加强乡村教师编制管理。乡村中小学教职工编制按照生职比和班职比相结合的方式核定。县级教育部门在核定的编制总额内，按照班额、生源等情况统筹分配各校教职工编制，并报同级机构编制部门和财政部门备案，互补余缺，形成县域内总量控制、结构平衡、动态管理的中小学教职工编制管理机制。通过调剂编制、加强人员配备等方式，进一步向双语教育岗位、农村寄宿制学校和农村边远地区学校、教学点倾斜，重点解决教师全覆盖问题，确保乡村学校开足开齐国家规定课程。严禁在有合格教师来源的情况下"有编不补"、长期使用临聘人员。严禁任何部门和单位挤占、挪用、截留乡村中小学教职工编制。

(五) 职称(职务)评聘向乡村学校倾斜。严格落实《关于印发自治区事业单位岗位设置管理向县(乡)镇基层倾斜的若干政策规定(试行)的通知》(新人社发〔2013〕132 号)要求，教师职称评聘重点向教学一线、农村艰苦边远学校和双语教育岗位教师倾斜。乡村教师评聘职称(职务)时不作外语成绩(外语教师除外)、发表论文的刚性要求。城市中小学教师晋升高级教师职称(职务)，应有在乡村学校或薄弱学校任教一年以上的经历。

(六) 推进县域内校长教师交流轮岗。落实县域内义务教育学校校长教师交流轮岗制度，全面推进"县管校聘"管理体制改革，为组织城乡教师交流提供制度保障，确保乡村优秀教师相对稳定。采取定期交流、学区一体化管理、学校联盟、对口支援、乡镇中心学校教师走教等形式，重点引导优秀校长和骨干教师向乡村学校流动。在同一所学校连续任教满 6 年的专任教师均应交流轮岗，每学年教师交流轮岗的数量达到应交流教师总数的 10%。全面推进校长聘期制，每届聘期不超过 5 年，校长、副校长在同一学校连续任满两届后原则上应交流。

(七) 切实提升乡村教师能力素质。地、县级人民政府要切实履行教师培训主体责任，教师培训经费要纳入财政预算，按照年度公用经费预算总额的 5%安排乡村教师培训经费，落实每 5 年一个周期的教师全员培训制度，确保乡村教师全员接受不少于 360 学时的培训。"国培计划""区培计划"项目和其他培训计划向乡村教师倾斜，优先满足乡村教师培训需求。县(市、区)要遴选 1—2 所中小学作为教师培训基地，依托国家、自治区、各地县和援疆省市教师培训项目，重点投入、重点建设，逐步建成一批发挥示范引领作用的教师培训基地，实现乡村教师不离乡、不离土、就地就近学习培训的常态化。建立自治区、地(州、市)、县(市、区)三级教师培训团队，分别按教师总数的0.2%、0.5%、3%的比例培养建设。全面提升乡村教师信息技术应用能力，积极利用远程教学、数字化课程等信息技术手段，破解乡村优质教学资源不足的难题。搭建教师网络研修服务云平台，积极探索“互联网+”的教师网络研修方式。鼓励县(市、区)支持乡村教师在职开展学历提高学习，对取得高一层学历的乡村教师给予学费补助。

(八) 建立乡村教师荣誉制度。自治区对在乡村学校从教满25年以上的教师，按照有关规定颁发荣誉证书并给予奖励。地(州、市)、县(市、区)要分别对在乡村学校从教20年以上、10年以上的教师给予奖励。每年组织100名优秀乡村教师赴内地发达省市学习考察，开阔眼界、增长见识。鼓励企业、社会团体、社会基金对教师提供优惠待遇和奖励。加强优秀教师宣传工作，广泛宣传乡村教师坚守岗位、默默奉献的崇高精神，在全社会大力营造关心支持乡村教师和乡村教育的浓厚氛围。

三、保障机制

(一) 强化责任落实。各级政府是落实乡村教师支持计划实施办法的责任主体，要把乡村教师队伍建设列入重要议事日程，加强组织领导，研究制订具体的实施细则，出台配套政策，列出工作台账。各级组织、机构编制、发展改革、财政、人社、住建、卫生计生等部门要认真履职尽责，积极支持乡村教师队伍建设。教育行政部门要加强对乡村教师队伍建设的统筹管理、规划和指导。

(二) 加强经费保障。各级政府要切实加大财政投入，大力支持乡村教师队伍建设，财政教育经费要优先用于解决乡村教师队伍建设中最薄弱、最迫切的问题，为乡村教师建设提供可靠保障。要切实加强经费监管，确保专款专用，提高经费使用效益。

(三) 加强督导检查。各级政府教育督导机构要会同有关部门,每年对乡村教师队伍建设情况进行督导检查,督导检查结果作为各级政府及其主要负责人工作考核内容,作为选拔任用、培养教育、表彰奖励、责任追究的重要依据。自治区各有关部门要定期开展专项督导检查,把优先保证乡村教师补充、编制和聘用管理、教育经费投入、严禁违规借调中小学和幼儿园教师等作为主要内容,确保乡村教师队伍建设各项政策措施落到实处。

新疆生产建设兵团办公厅关于印发新疆生产建设兵团团场(乡村)教师支持计划(2015—2020年)实施办法的通知

新兵办发〔2015〕89号

各师(市)、院(校),兵团机关各部门、各直属机构:

《新疆生产建设兵团团场(乡村)教师支持计划(2015—2020年)实施办法》已经兵团同意,现印发给你们,请认真贯彻执行。

新疆生产建设兵团办公厅

2015年12月30日

新疆生产建设兵团团场(乡村)教师支持计划(2015—2020年)实施办法

为贯彻落实《国务院办公厅关于印发乡村教师支持计划(2015—2020年)的通知》(国办发〔2015〕43号)精神,深入实施《新疆生产建设兵团中长期教育改革和发展规划纲要(2010—2020年)》,现就兵团团场(乡村)教师支持计划提出如下实施办法:

一、目标任务

全面建成小康社会,基本实现教育现代化,团场是重点,发展团场教育,教师是关键,必须把团场教师队伍建设摆在优先发展的战略地位,通过切实可行的政策措施,使团场教师的职业吸引力明显增强,教师资源配置机制更加健全，合理待遇得到较好保障，整体素质和教育教学水平稳步提升，形成“招得来、留得住、教得好”的局面，到2020年努力造就一支师德高尚、素质优良、结构合理、甘于奉献、扎根团场的教师队伍，为基本实现教育现代化提供坚强有力的师资保障。

二、主要举措

（一）建立健全师德建设长效机制。

全面贯彻落实习近平总书记提出的“四有”好教师标准，认真践行自治区党委关于争做具有新疆特色“四好”老师的要求，强化政治意识、责任意识、阵地意识，坚持社会主义办学方向，始终把立德树人作为根本任务，引导教师做政治坚强的模范、践行“五个认同”和社会主义核心价值观的模范、促进民族团结的模范。切实加强师德教育，把教师职业理想、职业道德以及心理健康教育融入岗前培养、准入、岗后培训和管理全过程。加强团场教师队伍党建工作，健全团场学校党的基层组织，加大在团场教师中发展党员的力度。完善师德师风考评制度，将师德建设作为学校工作考核和办学质量评估的重要指标，将教师的师德师风表现和遵纪守法情况纳入考评体系，师德考核不合格者年度考核应评定为不合格，并在教师资格定期注册、职称（职务）评审、岗位聘用、评优奖励和特级教师评选等环节实行“一票否决制”。

（二）多渠道补充团场优质师资来源。

继续实施团场义务教育学校教师特设岗位计划，并向学前教育延伸，积极引导高校毕业生到团场任教。实施师域内义务教育学校校长教师交流轮岗制度，引导优秀校长教师向团场学校流动。启动实施团场学前教育巡回支教试点工作。鼓励城镇退休的特级教师、高级教师到团场学校支教讲学。统筹解决双语教师短缺问题。

（三）切实保障团场教师待遇。

认真落实国家、兵团有关教师待遇的各项政策，进一步改善教师工作和生活环境。对长期在团场工作的教师实行工资倾斜政策，依法保证团场教师平均工资水平不低于或高于当地公务员平均工资水平并稳步提高，保障团场教师工资按时足额发放。进一步完善团场教师绩效工资制度，确保绩效工资所需资金落实到位。全面落实兵团集中连片特困团场教师生活补助政策，第一、三、十四师团场（含阿拉尔市托喀依乡学校）教师按照600元/人、月的标准发放生活补助，以后逐步提高。鼓励其他师团对团场教师实行生活补助政策。进一步提高班主任待遇，对兵团义务教育阶段学校班主任津贴部分予以补助，补助标准为每名班主任每月120元，每年补助10个月。积极争取中央财政支持，对在团场任教的高校毕业生按有关规定享受学费补偿和国家助学贷款代偿政策。完善教师社会保障制度，按规定标准为教师缴纳社会保险费及住房公积金。做好团场教师重大疾病保险工作。加快实施团场学校教师周转宿舍建设。将符合条件的团场教师住房纳入当地住房保障范围统筹予以解决，保障团场教师安居乐教。

（四）统一城乡教职工编制标准。

师教育行政部门在核定编制总额内，按班额、生源等情况统筹分配各校教职工编制，互补余缺并报同级编制、财政和人社部门备案。团场中小学教职工编制按照城市标准统一核定，即高中教职工与学生比为1∶12.5、初中为1∶13.5、小学为1∶19；对学生规模较少的边远团场小学及教学点按照教职工与学生比例和教职工与班级比例相结合的方式核定教职工编制。严禁挤占、挪用、截留教职工编制，严禁有合格教师来源的情况下“有编不补”，长期聘用代课教师；严禁以各种形式“吃空饷”，严禁管理部门与中小学混编混岗占用教职工编制。加强督察监管，对违反编制管理规定的单位和责任人，依法依规严肃处理。

（五）职称（职务）评聘向团场学校倾斜。

建立和完善教师职称（职务）晋升向团场学校，特别是边远地区小学及教学点教师倾斜机制。团场中小学教师评聘职称（职务）时不作外语成绩(外语教师除外)、发表论文的刚性要求,注重教育教学工作业绩。在团场及以下单位,取得正高级专业技术职务任职资格的,不受单位岗位职数限制聘任相应的专业技术职务;取得高级职务任职资格的人员,女年满50周岁,男年满55周岁,或连续工作满30年的,不受单位岗位职数限制聘任相应的专业技术职务;兵团、师(市)直属中小学教师在评聘高级职称(职务)及申报特级教师时,要有一年以上在团场学校任教经历。

(六)推进师域内义务教育学校校长教师交流轮岗。

探索中小学教师队伍"师管校聘"管理体制改革,加强师域内中小学教师统筹管理。建立和不断完善义务教育学校校长教师交流轮岗制度,采取定期交流、跨校竞聘、学区一体化、集团化办学、对口支援、教师走教、设立名师名校长特聘岗等多种途径和形式,推动优秀校长和骨干教师到团场学校、薄弱学校任职任教并发挥示范、引领作用。继续实施"三区"人才支持计划,选派兵团直属学校、师市学校骨干教师到民族团场、边远团场学校支教。

(七)全面提升团场中小学教师能力素质。

从2015年起,"国培计划"和兵团中小学教师继续教育集中支持团场教师校长培训,深入开展"送培下师""送课下乡"活动,使团场教师就地就近享受优质的培训资源。实施团场教师信息技术应用能力提升培训,提高团场教师现代教育技术应用能力。鼓励团场教师在职学习深造,提高学历层次,扩大实施"团场学校教育硕士师资培养计划"和"服务期满特岗教师免试攻读教育硕士计划"。加强同有关高校合作,开展面向中小学教师的在职研究生定向培养。推动师范院校与师教育行政部门、中小学校共建教师发展中心,形成团场教师专业发展支持服务体系。

(八)建立团场教师荣誉制度。

兵、师分别对在团场学校从教20年以上、10年以上的教师颁发荣誉证书,对优秀教师予以表彰奖励,对在团场长期从教、贡献突出的教师加大表彰奖励力度。鼓励和引导社会力量建立专项资金，对长期在团场学校任教的优秀教师给予物质奖励。在评选表彰教育系统先进集体和先进个人等方面要向团场教师倾斜。广泛宣传优秀团场教师的先进事迹，鼓励支持创作展现新时期优秀教师形象的文学影视作品，营造关心支持团场教师的社会氛围，增强团场教师职业吸引力，激励更多优秀教师扎根团场、长期从教、终身从教。

三、保障措施

（一）明确责任主体。

各师（市）、团场是实施团场教师支持计划的责任主体，要加强组织领导，把团场教师队伍建设列入重要议事日程抓实抓好。完善部门沟通协调机制，形成责权明确、分工协作、齐抓共管的工作格局，及时研究解决团场教师队伍建设中的突出矛盾和重大问题。教育行政部门要加强对团场教师队伍建设的统筹管理、规划和指导，制定相关政策和标准。机构编制、发展改革、财务、人力资源和社会保障等有关部门要在各自职责范围内，积极推进团场教师队伍建设有关工作。鼓励和引导社会力量参与支持团场教师队伍建设。

（二）加强经费保障。

加大对团场教师队伍建设的投入力度，新增教育经费要把团场教师队伍建设作为投入重点之一。要把资金和投入用在团场教师队伍建设最薄弱、最迫切需要的领域。切实用好每一笔经费，提高资金使用效益，促进教育资源均衡配置。要制定严格的经费监管制度，规范经费使用，加强经费管理，强化监督检查，坚决杜绝截留、克扣、虚报、冒领等违法违规行为的发生。

（三）开展督导检查。

完善团场教师队伍建设考核机制和问责制度，把团场教师队伍建设情况作为各师（市）、团场、有关部门政绩考核、团场中小学、幼儿园办学

(园)水平评估的重要内容,作为评优评先、表彰奖励的重要依据。教育督导机构要会同有关部门对团场教师支持计划实施情况进项专项督导检查,及时公布督导结果,推动各项政策措施落实到位。

各师(市)制订贯彻本办法的实施细则,提出符合本师团场教师实际的支持政策和有效措施,于 2016 年 3 月底前报兵团教育局备案,同时向社会公布,接受社会监督。

政策研究

切实将乡村教师支持计划落到实处

王定华

三尺讲台系国运，举国共力襄乡村。

2015年6月，国务院办公厅印发《乡村教师支持计划（2015—2020年）》。这是党中央、国务院立足新时期经济社会发展全局出台的第一部专门指向乡村教师队伍建设的政策文件，标志着加强乡村教师队伍建设上升为国家战略，进入全面推进的新时期。《乡村教师支持计划（2015—2020年）》如时雨春风、雨露甘霖，甫一出台便引发社会强烈反响，舆论一致高度评价。《人民日报》撰文称，《乡村教师支持计划（2015—2020年）》将“拨亮乡村教师这盏文明之灯”，其实施令人期待。

无疑，这盏灯是乡村孩子希望之灯、乡村文明灵魂之灯，是中国教育根基之灯、中国梦想成真之灯。我们要坚定信心、奋发进取，踏石留印、抓铁有痕，切实让《乡村教师支持计划（2015—2020年）》落地生根、见到实效，真正让这盏灯光彩绚丽、璀璨生辉。

一、深刻认识加强乡村教师队伍建设的重大意义

乡村是中华文明的发源地。乡村教育是中华文明长盛不衰、经久不息的重要源泉，是民族振兴、社会进步的重要基石。乡村教师是乡村教育的基础和根本。古往今来，重视乡村教育、尊崇乡村教师是我国的优良传统。西汉思想家董仲舒给汉武帝献策，“立太学以教于国，设庠序以化于邑”，意指建设乡村学校以“教化乡邑”。近代著名教育家陶行知说，“活的乡村教育要教人生利，他要叫荒山成林，叫瘠地长五谷。他教人人都能自

立、自治、自卫。他要叫乡村变为西天乐园，村民都变为快乐的活神仙”，同时强调，“学校是乡村的中心，教师是学校和乡村的灵魂，小而言之，全村的兴衰；大而言之，全民族的命运都掌握在小学教员的手里”。他们的话言犹在耳，意蕴深远，值得深思。

党的十八大以来，按照“五位一体”总体布局和“四个全面”战略布局，全国上下牢固树立和贯彻落实创新、协调、绿色、开放、共享的新发展理念，适应经济发展新常态，全面推进“一带一路”、制造强国、大众创业万众创新“双创”“互联网＋”等一系列战略工程，倾力追逐中华民族伟大复兴之梦。随着十八届五中全会的胜利召开，全面建设小康社会进入决胜阶段，新型城镇化进程不断加快，到2020年城镇化率将达到62.62％，越来越多的乡村人口加速向城镇转移，但这并不意味着乡村将消失，未来仍会有几亿人生活在乡村。对向来秉承“礼失求诸野”、以美丽宜居乡村作为精神家园的中国而言，乡村不能失守，乡村教育的灯火不能黯然，乡村教师的尊严不能委顿。

当前，我国5％的高中、32％的初中、62％的小学、34％的幼儿园以及所有教学点分布在乡村，乡村学校是我国覆盖面最广的基层教学单位，300多万乡村教师是扎根一线的基层教育工作者。长期以来，广大乡村教师坚守在边远偏僻、条件艰苦的乡村地区，默默无闻，辛勤耕耘，奉献着自己的青春年华甚至子孙后代，用爱心、知识、智慧点亮学生心灵，义无反顾、坚强有力地扛起了中国乡村教育的千钧重担，作出了不可磨灭、不可替代的历史性贡献。

进一步加强乡村教师队伍建设，意义十分重大。这不仅是关系亿万乡村孩子的教育问题，更是个影响民族未来的发展课题。

（一）加强乡村教师队伍建设，是让每个乡村孩子接受公平的有质量的教育、促进教育公平的重要保障

十八届五中全会强调，要“提高教育质量”。当前，我国乡村中小学（不含幼儿园）学生3 700多万人。随着我国经济社会的进一步发展、“两

基"攻坚目标的顺利实现，乡村孩子"有学上"的问题已经全面解决，但是广大人民群众对通过接受良好教育提高自身素质、增强发展后劲、改善生活质量，以及更好服务社会的愿望更加迫切，"上好学"、接受更加优质的教育成为广大人民群众的热切期盼。教师是立教之本、兴教之源、强教之基。加强乡村教师队伍建设，提高乡村教师整体素质，是让乡村孩子享受与城里孩子同样有质量的教育、促进教育公平的重要保障。

（二）加强乡村教师队伍建设，是全面发展乡村教育、基本实现教育现代化的重要任务

十八大提出，到 2020 年基本实现教育现代化。实现教育现代化，绝不能让一名教师、一名学生掉队，更不能让一地一域掉队。要实现这一宏伟目标，薄弱环节和短板在乡村，在老少边穷岛等边远贫困地区。没有乡村教育的现代化，就没有全国教育的现代化。发展乡村教育，关键在教师。教育现代化不仅要实现硬件条件的现代化，更要实现教师队伍的现代化。乡村教师强，则乡村教育强；乡村教育强，则中国教育强。加强乡村教师队伍建设，全面推进乡村教育持续健康发展，是缩小城乡教育差距、保证乡村与全国同步实现教育现代化的关键所在。

（三）加强乡村教师队伍建设，是推进减贫脱困、全面建成小康社会的重要举措

到 2020 年，我国要实现第一个"一百年"奋斗目标，全面建成小康社会，现行标准下 7 000 万农村贫困人口要全部实现脱贫。习近平总书记强调，要通过"发展教育脱贫一批"。治贫先治愚，扶贫先启智。发展教育是减贫脱贫的根本之举。广大乡村教师是教育扶贫的重要力量，特别是在一些偏远的乡村，不仅承担着教书育人的重要责任，还承担着培育和践行社会主义核心价值观、传播先进文化和社会文明的重要使命，是乡村文明发展进步的灵魂使者。加强乡村教师队伍建设，培养一大批促进乡村经济社会发展的"明白人"，是防止乡村衰落与"空心化"、推进社会主义新农村建设的重要举措，是确保到 2020 年全面建成小康社会的根本大计。

(四) 加强乡村教师队伍建设，是培养更多社会急需人才、建设人力资源强国的重要支撑

当前最紧缺的资源是什么？毫无疑问，是人才。从国际竞争来看，随着综合国力竞争日益激烈和科技进步日新月异，知识越来越成为提高综合国力和综合竞争的决定性因素，人力资源成为推动经济社会发展的战略性资源。从国内发展来看，实现中华民族伟大复兴的中国梦和“两个一百年”奋斗目标，归根结底也要靠人才。而人口素质整体偏低、人才总量储备不足已经成为制约我国经济社会更好更快发展的瓶颈和障碍。我国有数千万乡村孩子，他们是建设人力资源强国的重要基础，是加快经济社会发展的关键所在。加强乡村教师队伍建设，培养越来越多的社会急需人才，是把乡村沉重的人口压力转化为人力资源优势，使我国从人力资源大国转变为人才资源强国，为推进我国经济社会发展提供强大人才保障和智力支持的重要支撑。

二、充分借鉴近年来农村教师队伍建设的实践成果

党中央、国务院历来高度重视包括乡村教师在内的农村教师队伍建设。在《乡村教师支持计划(2015—2020年)》出台之前，按照党中央、国务院的统一部署，教育部会同有关部门开展了一系列加强农村教师队伍建设的实践探索，近年来在稳定和扩大规模、提高待遇水平、加强培养培训等方面实施了一系列惠及农村教师的重大政策举措，农村教师队伍面貌发生了巨大变化，农村教育质量得到了显著提高。这为《乡村教师支持计划(2015—2020年)》的出台奠定了坚实的实践基础。

(一) 启动实施连片特困地区乡村教师生活补助政策，带动乡村教师经济待遇的切实提高

2013年，中央一号文件提出，要“设立专项资金，对在连片特困地区乡、村学校和教学点工作的教师给予生活补助”。2013年9月，教育部联合财政部下发通知，按照“地方自主实施、中央综合奖补”的原则，启动实

施集中连片特困地区乡村教师生活补助政策，覆盖699个县118万乡村教师。截至2014年，中央财政下达综合奖补资金21.1亿元，惠及604个县94.9万名乡村教师，平均补助标准为每人每月307元。其中，补助标准较高的湖南泸溪、凤凰等地，最高补助标准达1 400元，出现了城镇教师争相到乡村学校任教的可喜局面。这一政策打破了体制上的坚冰，推动了地方政府加大投入改善乡村教师待遇，对于增强乡村教师职业吸引力，调动广大乡村教师的积极性、创造性具有重要意义。

（二）加强边远艰苦地区农村学校教师周转宿舍建设，解决农村教师住房困难

为落实教育规划纲要，解决中西部贫困地区农村教师住房困难，2010年，教育部联合发改委启动实施边远艰苦地区农村学校教师周转宿舍建设项目，覆盖中西部23个省（区、市）和新疆生产建设兵团、黑龙江省农垦总局1 485个县。截至2014年，中央投入专项资金141亿元，累计为中西部贫困地区地区县以下（不含县）学校建设教师周转宿舍25.2万套，建设面积888.6万平方米，安置教师人数达到31.2万人。农村学校教师周转宿舍建设，是为乡村园丁筑巢的暖心工程，极大地缓解了乡村教师住宿条件的困难，对于稳定教师扎根乡村学校发挥了重要作用。

（三）实施特岗计划，为中西部贫困地区农村学校持续输送高素质大学毕业生

2006年，教育部联合财政部、人事部、中央编办启动实施特岗计划，面向中西部边远贫困地区覆盖1 000多个县3万多所农村学校，采用省级统筹选聘、中央财政保障工资发放、预留编制和服务期3年等方式，开辟了高校优秀毕业生到乡村学校任教的教师补充新途径。截至2014年，中央财政投入资金237亿元，累计为中西部贫困地区招聘补充43万名特岗教师，服务期满选择留任的比例在87%以上。仅以2012至2014年入岗教师18.4万人为例，到县以下（不含县）学校任教17.1万人，占92.6%；到村小学、教学点任教4.5万人，占24.7%。在中央政策的示范

引领下，有 13 个省积极推进地方特岗计划，招聘录用数万名地方特岗教师补充到农村学校。特岗计划已经成为中西部省份补充农村教师的重要渠道，极大改善了农村学校教师队伍年龄结构和专业素质。一大批年轻的优秀高校毕业生进入农村教师队伍，为农村教育带来了新的青春朝气，农村教育事业迸发出新的生机活力。新华社刊文称特岗教师为农村教师队伍“换血的一代”。

（四）推动实施师范生免费教育，拓宽农村优质教师来源

2007 年，国务院在教育部 6 所直属师范大学实施师范生免费教育。截至 2014 年，共培养免费师范生 4.4 万人到中小学履约任教，其中 91.1%到中西部地区任教。在中央政策的示范引领下，有 23 个省份实行了地方师范生免费教育，采取定向培养、在学免费、学费补偿和国家助学贷款代偿等方式，每年吸引近 3.4 万高校毕业生到农村中小学任教。这些毕业生多数来自农村，并且大都选择回到本地中小学任教，不仅解决了高校毕业生“下不去”的问题，而且在很大程度上解决了农村教师“留不住”的问题。实践证明，地方师范生免费教育是一条定向培养农村教师行之有效的好路子。

（五）实行城乡统一的中小学教职工编制标准，编制配备向农村学校倾斜

按照此前的编制标准，农村学校不仅要低于城市学校，而且主要依据学生规模来核定教职工编制，适用于办学规模较大、班容量较大、生源相对集中的城市学校，导致村小学、教学点结构性缺编严重。为解决这一问题，2014 年，教育部联合中央编办、财政部印发《关于统一城乡中小学教职工编制标准的通知》，将原来的县镇、农村中小学的编制标准统一为城市标准，重点推动对学生规模较小的村小学、教学点，按照生师比和班师比相结合的方式核定教职工编制，着力解决城乡中小学编制标准“倒挂”、农村学校教师结构性缺编等问题，特别补充音体美、信息技术、科学等紧缺薄弱学科教师，确保基本开齐开足国家规定课程，满足当地教育教学需要。

（六）推进县（区）域内校长教师交流轮岗，优化农村教师配置

为贯彻十八届三中全会精神，推进义务教育均衡发展，2014年，教育部联合财政部、人社部印发《关于推进县（区）域内义务教育学校校长教师交流轮岗的意见》，对推进校长教师交流轮岗改革进行了全面部署。《意见》强调，重点推动县城学校向乡村学校交流轮岗，乡镇范围内重点推动中心学校向村小学、教学点交流轮岗，引导城镇优秀校长和骨干教师向农村地区、薄弱学校流动，力争用3—5年时间，实现县（区）域内校长教师交流轮岗的制度化、常态化，率先实现县（区）域内校长教师资源均衡配置，并支持鼓励有条件的地区在更大范围内推进。《意见》要求，各地要推进“县管校聘”管理改革，打破交流轮岗的制度障碍。《意见》的出台，对于加强农村学校、薄弱学校校长教师补充配备，优化农村学校、薄弱学校优质教师资源配备具有重要意义。

（七）大规模培训农村教师，提升农村教师整体素质

2010年，教育部联合财政部启动实施国培计划，以示范引领、雪中送炭、促进改革为宗旨，以中西部农村中小学教师为重点，开展大规模专项培训。截至2014年，培训中小学、幼儿园教师730多万人次，其中农村教师706万余人次，占96.4%，完成了对640多万中西部农村教师的一轮培训。一大批农村教师走出大山、走出农村，参加国家级培训，拓宽了视野，增长了见识，提升了教育教学能力。习近平总书记对国培计划充分肯定，称国培计划为中西部地区教育事业发展做了一件大好事。此外，2013年，教育部启动全国中小学教师信息技术应用能力提升工程，计划到2017年完成对1 000多万中小学、幼儿园教师的一轮培训，全面提升中小学教师信息技术应用能力，促进信息技术与教育教学深度融合。

可以说，近年来在农村教师队伍建设方面，国家采取的政策举措行之有效，实践成果卓著丰硕。但同时也看到，受城乡发展不平衡、交通地理条件不便、乡村学校办学条件欠账多等因素影响，当前乡村教师队伍仍然

面临职业吸引力不强、补充渠道不畅、优质资源配置不足、结构不尽合理、整体素质不高等突出问题。这就要求我们必须改变碎片化改革思路，在充分借鉴前期实践经验、认真吸收前期实践成果的基础上，溯本求源、找准问题，创新举措、综合施策，集中优势资源打好攻坚战，尽快加以解决。

三、努力开创乡村教师队伍建设的新局面

十八大以来，中央领导同志多次在不同场合发表重要讲话，就加强乡村教师队伍建设提出明确要求。习近平总书记 2014 年 9 月 9 日到北京师范大学视察，发表了《做党和人民满意的好老师》的重要讲话。总书记明确指出，“努力培养造就一大批一流教师，不断提高教师队伍整体素质，是当前和今后一段时间我国教育事业发展的紧迫任务。各级党委和政府要从战略高度来认识教师工作的极端重要性，把加强教师队伍建设作为基础工作来抓”。特别强调，“教育工作的薄弱环节和短板在农村、在边远的老少边穷岛”，“要制订切实可行的政策措施，鼓励有志青年到农村、边远地区为国家教育事业建功立业”；在 2014 年中央经济工作会议上谈到扶贫工作时明确要求，让贫困家庭的孩子都能接受公平的有质量的教育，不要让孩子输在起跑线上。李克强总理 2013 年 9 月 9 日在看望大连市第二十高级中学师生时指出，促进教育公平、提高教育质量，需要更多优秀人才长期从教，特别是到农村、边远贫困地区从教，使他们成为孩子们知识的授予者、人生的引路者、文明的传承者、道德的示范者；在 2014 年政府工作报告中强调，要加强农村特别是边远贫困地区教师队伍建设。刘延东副总理 2013 年 9 月 9 日在接见全国教书育人楷模时强调，要依法维护教师特别是农村教师地位与合法权益，落实乡村学校和教学点教师生活补助政策，为教师教书育人创造良好环境。中央领导同志的重要讲话高瞻远瞩、思想深邃，为新时期进一步加强乡村教师队伍建设指明了前进方向。

为贯彻落实中央领导同志重要讲话精神，按照部党组要求，2014 年 10 月，教育部立即组织成立由教育行政部门相关人员、知名专家组成的

起草组，在系统梳理乡村教师工作存在的突出问题、深入总结基层乡村教师队伍建设创新经验做法的基础上，多次与中央有关部委沟通协商，广泛征求地方教育行政部门、师范院校、一线校长和教师以及有关专家学者的意见，研究起草了乡村教师支持计划文稿。2014 年 12 月 26 日，刘延东副总理主持召开国家教育体制改革领导小组第十四次会议，对乡村教师支持计划文稿进行了研究讨论。2015 年 4 月 1 日，习近平总书记主持召开中央全面深化改革领导小组第十一次会议，审议并原则通过了《乡村教师支持计划(2015—2020 年)》。2015 年 6 月 1 日，国务院办公厅正式印发了《乡村教师支持计划(2015—2020 年)》(以下简称《计划》)。

制定实施《计划》，是党中央、国务院立足新时期经济社会发展全局作出的重大战略抉择，顺应了时代需求，回应了社会期待，反映了人民心声，为乡村教师队伍建设注入了强大动力。《计划》聚焦乡村教师队伍建设最关键领域、最紧迫任务，打出组合拳，定向施策，精准发力，切实做到支持对象精准、项目安排精准、资金使用精准、补强成效精准，通过实施八方面政策举措，为广大乡村教师扎根乡村学校解决后顾之忧，让广大乡村教师切实感受到乡村教育温暖、踏实而有尊严的未来，到 2017 年逐步形成“下得去、留得住、教得好”的局面，到 2020 年造就一支素质优良、甘于奉献、扎根乡村的教师队伍。概括起来，《计划》出台体现以下三个特点：

(一) 坚持了三个起草原则

从 2014 年 10 月成立起草组，到 2015 年 6 月印发《计划》，历时 9 个月，数十易其稿。在起草、修改《计划》文稿的过程中，我们始终坚持以下三个原则：

1. 把现有优质政策聚焦乡村。在制定《计划》之前，我们正在推进一系列加强农村教师队伍建设的优质政策，并取得了显著的实践成果。有的长期、广泛实施且证明行之有效，社会反映很好，如特岗计划、国培计划。有的是近两三年来根据中央精神新近出台的，社会影响很大，如集中连片特困地区乡村教师生活补助政策、县(区)域内义务教育学校校长教师交流轮岗政策、城乡统一的中小学教职工编制标准等。这些政策除乡村教师生活补助外，其他虽然针对农村教师队伍建设制定出台，但是均覆盖乡村地区，并且有力地抓住了乡村教师队伍面临的突出问题，在实施中向乡村教师倾斜。如果不充分发挥这样的好政策在推进乡村教师队伍建设中的最大效益，另起炉灶重新设计新的政策项目，不仅费时费力，而且也是对国家资源的极大浪费。所以，在制定《计划》的过程中，我们将这些优质政策全部聚焦乡村，力求充分放大、集中发挥现有政策的作用，全方位、立体式、集群化支持乡村教师队伍建设。其实，把这些政策实实在在、真真切切地倾斜于、集中于乡村教师队伍建设，在某种意义上说，也是一种制度设计上的现实创新。

2. *向有关部委争取更多支持。*教育事业关系千家万户，办好教育需要千军万马、千方百计。有关部门和社会各界的大力支持，是教育事业不断前进的动力源泉。正是在中央编办、发改委、财政部、人社部等部委的支持配合下，我们才推出了一系列加强农村教师队伍建设的政策举措，如乡村教师生活补助、特岗计划、国培计划等。在制定《计划》的过程中，我们与有关部委多次沟通、反复协调，请他们出点子、提建议。经过不懈努力，终于在许多方面达成一致意见，有关部委再次提供了诸多支持，如在实施特岗计划方面，中央财政支持实施范围从集中连片特困县、国贫县扩大到中西部省贫县，工资补助标准在原有基础上上涨 4 000 元；在鼓励和吸引城镇退休教师到乡村教师支教讲学方面，中央财政支持比照“边远贫困地区、边疆民族地区和革命老区人才支持计划”教师专项计划给予适当支持；在改革乡村教师职称评审方面，支持不作外语成绩（外语教师除外）、发表论文的刚性要求；在建立乡村教师荣誉制度方面，由国家对在乡村学校从教 30 年以上的教师颁发荣誉证书等。

3. *将地方成熟做法上升为国家政策。*地方的成熟经验做法，是我们实现政策创新的重要源泉和有效途径。在制定任何文件的时候，都坚持这样的原则，向地方要思路、要创新、要方法。只要行之有效并且证明具有普遍推广价值，我们都会考虑将其上升为国家政策。如此前在制定校长教师交流轮岗政策文件时，借鉴了浙江、北京等地的经验做法；在制定集中连片特困地区乡村教师生活补助政策时，借鉴了湖南、安徽等地的经验做法；在制定退休教师到乡村学校支教讲学政策时，借鉴了广西、福建、广东、海南、贵州、内蒙古等地的经验做法等。在《计划》起草当中，我们也非常重视学习借鉴各地的经验做法，如主要举措“拓展乡村教师补充渠道”中提到，“鼓励省级政府建立统筹规划、统一选拔的乡村教师补充机制，为乡村学校持续输送大批优秀高校毕业生”，借鉴的是湖北等地的经验；“高等学校毕业生取得教师资格并到乡村学校任教一定期限，按有关规定享受学费补偿和国家助学贷款代偿政策”，借鉴的是各地实行免费师范生教育方面的经验。

（二）抓住了三个关键问题

问题是时代的声音。只有树立强烈的问题意识，在实践中发现问题，在探索中提出问题，以历史勇气直面问题，以责任担当研究问题，以政治智慧回答问题，以实干精神破解问题，才能真正推动问题的解决。我们在制订《计划》过程中，始终坚持问题导向，紧紧围绕乡村教师“下不去”“留不住”“教不好”三个问题，提出了有针对性的破解之策。

*1. 畅通源头活水，解决乡村教师“下不去”的问题。*补充难、补充质量不高，是乡村教师队伍长期以来面临的“老大难”问题。为解决这一难题，《计划》提出三方面政策举措。

拓展乡村教师补充渠道，吸引有志青年投身乡村教育事业。建立“省级统筹、统一选拔”的乡村教师补充机制，严格用人标准程序，提高乡村教师入职门槛，从源头上保证乡村教师质量。扩大特岗计划覆盖面，将集中连片特困地区以外的省贫县列入支持范围，加大向村小学、教学点支持力度，使特岗计划成为中西部乡村教师补充的主渠道。加强师范生本土化培养，定向培养“一专多能”的乡村教师，不仅确保乡村教师下得去、留得住，而且解决薄弱学科教师短缺问题。

推动城镇优秀教师向乡村学校流动，优化乡村教师资源配置。采取定期交流、跨校竞聘、学区一体化管理、乡镇中心学校教师走教等多种途径和方式，重点引导优秀校长和骨干教师向乡村学校流动，县域内重点推动县城教师到乡村学校交流轮岗，乡镇范围内重点推动中心学校教师到村小学、教学点交流轮岗。推进“县管校聘”管理体制改革，破解影响交流轮岗的瓶颈问题。

统一城乡教职工编制标准，为乡村教师补充留下空间。按照城市标准统一核定乡村学校编制，其中村小学、教学点编制按照生师比和班师比相结合的方式核定，推动编制配备向乡村学校倾斜。严禁“有编不补”、长期使用临聘人员，严禁占用或变相占用乡村中小学教职工编制。

2. 提高地位待遇，解决乡村教师“留不住”的问题。乡村教师工作生活条件相对艰苦，工作压力较大。提高乡村教师地位待遇，是稳定和吸引优秀人才在乡村学校长期任教的有效举措。《计划》提出两方面政策举措。

提高生活待遇，改善乡村教师生活条件。全面落实集中连片特困地区乡村教师生活补助政策，让每一位符合条件的乡村教师都能感受到党和政府的温暖。依法依规保障乡村教师工资待遇、住房公积金、社会保险、重大疾病救助等。

建立荣誉表彰制度，增强乡村教师职业荣誉感。突出“长期坚守”，首次建立专门面向乡村教师的荣誉表彰制度，由国家、省、县分别对乡村学校从教30年、20年、10年以上的教师颁发荣誉证书或给予鼓励。鼓励和引导社会力量对长期在乡村学校任教的优秀教师给予物质奖励。

3. 提升素质能力，解决乡村教师“教不好”的问题。乡村教师普遍学历偏低，参加培训机会偏少，职业发展通道偏窄，一定程度上影响了加快自身专业发展的积极性和主动性，严重制约了乡村教育质量的提高。针对这一问题，《计划》提出三方面政策举措。

全面提高乡村教师思想政治素质和师德水平，发挥以德化人的教化作用。建立健全乡村教师政治理论学习制度，增强思想政治工作的针对性和实效性。加强乡村教师队伍党建工作，适度加大发展党员力度。落实教育、宣传、考核、监督与奖惩相结合的师德建设长效机制。

职称评审向乡村学校倾斜，拓宽乡村教师职业发展通道。研究完善针对乡村教师的职称评聘条件和程序办法，增加乡村学校中高级岗位数量，改进乡村教师评审标准，不作外语成绩（外语教师除外）、发表论文的刚性要求，注重教育教学能力。

提高乡村教师素质能力，提升乡村教育质量。明确乡村教师校长培训目标，到2020年完成全员360学时培训。明确各级政府责任，省级政府统筹规划和支持全员培训，市、县政府履行实施主体责任。明确加强教师培训体系建设，整合高等学校、县级教师培训机构和中小学校优质资源，建立乡村教师专业发展支持服务体系。明确改革国培计划，集中支持中西部乡村教师校长培训。

（三）提供了五项重要支持

顾名思义，《计划》的中心词是“支持”。长期以来，乡村教师队伍面临着工作生活条件艰苦、交通地理条件不便、乡村教育历史欠账过多等诸多客观困难，一直是我国教师队伍建设的难点和薄弱点。如何啃下这块“硬骨头”补弱为强，避免木桶效应，关键在于支持。我们将协同相关部委，和地方各级政府部门一起，联合社会力量，通过实施《计划》和《计划》之外的政策举措，共同引导资金、政策等各种要素向乡村学校倾斜，全面支持乡村教师队伍建设。

1. 资金投入支持。加大资金投入是落实《计划》的重要保障。教育部会同相关部委调整有关项目资金投入方向，集中支持乡村教师队伍建设。国培计划从2015年起集中支持中西部地区乡村教师校长培训。乡村教师生活补助政策全面覆盖集中连片特困地区118万乡村教师。特岗计划从2015年起将实施范围从原有的集中连片特困县、国贫县扩大到中西部省贫县，县城学校一律不再列为设岗学校，提高村小学、教学点特岗教师招聘比例。边远艰苦地区乡村学校教师周转宿舍建设加快实施进度。“三区”人才支持计划教师专项计划加大选派教师到乡村学校支教工作力度，教育部同财政部比照该专项计划支持城镇退休特级教师、高级教师到乡村学校支教讲学。除了中央层面的资金投入外，鼓励地方各级财政加大支持力度，特别鼓励东部省份参照中央政策为边远贫困乡村教师发放生活补助。

2. 政策倾斜支持。乡村教师队伍的定编定岗、培养补充、交流轮岗、培训提高、待遇保障等，许多方面面临着固有的体制机制障碍，个别还是牵一发而动全身的牛鼻子问题，必须要有强有力的政策支持和政策倾斜才有可能实现实质性突破。《计划》在提高乡村教师生活待遇方面明确提出，在工资、生活补助、重大疾病求助、住房保障等方面提高乡村教师生活待遇，逐步形成"越往基层、越是艰苦，地位待遇越高"的激励机制；在职称评审方面明确规定，乡村教师评聘职称时不作外语成绩、发表论文的刚性要求；在编制方面明确要求，村小学、教学点编制按照生师比和班师比相结合的方式核定，通过调剂编制、加强人员配备等方式进一步向教学点、村小倾斜。此外，《计划》还在乡村教师的培养培训、交流轮岗等方面明确提出一些支持政策。鼓励各地切实贯彻落实这些支持政策，并从当地实际情况出发，出台更多符合当地乡村教师队伍建设需要的优惠政策。

3. 表彰宣传支持。乡村学校工作生活条件艰苦，乡村教师坚守岗位、默默奉献的精神应得到更多的社会关注和认可。《计划》要求进一步加大对乡村教师的表彰宣传力度。教育部、财政部将向任教满 30 年的乡村教师颁发荣誉证书，各省、市、县可对任教满 30 年的优秀乡村教师给予不同形式的奖励。同时，省（区、市）、县（区、市、旗）要分别对在乡村学校从教 20 年、10 年以上的教师给予鼓励，并按照国家有关规定予以表彰。此外，鼓励和引导社会力量建立专项基金，对长期在乡村学校任教的优秀教师给予物质奖励。教育部还将适时对在乡村教师队伍建设工作方面改革创新、积极推进、成绩突出的基层教育部门，按照国家有关规定予以表彰，在全社会营造良好氛围。

4. 工作机制支持。《计划》的颁布实施，提高了全社会对乡村教师队伍建设的重视程度，建立了各级政府部门支持乡村教师队伍建设的良好机制。《计划》明确指出，地方政府是实施责任主体，要把实施工作列入重要议事日程，实行一把手负责制。教育行政部门要加强对乡村教师队伍建设的统筹管理、规划和指导，发展改革、财政、编制、人力资源社会保障部门要按照职责分工主动履职。《计划》明确提出，中央财政重点支持中西部乡村教师队伍建设。地方各级政府要积极调整财政支出结构，加大乡村教师队伍建设的投入力度。《计划》明确要求，要对实施情况进行专项督导检查，对计划实施不到位、成效不明显的，要追究相关负责人的领导责任。《计划》还要求，省、市、县、乡各级政府要制订实施办法，各省(区、市)要将本省(区、市)的实施办法 2015 年底前报教育部备案并向社会公布。按照国务院要求，教育部牵头制定了《计划》有关部委任务分工方案，明确了有关部委对相关工作任务的责任；按照部里要求，制定了《计划》部内司局任务分工方案，明确了部内司局对相关工作任务的职责。鼓励各地制定好实施办法后，也要积极主动协调有关部门，细化分工，分解责任，推进各部门密切配合、形成合力。

5. 管理服务支持。在对乡村教师队伍建设给予全面支持的同时，必须抓好乡村教师队伍的管理服务，营造乡村教师持续健康发展的制度生态。**要**加强师德建设。“师德为先，以德化人”是《计划》四项工作原则的第一条；“全面提高乡村教师思想政治素质和师德水平”是《计划》八方面政策举措的第一条。教育部出台了《关于建立健全中小学师德建设长效机制的意见》《中小学教师违反职业道德处理办法》《严禁教师违规收受学生及家长礼品礼金等行为的规定》《严禁中小学校和在职中小学教师有偿补课的规定》等师德建设政策文件，构建了中小学建设制度体系。教育部将推动各地出台实施办法，引导包括乡村教师在内的广大教师重德养德，维护师道尊严。**要**改革完善教师管理制度。教育部将按照教育规划纲要要求，加快推进中小学教师资格考试与认定改革，提升乡村教师职业准入门槛；会同人社部全面推开中小学教师职称制度改革，拓宽乡村教师职业发展通道，让符合条件的优秀中小学教师也能评上“正教授”；加快实施中小学教师定期注册制度，加强对乡村教师入职后的工作考核和从教资格的定期核查。要建设全国教师管理信息系统。教育部将加快完善全国教师管理信息平台,建立教师队伍基础数据库,为每一名教师建立全国唯一电子档案。该系统有助于及时了解乡村教师队伍状况,为教师工作科学决策提供数据支撑。目前,全国教师管理信息系统已在上海、江苏、甘肃三地试点运行。

四、切实将乡村教师支持计划落到实处

为政之道,贵在落实。要把党和国家的大政方针、纲领政策、工作部署和措施要求变为实际行动,关键在抓落实。落实是一切工作的归宿,是一切工作成败的关键,是开展工作的全部意义所在。制定出台《计划》,只是万里长征走完了第一步,把《计划》政策精神转化为推进乡村教师队伍建设的强大力量,是我们当前乃至今后未来一段时间的重点任务。

(一) 中央对《计划》落实要求明确

十八大以来,党中央、国务院把抓落实摆在了突出位置,范围之广、力度之大均属空前,充分体现了把"改革蓝图一步步变为现实"的坚定信心和坚强决心。《计划》作为新中国成立以来第一步专门指向乡村教师队伍建设的重要政策文件,关系着教育发展、民族振兴、社会进步,其贯彻落实自然成为党中央、国务院关注的重点任务。

1. 中央对抓各项工作落实提出了明确要求。十八大以来,中央主要领导同志在不同场合,多次就如何抓工作落实提出了明确要求。习近平总书记曾经指出:"实现中华民族伟大复兴是一项光荣而艰巨的事业,需要一代又一代中国人共同为之努力。空谈误国、实干兴邦","抓落实,是我们党执政能力的重要展现,也是对各级领导干部工作能力的重要检验",必须"一分部署,九分落实","如果不沉下心来落实,再好的目标,再好的蓝图,也只是镜中花、水中月"。特别是 2016 年 2 月 24 日主持召开中央深改组第 21 次会议,专题研究抓改革落实问题并发表重要讲话。总书记指出,各地区各部门要牢固树立全局意识、责任意识,把抓改革作为

一项重大政治责任，坚定改革决心和信心，增强推进改革的思想自觉和行动自觉，既当改革促进派，又当改革实干家，以钉钉子精神抓好改革落实，扭住关键、精准发力，敢于啃硬骨头，盯着抓、反复抓，直到抓出实效。总书记强调，要抓主体责任，凡是承担改革任务的地方和部门，都要知责明责、守责尽责，各就各位、各负其责。要抓督办协调，对敷衍塞责、拖延扯皮、屡推不动的，对重视不够、研究甚少、贯彻乏力的，要进行问责。要抓督察落实，各地区各部门要确定一批重点改革督察项目，大力抓督察落实，发现问题的要列出清单、明确责任、限定时间、挂账整改。要抓改革成效，把是否促进经济社会发展、是否给人民群众带来实实在在的获得感，作为改革成效的标准。

李克强总理也指出，“改革贵在行动，喊破嗓子不如甩开膀子”，“尸位素餐、无所作为是典型的吏治腐败”。在 2016 年政府工作报告中，总理强调，要健全并严格执行工作责任制，确保各项政策和任务不折不扣落到实处。健全督查问责机制，坚决整肃庸政懒政怠政行为，决不允许占着位子不干事。健全激励机制和容错纠错机制，给改革创新者撑腰鼓劲，让广大干部愿干事、敢干事、能干成事。在 2016 年 3 月 18 日的国务院常务会议上，总理强调，“施政之要贵在落实、重在实干！不能让我们的规划、举措变成镜中月、水中花，而要它看得见、摸得着，使老百姓从中切实得到实惠”。中央领导同志的重要讲话，向全党全社会发出了抓改革落实的强烈信号。向落实要成效，已经成为我们当前的工作常态。这就要求我们要始终把落实摆在重要议事日程，不折不扣地抓好各项工作的落实。

2. *中央对抓《计划》落实提出了明确要求。*《计划》出台以后，中央领导同志和中央重要政策文件，均对落实《计划》提出了明确要求。习近平总书记 2015 年 9 月 9 日给“国培计划(2014)”北京师范大学贵州研修班全体参训教师回信中指出，到 2020 年全面建成小康社会，最艰巨的任务在贫困地区，我们必须补上这个短板。扶贫必扶智。让贫困地区的孩子们接受良好教育，是扶贫开发的重要任务，也是阻断贫困代际传递的重要途径。希望广大教师牢记使命、不忘初衷，扎根西部、服务学生，努力做教育改革的奋进者、教育扶贫的先行者、学生成长的引导者,为贫困地区教育事业发展、为祖国下一代健康成长继续作出自己的贡献。李克强总理2015年9月8日在中南海紫光阁接见全国教书育人楷模和优秀乡村教师代表时指出,乡村教师无怨无悔的坚持和付出,使知识的甘露遍泽祖国的每个角落,这是缩小城乡区域发展差距、逐步实现共同富裕的关键之举。要切实落实好乡村教师支持计划,使广大乡村教师受尊重、有回报、得发展。刘延东副总理2015年9月10日在看望西藏自治区昌都市中小学教师代表时强调,要一如既往地关心教师尤其是乡村教师的工作和生活,让教师这个神圣的职业在全社会更有光彩、更有地位、更有吸引力。

十八届五中全会2015年10月29日通过的《中共中央关于制定国民经济和社会发展第十三个五年规划的建议》强调,要“加强教师队伍特别是乡村教师队伍建设,推进城乡教师交流”。中共中央、国务院2015年11月29日印发的《关于打赢脱贫攻坚战的决定》强调,要“加大对乡村教师队伍建设的支持力度,特岗计划、国培计划向贫困地区基层倾斜,为贫困地区乡村学校定向培养留得下、稳得住的“一专多能”教师,制定符合基层实际的教师招聘引进办法,建立省级统筹乡村教师补充机制,推动城乡教师合理流动和对口支援。全面落实连片特困地区乡村教师生活补助政策,建立乡村教师荣誉制度”。2016年政府工作报告强调,“为政之道,民生为本”,要“多谋民生之利,多解民生之忧。财政收入增长虽放缓,但该给群众办的实事一件也不能少”,要“落实提高乡村教师待遇政策”。国家十三五规划纲要强调指出,要“加强教师队伍特别是乡村教师队伍建设,落实乡村教师支持计划”。中央将《计划》列为推进落实的重点任务,足以表明加强乡村教师队伍建设在经济社会发展中的战略地位。这对我们来说,既是动力,也是压力。我们要把这动力和压力转化为实实在在的具体行动,扎扎实实地把《计划》落实好。

3. 中央对《计划》落实情况进行了重点督察。除国务院要求对《计划》实施情况进行专项督导检查外,2016年3月1日,中央改革办印发通知,要求及时启动、扎实开展已出台改革举措落实情况督察工作。根据中央改革办通知要求，教育部从已出台半年以上的教育改革方案中，选择确定深化考试招生制度改革、加强乡村教师队伍建设、加快发展青少年校园足球、加快发展民族教育 4 项为重点督察改革事项，并报中央改革办备案。督察采取全面自查与实地督察相结合的方式进行。在各地开展自查的基础上，教育部组建由国家教育咨询委员、国家督学、相关领域专家、教育相关司局负责同志组成的若干组督察组，深入部分省（区、市）进行实地督察。

按照中央改革办要求和教育部安排部署，我们 4 月初印发通知，要求各省教育行政部门围绕《计划》落实情况开展自查。同时，组建督察组赴山东、安徽、云南、贵州四省进行了实地督察，通过召开座谈会、深入乡村学校调研、查阅资料等方式，听取了省教育行政部门关于《计划》落实情况的汇报，查看了省教育行政部门的落实文件和相关报告资料，了解了乡村教师对《计划》落实的意见建议。对于抓落实工作成效明显的地方，及时总结推广改革经验，努力使实践成果上升为制度成果。对于督察中发现的问题，列出清单、明确责任、限定时间、挂账整改。不论是自查还是实地督察，各地均要充分认识中央督察工作的重要性。对于督察中存在的问题，要深刻反思、找出原因、抓紧整改，尽快消除"中梗阻"，为今后《计划》的顺利落实奠定基础。

（二）《计划》落实取得阶段性成果

贯彻落实《计划》，党中央、国务院高度重视，广大乡村教师热切期盼，社会各界寄予厚望。教育部党组把推进《计划》落实作为一项重大的政治任务，摆在推进教师队伍建设的首要位置，协同地方教育行政部门采取超常规措施，密集实施，立体推进，取得阶段性成果。

1. 教育部全面部署，凝聚各方共识合力。《计划》出台后，教育部加强领导、迅速行动，精心组织、全面部署，分解责任、建立机制，凝聚起部委协同、地方联动、全社会支持推进《计划》落实的普遍共识和强大合力。

制定落实方案。先后召开两次部党组会，就加强宣传、协同部委和地方统筹推进、实施国家项目等进行全面安排，细化了时间表、路线图和责任人。

分解工作责任。与中央编办、发改委、财政部、人社部等部门及部内有关司局加强沟通，研究制定了部委、部内司局分工方案，明确责任主体，按照任务分工履职尽责。

部署地方任务。2015 年 6 月举办专题研究班，组织省级教育行政部门负责同志围绕落实《计划》进行了为期 2 天半的研讨，相关部委有关部门负责同志出席会议。袁贵仁部长、刘利民副部长在会上讲话，全面部署落实工作，特别要求地方按时高质量制定出台《计划》实施办法。

组织经验交流。2015 年 11 月召开《计划》实施办法制定工作现场经验交流会，发挥先行省份示范引领作用，邀请已出台省份介绍制定工作经验做法，帮助其他省份厘清模糊认识、解决突出问题、拓展创新思路。刘利民副部长出席并讲话，就 2015 年底前务必完成《计划》实施办法制定工作再次提出要求。

深入调研指导。从 2015 年 8 月下旬开始，教师工作司负责同志带队，对东中西部 23 个省份进行了实地调研和集中调研，实时了解各地实施办法制定进展，特别针对当地在制定实施办法过程中存在的问题释疑解惑，指导地方加快实施办法制定进度。

加强宣传解读。通过召开新闻发布会、安排有关负责同志接受中央电视台“焦点访谈”等媒体专访、组织撰写专家文章、制作电视宣传片、深入教师培训课堂和乡村学校广泛宣讲等多种形式，全方位加强宣传解读，阐释《计划》出台意义，解读《计划》政策亮点，展望《计划》实施愿景，营造了全党全社会关心支持乡村教师队伍建设的浓厚氛围。

目前，越来越多的社会力量开始将公益扶持重点转向乡村教师，如北京师范大学募集社会资金设立“启功教师奖”、著名企业家马云捐款分别重奖乡村优秀教师、中国移动公司加大投入集中支持乡村校长培训等，为乡村教师队伍建设注入了新的动力。

2. 国家项目率先启动，发挥示范引领作用。按照《计划》要求，2015

年，教育部联合相关部委，率先实施国家层面重大项目，充分发挥国家项目在推进《计划》落实中的示范引领作用。

扩大实施特岗计划。中央财政投入56.6亿元，招聘特岗教师6万多名。扩大实施范围，将连片特困县、国贫县以外的中西部265个省贫县纳入实施范围。提高工资性补助标准，中央财政支持标准由2012年西部人均年2.7万元、中部人均年2.4万元提高至西部人均年3.1万元、中部人均年2.8万元。教师招聘向村小学、教学点倾斜，县城学校不再列为设岗学校。提高本科学历以上特岗教师比例，提升招聘质量。

推动落实连片特困地区乡村教师生活补助政策。中央财政核拨综合奖补资金22.8亿元，惠及94.9万乡村教师，人均月补助标准超过300元。

加快建设边远艰苦地区乡村学校教师周转宿舍。中央财政安排19.42亿元，建设包括乡村教师在内的农村教师周转宿舍3.2万套113.1万平方米。

推动统一城乡中小学教职工编制标准。有10个省份统一编制标准，25个省份的小学和24个省份的初中教师配备达到国家编制标准要求。

推动城镇优秀校长教师向乡村学校流动。组织遴选首批19个示范区进行“县管校聘”管理改革，为校长教师顺利流动提供制度保障；加快推进交流轮岗，有20个省份出台省级层面实施意见。

改革实施国培计划。教育部联合财政部印发通知，对未来6年改革国培计划实施工作进行总体部署，要求调整聚焦方向，集中支持中西部乡村教师校长培训；根据乡村教师实际需求设置培训项目，推行短期集中面授、网络跟进研修和课堂现场实践相结合的混合式培训模式；建立高校、县级教师发展中心、片区研修中心、校本研修四位一体的乡村教师发展支持服务体系。培训中西部乡村教师校长200多万人。

3. 地方出台实施办法，政策突破亮点纷呈。各地教育行政部门高度重视《计划》落实工作，从教育部举办的专题研究班回去后，迅速向省委省政府主要负责同志、分管负责同志作了专题汇报，向省编制、发改、财政、人社等部门作了情况通报，传达了党中央、国务院的决策部署，介绍了教育部领导及相关部委有关部门负责同志在研究班上提出的落实要求。随后，组建起草组，深入乡村学校调研，广泛征求各方意见，摸清了乡村教师队伍底数现状，找准了乡村教师队伍建设突出问题，明确了乡村教师队伍建设主要方向，截至 2016 年 1 月，分别将实施办法经省委深改组、省政府常务会议审议通过后，先后印发实施，打通了落实《计划》的“最先一公里”。从各地实施办法看，许多省份实现了很多政策突破，有许多实招硬招，可以说亮点纷呈。

在提高思想政治素质和师德水平方面。西藏在教师中广泛开展爱国主义教育、民族团结教育和反分裂斗争教育，增强教师自觉维护祖国统一和民族团结的责任感、使命感，增强“五个认同”，牢固树立“三个离不开”思想，引导乡村教师把课堂作为争夺下一代的主渠道和主阵地。新疆围绕践行社会主义核心价值观，强化“五个认同”，加强马克思主义“五观”、新疆“三史”和民族团结教育，进一步加强乡村教师思想政治工作，建立具有实效性和针对性的乡村教师政治理论学习制度。新疆、新疆生产建设兵团积极引导广大乡村教师争做有历史责任感、为人师表、立德树人、专业过硬的新疆特色“四好老师”。四川把社会主义核心价值观教育、法治教育、民族团结教育和心理健康教育融入乡村教师职前、职后培训全过程。贵州利用大数据加强乡村教师队伍管理，在贵州教师网设立乡村教师师德诚信记录专栏，实行师德失范一票否决。

在培养补充方面。山东实施免费师范生全科教师培养计划，2016—2018 年培养 10 000 人；实施短缺学科教师补充计划，用 2 年时间补齐乡村学校短缺学科教师。四川免费师范生定向培养规模增加至 3 000 人。重庆扩大小学全科师范生招生规模至 2 000 人。新疆每年培养“一专多能”的乡村教师 3 000 人左右。云南实施定向师范生专项招生计划，专门培养本专科层次的小学全科、“民汉双语”、初中“一专多能”、特殊教育“双证书”、农村职业教育“双师型”等教师。吉林在招生与培养过程中增设音体美等科目考核，逐步加大全科免费师范生培养比例。内蒙古实施免费定向培养师资计划。湖北将省属高校师范类专业生均经费系数由 1.0 调整为 2.0。湖南逐步加大对公费定向师范教育的经费支持力度,学杂费补助标准每生提高 2 000 元。甘肃实施“幼儿教师特岗计划”,重点支持贫困地区、革命老区、少数民族地区补充乡村教师。广东建立完善聘用优秀人才到乡村学校任教的“绿色通道”,具有硕士研究生以上学历(学位)或中小学一级教师以上专业技术职称的教师可采取考察的方式直接引进。江苏严格把好新教师入口关,重点补充幼儿园教师和中小学音体美等紧缺学科教师。宁夏、浙江对到乡村学校支教的退休教师,每人每年补助 20 000 元。

在提高待遇方面。北京建立市级财政对乡村教师岗位实施生活补助政策,各有关区依据不同乡村学校实际情况、教师不同岗位和任教年限实行差别化的补助标准;市住房城乡建设委等部门统筹研究,积极支持在合适地点集中建设乡村教师周转宿舍。福建在省贫县建立乡村教师生活补助制度。海南实施乡村教师安居工程,把周转宿舍建设列入学校基本建设规划。甘肃将解决村一级小学和幼儿园教师住宿问题列为为民办实事项目,建设周转房予以解决。广西适当降低乡村教师申请公共租赁租房、经济适用住房、限价商品住房门槛。广东进一步完善山区和农村边远地区义务教育学校教师岗位津贴制度,建立岗位津贴增长机制,重点向边远山区和艰苦地区倾斜;实施乡村园丁关爱工程,对遭遇重大疾病、自然灾害及其他突发事件的乡村教师进行救助。宁夏实施乡村骨干教师支持计划,各市、县(区)每年按 10%的比例评选认定乡村骨干教师,并给予奖励补助。

在编制配备方面。北京通过逐年核销工勤和教辅人员编制、事业单位跨行调剂等途径,腾退出机动编制优先用于乡村教师补充。山东落实农村学校机动编制政策,机动编制全部用于补充乡村学校急需的学科教师。江西、河北、四川、云南、甘肃等地对工勤、部分管理岗位实行政府购买服务,出实招硬招补充乡村教师。安徽积极运用在线课堂等信息化手段解决村小、教学点结构性缺编问题。

在职称评审方面。湖南适当调整乡镇及以下学校教师岗位结构比例，中级增加5个百分点，高级增加3个百分点。河南对在农村一线从事教学满30年、距离退休不满5年的教师专设职数聘任，对“长期坚守”予以倾斜。上海、山西、青海乡村教师职称评聘不作外语、计算机、发表论文的刚性要求，进一步为乡村教师“减负”。

在交流轮岗方面。浙江在同一公办义务教育学校校长连续任职达到10年、教师连续任教达到12年的，均要实行交流，并随迁人事关系。山东实行乡村校长空缺岗位竞争上岗，鼓励城镇优秀校长副校长到乡村任职，用5年左右时间完成乡村学校校长轮换。江西开辟绿色通道，支持在原籍以外县任教满5年的在编在岗公办学校教师回原籍乡村学校任教。重庆乡镇中心小学实行区域内小学一体化管理机制，为区域内村小学、教学点提供师资支持。青海预留5%的岗位指数用于鼓励城镇优质学校未聘的中高级职称教师到乡村学校任教。黑龙江、福建等多地城镇新任教师须有乡村学校一定年限任教经历。

在素质能力提升方面。天津到2020年对全体乡村教师校长进行不少于480学时的培训，探索以“互联网+”为标志的新型培训方式，按照每人5 000元的标准为每位乡村教师配备电子学习设备。重庆引导和组织乡村教师创建和适应“互联网+乡村教育”，充分利用远程教学、在线课程等形式优化课堂教学和进行自主学习。贵州构建省内外优质教师培训基地—区域性乡村教师发展中心—乡村校本研修示范学校—乡村名师工作室一体化的乡村校长教师专业发展服务支持体系，每年培育10名乡村教育家和300名乡村名师。辽宁建立不少于100个乡村教师影子培训基地，组建1 000个乡村教师导师团队。江西实施万名乡村音体美教师培训计划。云南全面实施名校(园)长名师工作室建设工程，建立50个名校(园)长工作室和200个省级名师工作室；实施县级教师发展中心建设工程，推动县级教师进修学校向县级教师发展中心转型升级。浙江提取教职工工资总额的3%、中小学日常公用经费总额的10%用于培训，保证充足培训经费。

在给予荣誉方面。西藏开展“西藏人民教育家”评选和自治区名教师、名校长、特级教师、骨干教师评选，向乡村学校和高海拔艰苦边远地区学校教师倾斜；设立乡村教师终身成就奖，对连续在乡村学校从教 25 年教师颁发荣誉证书，给予资金奖励。河北每两年评选 300 名左右优秀乡村教师，每人奖励 1 万元。湖北建立乡村教师奖励基金，对作出突出贡献的乡村教师予以奖励。云南在基础教育领域云岭教学名师、各级学科带头人、各级骨干教师培养中，对乡村教师单列。宁夏建立乡村教师疗养制度，每年组织 100 名在乡村从教 20 年以上的优秀教师到区内外疗养。陕西实施教师荣誉休养制度，安排优秀乡村教师学术度假和疗养。山东实施乡村学校特级教师岗位计划，每个学区设立 1 个特级教师岗位，鼓励符合条件的优秀教师竞聘上岗。甘肃对乡村从教 20 年以上教师的子女，在省内教师招考时，同等条件下优先招录。

（三）《计划》实施任重道远

随着实施办法的制定完成，从 2016 年起，全国各地全面推进乡村教师队伍建设进入实质性阶段，真正的战役才刚刚打响，《计划》落实工作依然繁重，还有很长的一段路要走。未来 5 年，各地要把推动《计划》落实与全面建成小康社会、实施“十三五”规划、基本实现教育现代化同频共振，按照全面推进、突出重点、分步实施的思路，多措并举，大力推进，切实使《计划》每一项政策举措落地生根、见到实效。

1. 加强组织领导。坚强的组织领导，是推动工作顺利开展的关键。如果没有领导的重视和支持，任何工作往往事倍功半，效率难以提高，效果也不会太好。对于《计划》落实工作来说，地方政府是实施责任主体。要加强组织领导，把实施工作列入重要议事日程，实行一把手负责制，细化任务分工，分解责任，确定时间表、路线图、任务书、责任人，推进各部门密切配合、形成合力。要将实施乡村教师支持计划情况纳入地方政府工作考核指标体系，加强考核和监督。要通过多种形式全面部署，不仅部署到市，更要部署到县、部署到乡、部署到每一所乡村学校包括村小学、教学点，让每一位乡村教师对《计划》政策举措心知肚明、烂熟于胸。

2. *加强部门协同*。实施《计划》是个系统工程，不是教育一家的事情，必须争取其他部门的参与支持和配合，但是教育部门是主责单位，必须承担主要责任。**要**加强部门协同。大胆地协同编制、发改、财政、人社等相关部门，心往一处想、劲往一处使、拧成一股绳，形成联动机制和工作合力。**要**争取社会支持。创新体制机制，按照双赢的原则，鼓励和吸引社会力量积极参与支持乡村教师队伍建设，特别在改善乡村教师的工作生活条件、资助师范类专业学生、奖励和培训乡村教师等方面发挥作用。**要**提倡地区支援。要互相学习、互相借鉴、互相支援，可以强帮弱、先进帮落后、东部帮中西部，可以提供经验指导、经费支持、人员帮扶等。

3. *加大改革力度*。教师队伍建设是教育工作中涉及人的工作，尤其是最为薄弱的乡村教师队伍建设，长期以来积累的矛盾很多、堆积的障碍很大，并且许多涉及体制机制问题，需要鼓足勇气、知难而进，加大教师工作领域综合改革力度。**要**敢碰难题。不碰可能寸步难行，必须敢碰，而且必须把它碰掉、撞掉、化解掉。**要**加大力度。如正在推进的义务教育学校校长教师交流轮岗，目前已有20个省份出台了地方层面的指导文件。有的省份推进很快很稳妥很有成效，但有的省份推进起来就比较吃力。为什么？因为这一政策触及到了教师管理的根本问题，没有强有力的推进很难奏效。**要**勇于创新。要充分利用《计划》落实的契机，大胆开拓创新，积极探索新思路新举措。如各地是否可以通过《计划》实施，参照中央做法或采取其他方式，为所有乡村教师争取到生活补助等。

4. *切实用好经费*。实施好《计划》，关键是要用好资金和投入。要多做雪中送炭的事情，决不要在锦上添花的事上浪费资源。要把资金和投入用在乡村教师队伍建设最薄弱、最迫切需要的领域，切实用好每一笔经费，提高资金使用效益，促进教育资源均衡配置。要制定严格的经费监管制度，规范经费使用，加强经费管理，强化监督检查，坚决杜绝截留、克扣、虚报、冒领等违法违规行为的发生。严防有些人把对乡村教师队伍建设的投入变成灰色地带，成了吃空饷、拿浮钱的可乘之机。扶持政策要公开化，面向社会公布，接受社会监督。

5．营造良好氛围。实施《计划》涉及广大乡村教师的切身利益，政策性强，社会关注度高。要通过各级各类媒体和召开会议、举办培训班等多种形式加大宣传力度，把重大意义讲清楚，把支持政策讲透彻，把工作安排讲具体，把相关要求讲明确。要将有关政策和工作部署向社会进行公开，加以正确解读和引导，释放准确、明确的信号，防止误传误读，切实增进广大乡村教师和社会各界对《计划》的理解、认同和支持，形成正确的舆论导向和良好的工作氛围，确保《计划》真正落实生根、开花结果。

“长风破浪会有时，直挂云帆济沧海。”让我们紧密团结在以习近平同志为总书记的党中央周围，坚定“不破楼兰终不还”的决心，奋发“敢叫日月换新天”的勇气，凝心聚力，开拓进取，全面、深入、彻底地落实《计划》，全面推进乡村教师队伍建设，为基本实现教育现代化、全面建成小康社会、实现中华民族伟大复兴的中国梦作出新的贡献！

2016 年 5 月 10 日

（作者系教育部教师工作司司长）

后　　记

随着各地《乡村教师支持计划(2015—2020年)》实施办法的制定出台,全面推进乡村教师队伍建设吹响了冲锋号。为进一步推进《计划》及实施办法落到实处,教育部教师工作司编辑出版了《筑梦乡村讲台　奠基民族未来》一书,为各地相互交流政策思路和经验做法提供参考。

本书由教育部教师工作司司长王定华同志、原副司长葛振江同志、副司长殷长春同志主持编写工作并审定书稿。宋磊、王炳明、章艳芬、焦江方、刘在波、张又伟同志承担具体的编辑整理工作。同时,本书凝结着教师工作战线、相关部门同志的思想和智慧,渗透着他们的心血和汗水。上海交通大学出版社为本书的顺利出版提供了支持,在此一并表示诚挚感谢。

教育部教师工作司

2016年5月15日